와인
테이스팅 코스

와인
테이스팅 코스

마니 올드 지음 | 정미나 옮김

시그마북스

머리말 8
들어가는 글 10

와인 초보 탈출하기

와인의 묘사와 시음 16
와인 용어 18
프로처럼 와인 맛보기 20
와인 시음의 체크리스트 22
와인의 자태 23
우리는 맛을 보는 것일까, 냄새를 맡는 것일까 26
와인의 맛 28
테이스팅: 단맛과 신맛 구별해보기 31
와인의 향 32
테이스팅: 과일 풍미와 오크 풍미 구별해보기 35
와인의 질감 36
테이스팅: 바디, 타닌, 탄산가스 구별해보기 39
와인의 품질 평가 40

와인의 쇼핑과 구매 42
포장 디자인 살펴보기 44
숫자를 기준 삼아 쇼핑하기 46
예산 초과 48
신세계 와인의 라벨 읽기 50
구세계 와인의 라벨 읽기 52
레스토랑에서의 와인 주문 54

서빙과 보관 56
와인, 이것만은 알고 즐기자 58
와인 잔, 제대로 알기 60
와인과 온도 62
와인과 숙성 64

와인 스타일 들여다보기

와인의 스타일 지도 그려보기 · 70
와인 스타일의 스펙트럼 · 72
풍미의 3대 요소 · 74
테이스팅: 스타일의 스펙트럼 구별해보기 · 76
생산지들이 라벨에 포도 품종을 표기하는 이유 · 78
숙성: 핵심 개념 · 80
숙성도의 예측 · 82
포도 품종과 와인의 스타일 · 84

화이트 와인의 스펙트럼 · 88
화이트 와인의 스타일 지도 · 90
샤르도네의 다양한 스타일 · 92
테이스팅: 샤르도네의 다양한 스타일 구분해보기 · 93
가벼운 스타일의 화이트 와인 탐험 · 94
가볍지도 묵직하지도 않은 중간 스타일의 화이트 와인 탐험 · 96
묵직한 스타일의 화이트 와인 탐험 · 98

레드 와인의 스펙트럼 · 100
레드 와인의 스타일 지도 · 102
레드 와인의 풍미 진전 · 104
카베르네 소비뇽의 다양한 스타일 · 106
테이스팅: 카베르네 쇼비뇽의 특성 구별해보기 · 107
가벼운 스타일의 레드 와인 탐험 · 108
가볍지도 묵직하지도 않은 중간 스타일의 레드 와인 탐험 · 110
묵직한 스타일의 레드 와인 탐험 · 112

와인과 음식의 궁합 · 114
시간과 시기에 따라 짝맞추기 · 116
주재료에 맞춰 와인 짝지어주기 · 118
와인 전문가들의 와인 짝짓기 비결 · 120
특별한 레시피에 맞는 와인 짝짓기 · 122
음식 궁합 · 124
테이스팅: 소금과 설탕의 효과 구별해보기 · 125
테이스팅: 감각끼리의 경쟁관계 구별해보기 · 128

와인의 변수 정복하기

와인 양조 과정에서의 결정사항들　　　　　　　　　134
포도를 와인으로 거듭나게 해주는 발효　　　　　　　136
단맛의 제어　　　　　　　　　　　　　　　　　　　138
테이스팅: 발효의 단계 구분해보기　　　　　　　　　140
빛깔과 스타일의 결정　　　　　　　　　　　　　　　142
오크 발효 또는 오크 숙성　　　　　　　　　　　　　144
테이스팅: 포도껍질과 오크 통의 영향 구별해보기　　146
지역 특산품 스타일: 주정강화 와인　　　　　　　　　148
지역 특산품 스타일: 스파클링 와인　　　　　　　　　150

포도재배 시의 선택사항들　　　　　　　　　　　　152
위치의 중요성　　　　　　　　　　　　　　　　　　　154
지리와 기후　　　　　　　　　　　　　　　　　　　　156
테루아의 영향　　　　　　　　　　　　　　　　　　　158
재배의 우선순위: 품질이냐, 생산량이냐?　　　　　　160
테이스팅: 포도원의 영향 구별해보기　　　　　　　　162

문화적 우선순위　　　　　　　　　　　　　　　　　164
구세계 와인인가, 신세계 와인인가　　　　　　　　　166
유럽의 와인사　　　　　　　　　　　　　　　　　　　168
프랑스, 우수 와인의 아이콘　　　　　　　　　　　　170
식민지에서의 와인 양조　　　　　　　　　　　　　　172
테이스팅: 구세계와 신세계 와인의 스타일 구별해보기　174

와인용 포도와 와인 생산지의 발견

CONTENTS

꼭 알아둬야 할 와인용 포도 품종   180
- 포도 품종   182
- 샤르도네   184
- 소비뇽 블랑   186
- 리슬링   188
- 피노 그리지오/피노 그리   190
- 모스카토   192
- 카베르네 소비뇽   194
- 메를로   196
- 피노 누아   198
- 시라/시라즈   200
- 그르나슈/가르나차   202
- 그 외의 우수 포도들   204

꼭 알아둬야 할 와인 생산지   206
- 유럽의 와인 생산지   208
- 프랑스_ 부르고뉴/샹파뉴   210
- 프랑스_ 보르도/루아르 밸리   212
- 프랑스_ 론 밸리/알자스   214
- 이탈리아_ 토스카나/피에몬테   216
- 이탈리아_ 트리베네토/남부 지역   218
- 스페인   220
- 독일   222
- 오스트리아   223
- 포르투갈   224
- 그리스   225
- 유럽 외의 와인 생산지   226
- 미국_ 캘리포니아   228
- 미국_ 태평양 북서부 연안   230
- 캐나다   231
- 호주   232
- 뉴질랜드   234
- 남아프리카공화국   235
- 칠레   236
- 아르헨티나   237

- 와인 초보에서 벗어나는 길   238
- 용어해설   242
- 찾아보기   248

머리말

이런 책이 왜 이제야 나왔을까? 내가 처음 와인에 흥미를 느끼며 더 알고 싶은 마음에 들떴던 그때, 이 책이 있었다면 얼마나 좋았을까 하는 아쉬움에서 하는 얘기다. 한마디로 이 책은 와인의 세계를 안내하는 입문서로서 탁월한 책으로 내용이 정말 알차게 구성되어 있다. 시중에 이미 수십 권에 달하는 '와인 지침서'가 나와 있지만 『와인 테이스팅 코스』는 기존의 와인 지침서들과는 차별화된 책이다. 그 접근법부터 신선하고 독특해서, 개인적으로 이런 류의 책들을 접하면서 정말로 흥미를 느꼈던 경우는 이번이 처음인 것 같다.

와인은 다루기에 복잡한 주제다. 그런데 많은 사람들의 마음을 잡아끄는 와인의 한 가지 매력이 바로 이러한 복잡성에 있기도 하다. 와인 생산지들은 각자 독자적인 개성을 띠고 있으며, 상업적으로 재배되는 1천400개의 포도 품종도 저마다 다른 특징을 가지고 있다. 포도 재배업자들과 와인메이커(winemaker, 와인의 제조, 숙성 그리고 병입 작업 등 모든 와인 제조과정을 책임지는 전문가—옮긴이)들은 병 안에 저마다 자신만의 색을 담아낸다. 그러니 나 같은 와인 전문가들은 공부를 게을리 하려야 할 수가 없다. 다시 말해 호기심과 열린 마음을 잃지 않는 한 와인에 지루함을 느낄 일은 거의 없다. 하지만 지적 매력을 발산시키는 이런 복잡성은 또 한편으론 이제 막 출발길에 들어선 와인 초보들의 기를 죽이는 측면이 있다. 마니 올드의 책이 너무도 반가운 이유가 바로 여기에 있다. 지적 매력이 반감되도록 너무 단순화시키지도 흥미를 잃게 만들지도 않으면서, 이 매력적인 주제에 다가갈 수 있도록 해주니 말이다.

이 책이 무엇보다도 눈길을 끄는 부분은 생생한 시각적 구성이다. 시각적 정보 전달 방식인 인포그래픽 방식으로 정보를 아주 맛깔스럽게 소개해주고 있는데, 이제껏 본 적이 없는 색다른 구성인 것 같다. 그리고 그것이 이 책만의 차별화된 부분이기도 하다. 마니의 구성 능력 또한 돋보여서, 와인의 실제 맛에 대한 실용적 사실을 바탕으로 매 주제마다 내용을 아주 명쾌하게 풀어 설명해주고 있다. 교육을 위한 교육이 아니라, 실용적인 방식에 초점을 맞춰 독자들이 와인을 제대로 고르고 구매하고 저장하고 서빙하고 즐길 수 있도록 해준다. 또한 책 전반에 걸쳐, 각 주제를 이해하기 위해 어떤 와인을 맛봐야 할지에 대한 조언도 함께 전해주고 있다.

이처럼 와인의 테이스팅에 초점을 맞추는 것은 아주 중요하다. 언어로 와인의 맛과 향을 표현하기에는 어휘에 한계가 있기 때문이다. 글로 풍미의 느낌을 전달하기란 이루 말할 수 없이 힘들다. 서로 다른 와인들의 풍미를, 이처럼 일종의 '테이스팅 코너'를 통해 시각적으로 소개하는 마니의 방식은 그래서 혁신적이다. 게다가 마니는 이 분야에 아주 정통하다. 나는 다소 기술적인 배경에서, 즉 과학자로서 와인을 배워 와인 과학에 지대한 관심을 가져 왔다. 그런 내가 보기에도, 마니의 설명은 아주 적절하다. 와인 과학의 까다로운 논쟁적 측면 몇 가지도 잘 다루었다. 마니는 소믈리에이자 와인 교육자로서 와인이 얼마나 복잡한 주제인지를 잘 이해하고 있으며, 이러한 실질적 경험을 바탕으로 이처럼 절실하고도 아주 유용한 와인 입문서를 탄생시켰다.

Jamie Goode

제이미 구드(Jamie Goode) **박사**

들어가는 글

와인을 즐기지만 알쏭달쏭 헷갈리는 분들에게 이 책을 권한다!

자신감 있게 와인 쇼핑을 하거나 레스토랑에서 와인을 고르기 위해 산더미 같은 지식을 반드시 암기할 필요는 없다. 그냥 몇 가지 중요한 견해, 와인 스타일의 극적인 변화 원리를 설명해주는 소수의 개념 정도만 익히면 된다. 와인에서 **왜** 그런 맛이 나는지, 자신의 입맛에 맞는 스타일의 와인을 **어떻게** 찾아낼지 알고 나면 와인을 구매할 때 좀 더 자신감이 붙게 된다.

초보자들에게는 **와인이 너무 복잡하고 알쏭달쏭하게** 다가올 테지만, 뒤로 물러나 큰 그림을 보면 그런 좌절감은 덜어지게 마련이다. 대다수 와인 지침서들은 나무를 보느라 숲을 놓치고 만다. 와인의 세세한 부분들은 산더미같이 제시하면서도 실용적인 부분은 등한시하다시피 한다. 『와인 테이스팅 코스』는 다르다. 시각적 가이드를 바탕으로 와인의 원리를 설명하면서 유익한 개념들을 일러주어, 누구든지 와인의 세계로 나아갈 수 있도록 해준다.

『와인 테이스팅 코스』는 **덤불 같은 와인 라벨에 집중하는 대신**, 컬러풀한 이미지와 인포그래픽을 결합하여 일종의 실용적 통칙을 즉각적으로 전달해준다. 그것도 와인 전문가들이 특정 와인에서 어떤 맛이 나는지 지식과 경험에 근거해 가늠할 때 활용하는 그런 통칙을 말이다. 『와인 테이스팅 코스』는 와인을 완전히 생소한 세계처럼 소개하지 않는다. 오히려 사람들이 이미 아는 상식을 토대로 와인 퍼즐을 풀어나가도록 도와준다. 가령 복숭아가 익으면서 풍미가 어떻게 변하는지 상상할 수 있다면, 서늘한 지대에서 생산된 와인은 순하고(mild) 시큼한 맛이 나는데, 온화한 지대의 와인은 볼드하고(bold) 디저트 계열의 맛이 나는 이유를 쉽게 이해할 수 있는 식이다.

그렇다고 해서 기존 방식의 와인 책이 쓸모없다는 얘기는 아니다. 와인은 그 어떤 농산물보다 종류가 다양하고 난해한 데다, 그 어떤 상품보다 명칭 체계가 알쏭달쏭하다. 그만큼 인터넷 검색도 하고 두꺼운 참고서적들도 뒤적여봐야 할 필요성이 상존하기 마련이다. 하지만 『와인 테이스팅 코스』는 기존의 방식과는 다른 방향을 취하고 있다. 포도 품종과 생산지, 빈티지와 빈트너(vintner, 와인 제조자) 등을 중심으로 각각의 와인을 구별하는 것이 아니라, 모든 와인의 공통점을 설명하면서 생산지가 아닌 맛에 따라 와인을 구분하는 현명한 방법을 제시해준다.

안타깝게도 와인과 관련해서는 고상하고 허세가 있다는 식의 평이 퍼져 있지만, 아무리 최상급 와인 전문가라 해도 고상한 체하는 사람들과는 거리가 멀다. 물론 우리 전문가들은 '무게 있는' 와인을 사랑하지만 '가벼운' 와인의 필요성도 인정한다. 진정한 와인 전문가들은 와인 지식을 넘어서서 와인 계몽 쪽으로 발걸음을 떼는 이들이다. 사실 와인 전문가들은 몇 가지 핵심적인 사실을 바탕으로 지식과 경험에 근거해 와인을 가늠해 내는 자신감을 갖춘 덕분에, 생산지에 상관없이 잔 안의 와인을 느긋하게 음미할 수 있다. 이 책의 목표도 와인을 마시는 모든 이들에게 이와 비슷한 수준의 편안함과 느긋함을 느끼게 해주려는 것이다. 와인에서 딱딱함을 끄집어내 그 자리에 재미를 채워 넣을 수 있도록 전문가 수준의 개념을 나누어주려는 것이다. 『와인 테이스팅 코스』를 통해 자신의 감각을 믿는 요령을 터득하여 독자적 와인 계몽과 와인 자립의 길을 걷게 되길 기원한다.

그럼 건투를 비는 의미에서, 건배!

이 책의 활용법

『와인 테이스팅 코스』는 색다른 구성의 와인책이다. 직접적인 관점에서 접근하는 방식을 통해 전문가 수준의 통찰력을 나눠주고, 와인에 대한 사전 지식이 없음을 전제로 하여 와인업계 전문용어보다는 일상적인 언어를 선호하며, 비교 시음 코너를 통해 핵심 개념을 보강해주는 식의 구성이다. 또한 전 세계 소믈리에와 와인메이커들이 활용하는 유익한 통칙들이나 실용적 기술의 단순화된 버전도 소개한다. 이 책의 원래 목표는 와인을 보다 쉽게 이해하도록 도우면서 독자들에게 실질적인 관련 정보를 전달해주는 것인 만큼, 와인의 일부 복잡한 측면은 더 큰 목적을 위해 소홀히 다루어졌다. 이는 오도하려는 의도가 아니라, 달릴 수 있기 전에 걷기를 배워야 한다는 논리에 따라 각 주제를 구성하려는 의도임을 밝혀둔다.

책 속의 각 장을 개별적 수업이라고 생각하면서 읽어나가면 된다. 그리고 가능하면 '테이스팅' 코너에서는 직접 시음도 해보길 권한다. 느긋하게 시간을 갖고 각각의 테이스팅을 즐겨보길 바란다.

- 테이스팅 코너는 가정에서 2~4개의 와인을 자기주도적으로 시음해보도록 짜여 있다. 한 개 이상의 코르크를 따게 되는 셈이니, 모임을 만들어보는 것도 좋은 방법이다. 와인 애호 지인들을 4~10명 정도 모아 와인 시음 모임을 만들어보는 방법도 괜찮을 것이다. 그만한 인원을 모으기가 곤란해서 한두 명하고만 시음해야 하는 형편이더라도 비용 생각 때문에 애태울 필요는 없다. 개봉한 와인을 보관해두는 요령에 대한 팁이 62쪽 '와인 얼리기' 부분에서 소개될 테니까.
- 선정된 와인들은 가능한 한 세계 여러 지역에서 구하기 쉽도록 널리 보급된 스타일을 기준으로 삼았으나 독자에 따라 현 거주 지역에서 찾기 힘든 와인도 더러 있을지 모르겠다. 그래도 다행이라면 유사한 특징의 와인들이 상당수 출시되어 있으니, 와인 소매상에게 사정을 설명하며 대체할 만한 와인의 추천을 부탁해보기 바란다.
- 가정에서의 시음이 여의치 않다면 인근의 와인 바를 고려해보라. 이런 와인 바에서의 시음은 대체로 잔으로 판매되는 와인들을 이용하면 편리할 것이다.
- 이 책에 소개된 와인 가운데 80퍼센트 이상은 충분히 이해될 만큼, 책에 설명된 감각적 느낌과 잘 들어맞을 것이다. 그렇다고 해서 모든 와인이 다 똑같은 맛이 나는 것은 아니다. 소믈리에의 예측마저 거스르는 와인이 간혹 나오기 마련이다. 하지만 그러면 좀 어떤가. 그런 예외와 마주칠 때마다 즐거운 일탈 삼아 다시 한 번 음미해보는 것도 괜찮지 않을까?

와인 초보 탈출하기

와인에 흥미는 있지만 막상 매장의 와인 코너에 들어서면 어쩔 줄 몰라 쩔쩔매는 편인가? 자신이 어떤 와인을 마시고 싶은지 설명하는 일조차 제대로 못해 버벅댄다면, 포도 품종명과 와인 생산지들을 달달 외워봐야 별 도움이 되지 않는다. 말하자면 운전을 배우는 것과 비슷한 이치다. 사실 운전을 배울 때도 가장 먼저 배우는 것은 도로 규칙과 핸들 조작법 같은 실용적인 기술이지, 차의 조립과정이나 내연식 엔진의 작동방식 같은 이론적인 지식이 아니지 않은가.

와인 애호가들에게 무엇보다 필요한 것은 실생활 속에서 와인을 편하게 체험하는 것이다. 와인의 세계를 발견하는 과정은 아주 신나는 일이 되어야 한다. 스트레스를 받거나 어렵게 느껴지면 제대로 즐기기 어렵다. 지금부터 와인을 맛보고 그 맛을 묘사하는 요령, 와인 구매 요령, 와인을 최대한 즐기는 요령 등 가장 적절한 주제부터 시작해, 하나하나 익히다 보면 어느새 큰 변화를 느끼게 될 것이다. 일상적으로 마시는 와인에 자신감이 붙게 되면 운전대를 잡고 와인의 원더랜드(wonderland)를 자기 방식대로 탐험하고픈 마음도 생겨날 것이다.

몇 가지 스킬만 익혀두면 주도적으로 와인을 체험하는 데 유용하다.

와인의 묘사와 시음

와인 전문가들의 감각세계 엿보기

와인은 경이로운 음료다. 하지만 많은 이들이 그 맛을 어떻게 표현해야 할지 몰라 쩔쩔매게 되는 음료이기도 하다. 그런데 주도적 와인 체험이 백배 쉬워지는 방법이 있다. 와인을 맛볼 때 어떤 것을 예상해야 하는지, 또 스타일별로 다양한 와인의 차이에 대해 어떻게 표현해야 할지 그 요령을 알아두면 된다. 그러면 괜히 폼 잡으며 미사여구를 쓸 필요도, 주관적 인식 속에서 헤맬 필요도 없어진다. 와인의 가장 기본적인 특징들은 한 번에 하나의 감각을 동원하면서 식별할 수 있다. 간단한 감각적 체크리스트를 짜두면 새로 맛보는 와인을 평가하고 그 와인이 마음에 드는지 안 드는지 정확히 표현해볼 수도 있다.

와인 용어

와인을 즐기긴 쉽지만 와인에 대해 이야기하기란 어렵다. 사람들이 정말로 알고 싶어 하는 것은 와인이 어떤 맛이고 와인별로 어떻게 다르냐다. 안타깝게도 우리의 일상적 어휘는 냄새와 맛의 표현에 관한 한 취약한 편이어서, 일상적 어휘로는 와인을 다 표현할 수가 없다.

용어 이해하기

와인 라벨이나 레스토랑의 와인리스트에는 와인의 맛에 대한 내용은 찾아보기 힘들고 대체로 원료나 와인 생산지가 표시되어 있기 일쑤다. 와인을 이해하는 첫 번째 단계는 와인을 맛본 느낌을 어떻게 말로 표현하고 다른 사람들의 표현을 어떻게 해석해야 하는지, 그 요령을 배우는 일이다. 초보자들의 경우엔 와인의 특징을 묘사하는 몇 가지 용어만 익혀두면 된다. 특히 이때는 상당히 객관적인 특징들을 모아 감각상의 체크리스트를 구성해 체계적으로 도전해보는 것이 중요하다.

와인 리뷰에는 온갖 상상력 풍부한 표현이 동원되는데 이 가운데는 더러 어리둥절하게 들리는가 하면 심지어 입맛 떨어지게 만드는 표현들도 있다.

와인 묘사어의 분류

사람들은 와인 용어하면 으레 와인 라벨상의 용어를 떠올린다. 즉 샤르도네(Chardonnay) 같은 포도 품종이나 보르도(Bordeaux) 같은 와인 원산지부터 생각한다. 하지만 초보자에게 가장 유용한 와인 용어는 묘사어들이다. 이런 묘사어들은 자신이 가장 즐기는 와인의 특징을 묘사하는 면으로나, 별로 즐기지 않는 특징을 회피하는 면으로나 쏠쏠한 도움이 된다. 와인의 묘사어는 크게 두 가지로 분류되는데 간접적 묘사어와 직접적 묘사어다. 단, 여기에서 두 묘사어의 분류 기준은 옳고 틀리고의 문제가 아니라, 와인에 대해 이야기하는 방식상의 차이일 뿐이다.

간접적 묘사어 　　　　　　　　　　 직접적 묘사어

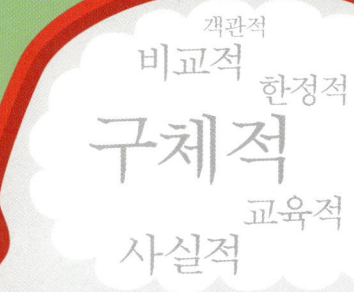

간접적 와인 묘사어

전문가들은 곧잘 와인의 풍미에 대해 시적 감성이 풍부한 표현으로 '그림을 그리듯 생생한 묘사'를 해 복잡한 견해를 단박에 전달하곤 한다. 이런 묘사어들의 특징은 대개 다음과 같다.

- 와인을 다른 경험에 빗대어 비유
- 사람마다 다르게 느껴질 수도 있는 주관적 특징을 묘사
- 묘사어에 제한이 없어서 감정이나 편견이 실린 단어가 들어가기도 한다.
- 때로는 콕 집어 정의하기 힘든 향이나 풍미를 표현하려 연상적인 단어를 동원
- 마케팅이나 미디어에서 활용되는 경우처럼, 판매 촉진에 아주 효과적이다.
- 와인 전문가들이 일방적으로 정보를 제공하는, 일방적 소통을 촉진한다.

직접적 와인 묘사어

전문가들은 와인을 냉정하게 평가하기 위해 또는 와인의 감각상의 특징 가운데 가장 중요한 특징을 묘사하기 위해 따로 정해진 용어를 사용한다. 이런 묘사어들의 특징은 대개 다음과 같다.

- 와인의 주요 특징, 즉 빛깔, 당도, 강도 등을 대체로 그 정도에 따라 묘사
- 대다수 사람들이 똑같이 인식하는 객관적인 특징 언급
- 묘사어에 제한이 있어서 비교적 개인적인 편견이 덜 실린 구체적 용어가 사용되는 편이다.
- 와인의 빛깔, 맛, 냄새, 느낌 같은 감각상의 사실적 특징을 정확히 짚어낸다.
- 와인 양조나 와인 교육에서 활용되는 경우처럼, 비교 분석에 아주 효과적이다.
- 의미 있는 쌍방향 소통의 촉진에 유용

프로처럼 와인 맛보기

우리 인간은 와인에 대한 느낌이 맛을 보는 환경에 쉽게 좌우된다. 그래서 전문가들은 최대한 객관적이 되려고 애쓰는데, 특히 일관된 시음 절차를 정해 놓으면 비교 시음에 적합한 토대를 마련하는 데 유용하다. 이때의 목표는 와인의 감각상의 특징들, 즉 빛깔, 향, 풍미가 일으키는 효과를 따로따로 분리하고 증폭시키면서 그 와인만의 특성을 구분하는 것이다. 그리고 그러려면 잔에 와인을 직접 따른 후, 다음과 같은 순서에 따르는 것이 가장 좋은 방법이다.

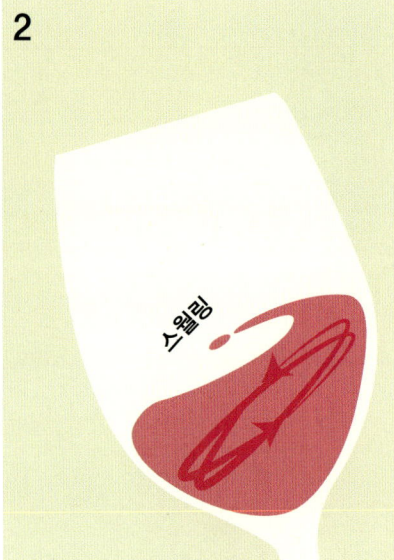

눈으로 관찰하기

와인이 화이트 와인인가, 로제(핑크빛) 와인인가, 레드 와인인가? 시음 장소가 조명이 밝은 환경이라면 종이 같은 흰색의 표면 위에 와인 잔을 대고 유심히 살펴보면서 어떤 스타일일지 암시해줄 만한 유용한 단서를 찾아본다. 빛깔이 얼마나 짙은가? 혹시 숙성 중에 갈변(褐變)이 일어난 징후가 보이지는 않는가?
더 자세한 내용은 22~25쪽 참조.

원을 그리듯 와인 잔 돌려보기

스월링(swirl)은 냄새를 더 잘 맡기 위한 것으로서, 이는 스테레오 오디오의 볼륨을 높이는 이치와 흡사하다. 스월링으로 와인 잔 안에 방향물질이 모아지면 와인의 향이 더욱 강렬해진다. 이는 스월링으로 와인의 표면적이 늘어나면서 기화와 방향성의 강도가 끌어올려지기 때문이다.

와인의 향을 깊이 들이마시기

향은 와인의 시음에서 중요한 부분인 만큼, 맛을 보기 전에 와인의 향을 맡는 단계는 꼭 필요하다. 와인 잔에 코를 바짝 들이대고 두세 번 정도 깊이 향을 들이마시면서 그 향에 대해 찬찬히 생각해본다. 향은 얼마나 진한가? 뭔가 연상되는 것은 없는가? 그 향에서 과일 향이나 야채 향이 떠오르진 않는가? 허브 향이나 향신료 향은 어떤가? 토스트(구운 빵) 같은 오크 향이 느껴지지는 않는가?
더 자세한 내용은 26~27쪽 참조.

뱉느냐 마느냐, 그것이 문제로다

많은 와인 전문가들이 대규모 시음회에서 와인을 뱉곤 하는데, 대다수 사람들의 눈에는 이런 모습이 거북하게 보일 것이다. 입안에 넣었던 것을 뱉는 행위는 어떤 경우든 무례하다고 여기는 경향 탓이다. 하지만 하나의 직업으로 와인을 비판적으로 맛봐야 하는 이들로서는 와인을 뱉을 수밖에 없다. 그래야 알코올 흡수를 최소화해 취하지 않기 때문이다. 실제로 대규모 와인 시음 행사나 와인 시음장, 그리고 와인 강의에서는 타구(唾具, 뱉는 그릇)가 거리낌 없이 이용된다.

현대의 와인 시음용 타구

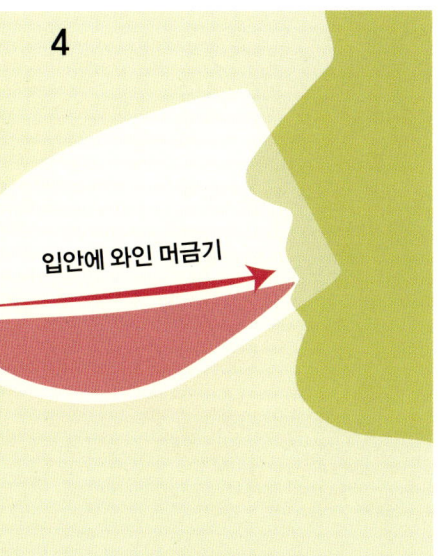

4 입안에 와인 머금기

5 입안에서 빙 굴리기

6 음미

와인을 한 모금 머금어보기

평상시에 홀짝이는 양보다 조금만 더 많이 들이마신다. 이렇게 마신 와인은 바로 삼키지 말고 혀, 볼 안쪽, 입천장의 표면에 골고루 덮이도록 입안에 3~5초 정도 머금고 있는다.

입안에서 빙 굴려보기

입안을 헹굴 때처럼 와인을 머금고 입안에서 굴려보면 미각의 감각이 극대화된다. 표면 접촉이 높아지면서 미각과 촉감이 더 강렬해지는 것이다. 또한 와인을 데워주기도 한다. 체온으로 와인의 기화가 촉진되면서 후각 신경을 위해 아로마(aroma)를 모아주는 것이다.

와인 음미해보기

와인의 풍미는 삼키고 난 뒤에도 바로 사라지지 않는다. 1분 이상 그 뒷맛이 남아서 감각상의 특징을 평가해보고 개인적 판단을 내려볼 만한 틈을 준다. 이때 와인 시음의 체크리스트를 체크하며 스타일상의 특성을 구분해보면 된다. 그 와인이 마음에 드는가? 와인만 단독으로 마시는 편이 좋겠는가, 음식과 곁들여 먹는 편이 좋겠는가? 다시 구매하고픈 생각이 드는가?
와인 시음의 체크리스트는 22쪽 참조.

와인 시음의 체크리스트

새로 맛보는 와인 하나하나를 머릿속에 데이터베이스화 해야 하는 입력자료라고 생각해보라. 그러면 지금껏 맛봐온 다른 와인들과 비교해 어떻게 평가하느냐에 따라 어떤 카테고리로 분류할지 정해질 것이다. 시음의 마지막 단계는 와인을 음미하면서 상당히 객관적인 와인의 주요 특징들을 평가하고 기억 속에 남겨놓는 일이다. 이때 감각상의 체크리스트를 사용하면 중요한 부분을 놓치지 않을 수 있다.

감각을 동원하라: 그것도 거의 모든 감각을!
우리의 5대 감각 중 네 가지 감각은 와인의 다양한 특성을 평가하는 데 도움을 준다. 와인 시음에서 아무 역할을 하지 못하는 감각은 딱 하나, 청각뿐이다. 아래의 표를 통해, 와인의 특성별로 저, 중, 고 중에서 어느 단계에 해당되는가에 따라 어떤 묘사어를 쓰는 것이 적절한지 참고해보기 바란다.

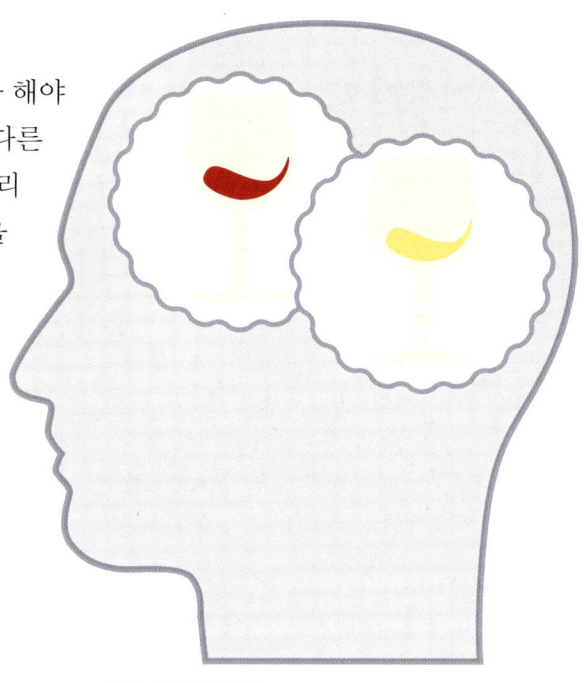

기억 속에 담아놓기

와인을 말로 묘사해보는 것은, 심지어 혼자 생각하는 경우라 해도 그 특징을 기억해두는 데 중요한 역할을 한다. 또 이렇게 저장된 기억들은 앞으로 맛보게 될 와인들의 특징 비교에서 유익한 기반이 되어준다.

감각	특성	저	중	고
시각	빛깔	화이트	핑크	레드
시각	빛깔의 농도	옅은	적당한	짙은
미각	당도	드라이한(dry)	살짝 달콤한	아주 달콤한
미각	산도	약간 시큼한	새콤한	톡 쏘는
후각	과일 향	순한	그윽한	볼드한
후각	오크 향	오크 향이 느껴지지 않는	가벼운 오크 향	강한 오크 향
촉각(마우스필)	바디(body)	라이트	미디엄	헤비(묵직한)
촉각(마우스필)	타닌(tannin) (레드 와인에만 해당)	실크 같은	벨벳 같은	거친
촉각(마우스필)	탄산가스	스틸(still)	스프리치(spritzy)	스파클링(sparkling)

와인의 자태

와인을 구분할 때 가장 확연한 차이는 눈으로 확인되는 와인의 자태다. 실제로 사람들은 으레 시각적 인식에 집중하는 편이라, 와인 리스트상의 와인이든 와인 매장에서의 와인이든 대체로 색깔을 기준으로 구별하는 것이 보통이다.

빛깔의 구분

와인의 빛깔은 거의 투명한 색에서부터 잉크 빛의 흑자색에 이르기까지 다양하지만, 가장 먼저 포괄적 분류에 따라 화이트 와인 계열인지 핑크빛 와인이나 레드 와인 계열인지부터 판단해야 한다. 특별한 양조방식 때문에 원래부터 색이 불분명한 와인이 드물게 있긴 하지만, 대개 건포도로 만든 황갈색의 달콤한 와인들만 여기에 해당될 뿐 십중팔구는 화이트인지 레드인지, 아니면 그 중간쯤인지가 아주 분명한 편이다.

> **알아둘 만한 토막 상식**
>
> 화이트 와인은 양조 과정에서 일찌감치 포도껍질을 제거하기 때문에, 옅은 색이나 짙은 색 포도 모두로 빚을 수 있다. 반면 레드 와인과 로제 와인은 짙은 색 포도로 만드는데, 양조 과정에서 포도껍질과 접촉시키는 시간에 따라 그 빛깔이 좌우된다.

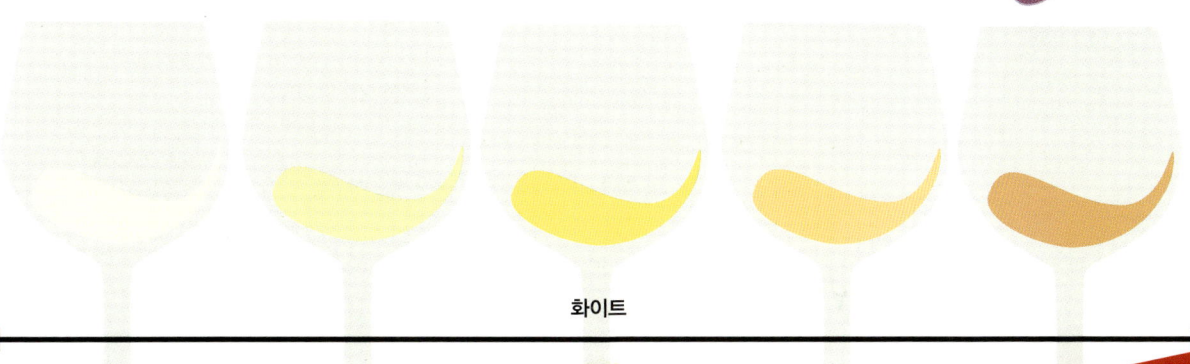

화이트

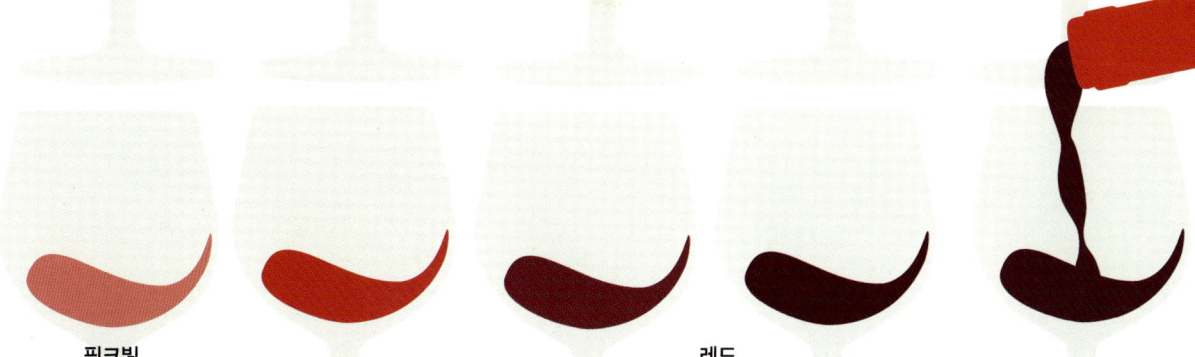

핑크빛   레드

희귀한 로제 와인
중간 계열의 빛깔인 핑크빛 와인은 그 비율이 소수에 불과하며, '핑크빛'을 뜻하는 프랑스어를 따서 일명 로제 와인(rosé wine)으로 불린다.

빛깔 농도에 따른 와인의 평가

화이트, 레드, 로제 계열의 와인들 모두 각각의 빛깔 농도는 와인의 맛을 가늠하는 암시가 되어주기도 한다. 대체적으로 빛깔의 농도는 풍미의 강도와 일치하는 편이다. 또한 와인의 빛깔은 풍미의 강도뿐만 아니라 다른 특징에 대한 암시가 되기도 한다. 가령, 황금빛이 도는 화이트 와인의 경우는 거의 무색투명한 화이트 와인보다 오크 풍미가 더 진하기 마련이며, 투명할 정도로 옅은 레드 와인의 경우엔 대체로 짙은 색의 레드 와인보다 더 라이트 바디인 데다 덜 텁텁하다.

원래 옅은 색인가, 색이 흐려진 것인가?
레드 와인은 시간이 지날수록 색이 흐려진다. 어릴 때는 핑크빛이 도는 자주색이지만 오래될수록 더 갈색빛을 띠다가 녹빛 오렌지색으로 변한다.

포도껍질의 자취
레드 와인은 양조 시에 포도껍질과의 접촉 시간이 더 길며 원료로 사용된 포도의 껍질이 두껍고 알맹이가 작을수록, 더 짙은 색을 띤다. 포도껍질은 빛깔만이 아니라 풍미도 우려내주기 때문에, 레드 와인과 로제 와인은 화이트 와인에 비해 풍미가 볼드하다.

무색에 가까운 색
화이트 와인은 아주 어린 와인의 경우에만 무색에 가까우며, 통이나 병 속에서 숙성된 화이트 와인들은 옅은 황색을 띠게 된다.

황금률
화이트 와인의 짙은 색은, 더 오래된 와인, 오크 풍미가 더 강한 와인, 더 진하고 달콤한 디저트 와인(dessert wine)과 연관되는 특징이다.

- 옅은 색의 레드
- 중간대의 무게감
- 여름 와인의 대명사, 로제
- 오크 풍미가 있는 화이트
- 헤비&볼드
- 오크 풍미가 있는 레드
- 원숙한 화이트
- 어린 화이트

화이트 와인: 빛깔의 좌우요소

화이트 와인에서 빛깔의 주된 근원은 산화다. 공기 중에 노출시키면 화이트한 빛깔이 점점 옅은 황색이 되다가 황금빛으로 짙어진다. 산화의 가장 보편적인 원천은 바로 오크 통 숙성인데, 실제로 오크 풍미가 강한 샤르도네는 스테인리스스틸 통에서 발효된 상큼한 소비뇽 블랑(Sauvignon Blanc)보다 색이 짙어서 더 황금빛을 띤다. 또한 유달리 강한 풍미의 화이트 와인은 색의 채도도 더 높으며, 달콤한 디저트 와인이 그러한 사례다.

통이나 숙성, 또는 밀도에 따라 짙어지는 빛깔

레드 와인: 빛깔의 좌우요소

화이트 와인과 마찬가지로 레드 와인도 농축도가 높을수록 더 짙은 빛깔을 띤다. 그런데 화이트 와인은 숙성에 따라 더 짙어지는 반면 레드 와인은 그 반대여서, 착색성분들이 중력에 굴복해 침전물로 가라앉으면서 색이 점점 옅어진다. 한편 레드 와인이 아주 다양한 빛깔을 띠는 이유는 그 빛깔의 근원, 즉 짙은 색 포도껍질 때문이다.

포도의 종류, 포도의 숙성도, 포도껍질로부터의 빛깔 추출 기법은 모두 와인의 빛깔 농도에 영향을 미치는 요소다. 피노 누아(Pinot Noir) 같은 얇은 껍질의 포도가 시라(Syrah) 같은 두꺼운 껍질의 품종보다 와인에 더 옅은 빛깔을 부여해주는가 하면, 일조량이 풍부한 지역에서 재배된 포도가 서늘한 지역에서 재배된 포도보다 더 짙은 빛깔을 우려내준다.

빈트너들은 숙성가치(age-worthy)가 높은 고급 레드 와인을 빚기 위해 포도껍질로부터 더 많은 색을 우려내지만, 로제 와인의 경우엔 포도껍질과의 접촉을 제한하는 방법으로 빛깔을 우려낸다.

포도껍질의 성분에 의해 짙어지는 빛깔

숙성을 거치면서 옅어지고 갈변되는 빛깔

우리는 맛을 보는 것일까, 냄새를 맡는 것일까

우리는 일상적으로 입안에서 일어나는 모든 느낌을 '맛'이라는 말로 표현한다. 와인 세계에서도 '맛'은 대체로 이런 보편적 맥락에서 쓰인다. 하지만 와인을 분석할 때는 와인을 감지하는 감각에 따라 와인의 특징을 구분한다.

맛이란?

진정한 의미의 맛을 구분하려면 와인을 홀짝일 때 거의 동시다발적으로 발생하는 세 가지 감각적 특징, 즉 냄새, 맛, 마우스필을 구별해야 한다. '풍미'를 이루는 냄새나 일명 마우스필이라는 촉감은 맛과는 별개다. 크렘 브륄레(crème brûlée, 커스터드 크림 위에 설탕을 뿌리고 토치나 그릴을 써서 캐러멜화시킨 디저트 — 옮긴이)를 예로 들면, 대개 그 맛을 표현할 때 달콤하고 크림 같은 맛이라거나, 바닐라와 캐러멜 같은 맛이 난다고 말하곤 한다.

하지만 진정한 의미에서의 맛이란 달콤함뿐이다. 달콤함만이 혀의 미뢰에서 감지되기 때문이다. 바닐라와 캐러멜 '풍미'는 실제로는 후각의 느낌, 즉 냄새이며 크림 같다는 것은 촉각의 느낌, 즉 마우스필에 해당된다.

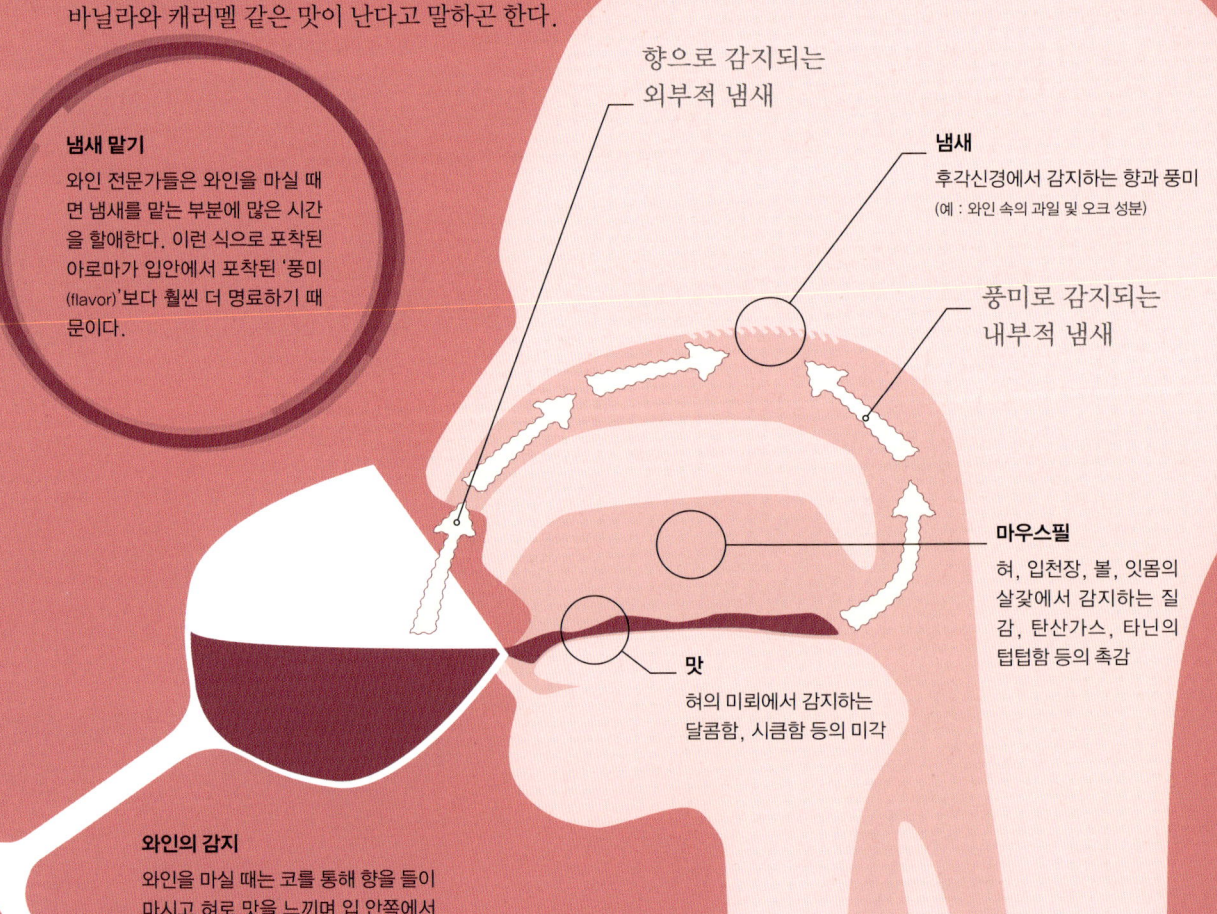

냄새 맡기
와인 전문가들은 와인을 마실 때면 냄새를 맡는 부분에 많은 시간을 할애한다. 이런 식으로 포착된 아로마가 입안에서 포착된 '풍미(flavor)'보다 훨씬 더 명료하기 때문이다.

향으로 감지되는 외부적 냄새

냄새
후각신경에서 감지하는 향과 풍미
(예 : 와인 속의 과일 및 오크 성분)

풍미로 감지되는 내부적 냄새

마우스필
혀, 입천장, 볼, 잇몸의 살갗에서 감지하는 질감, 탄산가스, 타닌의 텁텁함 등의 촉감

맛
혀의 미뢰에서 감지하는 달콤함, 시큼함 등의 미각

와인의 감지
와인을 마실 때는 코를 통해 향을 들이마시고 혀로 맛을 느끼며 입 안쪽에서 감촉을 느끼게 된다.

아로마의 이해

와인의 시음에 관한 한 모든 감각을 통틀어 가장 중요한 것이 바로 후각이다. 코를 대고 냄새를 맡지 않더라도 와인을 한 모금 머금는 순간, 강렬히 발산되는 아로마를 느끼게 된다. 우리는 이를 풍미라고 인식하며 와인의 맛으로 받아들이지만, 사실 우리가 풍미라고 인식하는 것의 대부분은 후각적 자극, 즉 냄새다.

엄밀히 따지자면 향기와 풍미 사이에 실질적인 차이는 없다. 단지 코로 들어오는 방향만 서로 다를 뿐이다. 말하자면 위쪽 비강의 후각신경은 냄새가 외부로부터 코로 들어오면 향기로 인식하지만, 똑같은 냄새가 코와 입을 연결하는 내부 통로를 통해 코에 이르면 풍미로, 즉 음식이나 음료의 맛이라고 인식한다.

우리가 혀와의 접촉을 통해 맛보는 와인의 특징은, 달콤함과 시큼함 같은 소수의 기본적인 특징에 불과하다. 하지만 와인 속의 휘발성 아로마 성분이 후각신경에 이를 때, 우리의 후각은 향기인 동시에 풍미인 보다 복잡한 와인의 특징들을 훨씬 더 다양하게 감지한다.

우리 인간이 맡을 수 있는 냄새는 최소한 1만 가지에 이른다…

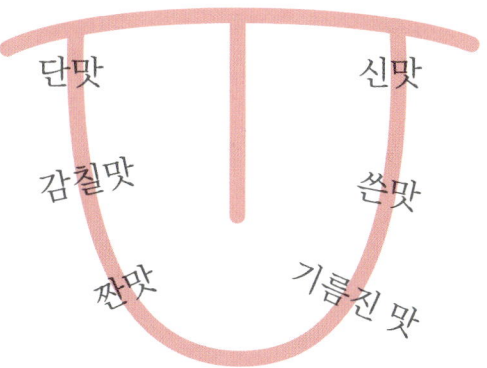

… 하지만 우리가 실제로 느낄 수 있는 맛은 여섯 가지에 불과하다.

단맛 신맛
감칠맛 쓴맛
짠맛 기름진 맛

후각 테스트

다음은 맛과 냄새의 차이를 확실히 느끼게 해줄 만한 간단한 테스트다.

- 코를 꽉 틀어막고 오렌지 주스를 한 모금 마신다. 주스를 삼킨 후에도 최소한 5초 동안 계속 코를 막은 상태 그대로 있는다.
- 이렇게 콧구멍을 막아보면 혀가 단독으로 감지할 수 있는 맛이 무엇인지, 즉 이 경우엔 달콤한 맛과 신맛만 감지할 수 있음을 알게 된다.
- 이제 틀어막았던 코를 풀어준다. 공기가 입천장에서 후각신경으로 막힘없이 흘러들어가자마자 오렌지의 시트러스 '풍미'가 확 밀려올 것이다.

와인의 맛

우리가 느낄 수 있는 미각이 여섯 가지뿐이라는 점을 알았으니 이제는 미각이 와인의 시음에 미치는 영향을 살펴보자. 그런데 이 대목에서 가장 놀라운 점을 꼽으라면, 와인에서 발견되는 진정한 의미의 맛이 두 가지뿐이라는 사실이다.

미각 제대로 알기

이제껏 알려진 여섯 가지의 미각 가운데 네 가지는 수세기 전부터 분간되어 온 맛으로, 바로 단맛, 신맛, 짠맛, 쓴맛이다. 나머지 두 가지는 상당히 미묘한 미각으로, 실험실 테스트를 통해 비교적 최근에야 발견되었다. 대체로 '맛있다'거나 입맛이 당기는 특징을 띠어 일명 감칠맛으로 불리는 미각은 글루타민산과 아미노산에 의해 유발되는데, 일본의 연구가들이 해조류와 미소된장의 기분 좋은 맛의 근원에 호기심을 품으면서 최초로 식별되었다. 보다 최근에 발견된, 또 하나의 감지하기 미묘한 미각은 음식의 지방과 연관된 맛이다.

어떤 맛을 찾아야 할까

와인을 맛볼 때는 단맛과 신맛만을 탐색하고 평가하며, 이 두 맛은 모두 와인의 스타일을 구분하는 데 중요한 요소다. 그 외의 맛을 탐색하지 않는 이유는, 와인에 소금, 지방, 쓴 성분이 함유되어 있지 않기 때문이다. 다수의 와인들이 감칠맛의 특징을 띠긴 하지만 그 맛이 쉽게 구분될 정도는 못 된다.

> 와인의 시음에서 중요한 미각은 단맛과 신맛, 두 가지뿐이다.

단맛의 척도

와인 세계에서는 단맛을 와인 1리터당 몇 그램의 당분(g/ℓ)이 함유되어 있는가로 측정한다. 아래의 도표는 와인의 당도를 다른 음료들과 비교해놓은 것이다.

드라이한 메를로(Merlot)
2g/ℓ

설탕 한 스푼 넣은 차
12g/ℓ

살짝 달콤한 리슬링(Riesling) 와인
15g/ℓ

스위트냐 드라이냐?

스위트함은 혀에서 단맛으로 감지되는데, 특히 미각수용체가 몰려있는 혀끝에서 가장 생생하게 감지된다. 대다수 와인은 단맛이 전혀 감지되지 않으며 이런 와인을 '드라이'하다고 묘사한다. 수세기 전부터 전 세계의 와인메이커들은 포도의 천연 당분이 전부 알코올로 변환되었을 때 그 와인을 드라이하다고 일컬었다. 프랑스어의 섹(sec), 독일어의 트로켄(trocken), 이탈리아어의 세코(secco)도 모두 일상어로는 '젖지 않은(not wet)'의 뜻이지만 와인에 적용될 때는 '달지 않은'의 뜻이 된다.

여러 등급의 와인에서 기분 좋을 만큼 살짝 단맛이 도는 와인들이 출시되고 있는데, 그중 대다수는 대량판매용 저가 와인들이다. 이처럼 약간 달콤한 '오프드라이(off-dry)' 스타일은 주스 같은 풍미를 좋아하는 와인 초보자들 사이에서 특히 인기가 있다. 아주 달콤한 와인, 즉 디저트 와인은 매혹적이지만 희귀하다. 그만큼 생산하기가 어렵고 비용이 많이 드는 탓이다. 세계의 와인 대다수는 드라이한 편인데, 그 이유는 만들기가 간단하고 유통기간이 긴 편인데다 음식과도 잘 어울리기 때문이다.

당도의 강도별 구분

다음의 표는 와인 당도의 저/중/고에 따른 통상적 용어와 함께, 각 당도별 시음 시의 느낌과 해당 와인의 예를 정리해놓은 것이다.

당도	용어	시음 시의 느낌	해당 와인
저	드라이	감지될 만한 정도의 당분이 함유되어 있지 않다.	호주의 샤르도네, 프랑스의 코트 뒤 론(Côtes du Rhône)
중	살짝 달콤한, 오프드라이	약하게 감지될 만한 정도의 당분이 함유되어 있다.	독일의 리슬링, 캘리포니아의 올드 바인 진판델(Old-Vine Zinfandel)
고	달콤한, 디저트 와인	뚜렷하고 강렬할 정도의 당분이 함유되어 있다.	포르투갈의 포트, 이탈리아의 모스카토(Moscato)

오렌지 주스
85g/ℓ

달콤한 포트(Port)
100g/ℓ

포도 주스
225g/ℓ

시큼한 신맛

레몬 주스나 식초를 마셨을 때처럼, 와인의 신맛은 혀에 닿는 순간 시큼한 느낌을 주면서 거의 즉시 입안에 침이 고이게 한다. 특히 와인은 생포도의 높은 산도 때문에 다른 대다수 음료보다 더 톡 쏘는 편이다.

와인 초보들로선 기호에 따라 와인이 너무 시큼하게 느껴지기 쉬운데, 이런 느낌은 와인을 한 모금 마셨을 때 신맛이 가장 강렬하게 남는 탓이다. 하지만 와인의 신맛은 계속 마시다보면 그 날카로움이 점점 누그러들며, 특히 식사에 곁들여 마실 경우 더욱 그렇다.

셰프의 비법

신맛은 어떤 요리든 맛을 더 좋게 돋워준다. 이 점은 요리사들도 잘 알고 있는 사실이다. 그런 이유로 식당의 수많은 요리들에는 약간의 와인이나 식초, 레몬즙이 가미되는 것이다.

산도의 강도별 구분

다음의 표는 와인 산도의 저/중/고에 따른 통상적 용어와 함께, 각 산도별 시음 시의 느낌과 해당 와인의 예를 정리해놓은 것이다.

산도	용어	시음 시의 느낌	해당 와인
저	약간 시큼한, 산도가 부족한	신맛이 감지되지만 구운 사과처럼 그 정도가 약함	오크 풍미를 지닌 샤르도네, 크림 셰리 (Cream Sherry)
중	새콤한, 상큼한	싱싱한 사과처럼, 상쾌함이 느껴지는 보통 정도의 신맛	이탈리아의 피노 그리지오(Pinot Grigio), 칠레의 메를로
고	톡 쏘는, 날카로운	덜 익은 사과처럼, 거칠다싶을 만큼 강한 신맛	프랑스의 상세르(Sancerre), 이탈리아의 키안티(Chianti)

산도의 지수, pH

pH는 산도의 측정단위지만 사람들이 흔히 생각하는 것과는 그 측정 방식이 달라서, 수치가 높을수록 산도가 낮다. 산성과 알칼리성의 중간쯤 되는 물의 경우엔 pH 7이다.

와인 pH 3~4   보드카 pH 6~7

라임 주스 pH 2 | 오렌지 주스 pH 3.5 | 커피 pH 5.5 | 물 pH 7 | 제산제 pH 10

테이스팅

단맛과 신맛 구별해보기

집에서 해보는 네 가지 와인의 비교 시음

다음에 유의하며 아래 네 가지 스타일의 화이트 와인을 시음해본다.

1. 혀에 처음 닿는 순간의 느낌에 주목한다.
2. 단맛과 신맛을 낮은 단계에서 높은 단계의 기준에 따라 평가해본다.
3. 와인만 단독으로 마시든 음식에 곁들여 마시든 간에, 어떤 와인이 더 마음에 드는지 생각해본다.

낮은 당도, 높은 산도	낮은 당도, 중간대의 산도	중간대의 당도, 높은 산도	높은 당도, 낮은 산도
 **1**	**2**	**3**	**4**
프랑스의 소비뇽 블랑	캘리포니아의 샤르도네	워싱턴의 리슬링	프랑스의 뮈스카 뱅 두 나튀렐(Muscat Vin Doux Naturel)

예
푸이 퓌메(Pouilly-Fumé), 상세르, 보르도 블랑, 투렌(Touraine)의 소비뇽 블랑

감지될 만한 맛
아주 드라이한 맛 : 당분이 함유되어 있지 않음이 아주 명확함

톡 쏘는 신맛 : 상당히 높은 산도

예
미국 소노마, 몬터레이, 중부 해안 지역의 통 발효 스타일 와인

감지될 만한 맛
드라이한 맛 : 당분이 감지되지 않음

상큼한 신맛 : 보통 정도의 산도

예
컬럼비아 밸리의 저알코올 스타일 와인(특히 독일 스타일의 와인)

감지될 만한 맛
살짝 달콤하거나 오프드라이한 맛 : 당분이 감지됨

상큼한 신맛 : 보통 정도의 산도

톡 쏘는 신맛 : 높은 산도

예
뮈스카 드 미네르부아(Muscat de Minervois)나 뮈스카 드 봄 드 브니즈(Muscat de Beaumes-de-Venise) 같은 디저트 와인

감지될 만한 맛
달콤한 맛 : 당분이 함유되어 있음이 명확함

약간 신맛 : 상당히 낮은 산도

와인의 향

와인 시음에서 '과일 풍미(fruit)'라는 말은, 와인의 원료로 쓰인 포도에서 유래된 후각적 냄새와 풍미를 통칭하는 용어다. 모든 와인은 100퍼센트 과일로 빚어지기 때문에 '과일 풍미'는 거의 모든 와인에 맞는 묘사어이기도 하다.

과일과 오크 풍미의 구분

와인의 향과 풍미를 분류하고 전반적인 강도를 평가해보는 것도 유용하다. 와인 시음에서의 후각적 느낌은 크게 두 가지로 분류되는데 바로 '과일' 향과 '오크' 향이다. 명칭에서도 알 수 있듯이, 각각은 와인 양조 과정에서 한 역할을 담당하는 요소들이다.

와인의 향은 대부분이 포도에서 유래되는 향이다.

과일 향
- 모든 와인에 있음
- **와인의 주된 풍미와 향**
- 포도와 와인 양조 과정에서 발생
- 오크의 사용으로 생겨난 아로마를 제외한, 와인의 모든 아로마를 지칭
- 포도밭에서 와인 양조 과정에서 발생된 아로마를 모두 아우름

오크 향
- 모든 와인에 있는 것은 아님
- **일정 와인에서만 감지되는 독특한 풍미와 향**
- 풍미의 가미용으로 사용된, 구운 새 오크 통 속에서 발생
- 대체로 구운 새 오크통 풍미나 숯내를 가진 결과물
- 와인과 오크의 접촉 시간이 길수록 강렬함

과일 풍미의 강도별 구분

다음의 표는 과일 풍미의 저/중/고에 따른 통상적 용어와 함께, 각 강도별 시음 시의 느낌과 해당 와인의 예를 정리해놓은 것이다.

향	용어	시음 시의 느낌	해당 와인
저	약한, 미묘한(subtle)	캐모마일 차처럼 절제된 풍미	이탈리아의 프로세코, 프랑스의 샤블리 화이트 와인 외에는 해당되는 예가 드물다.
중	적당한, 그윽한	블랙커피나 차처럼 보통 정도의 풍미	뉴질랜드의 소비뇽 블랑, 스페인의 가르나차
고	볼드한, 농축된	에스프레소처럼 짙고 강렬한 풍미	내퍼 밸리의 카베르네 소비뇽, 독일의 아이스바인 레드 와인이나 디저트 와인을 제외하면 해당되는 예가 드물다.

'과일 풍미'의 이해

와인 시음가들은 대체로 블랙베리나 레몬 같은 비교어를 내세워 와인에서 풍기는 과일 아로마를 구체적으로 묘사하려 한다. 하지만 초보자들의 경우, 처음엔 간단한 강도측정 기준을 토대로 과일 아로마의 전반적 강도를 판단해보는 편이 더 유용하다. 아로마의 과일 요소를 와인 풍미의 강도로 따져볼 때, 미묘하거나 억제된 편인가, 아니면 뚜렷하고 지나친 수준인가?

와인업계의 전문가들은 '과일'의 개념을 통상적인 의미를 벗어나는 수준까지 확장시킨다. 샤르도네의 파인애플 향이나 보르도의 블랙베리 아로마처럼 명백한 과일의 냄새들도 많지만, 와인 용어상 과일은 비과일 계열의 풍미까지 망라하는 두루뭉술한 개념이기도 하다. 가령 시라의 후추 향이나 소비뇽 블랑의 허브 풍미, 게부르츠트라미너(Gewurztraminer)의 꽃향기든 간에, 이 모두가 와인의 과일 요소로 묘사되곤 한다. 하지만 와인이 '과일 풍미를 지닌 것'으로 묘사될 때는, 통상적으로 그 향이 강할 뿐만 아니라 실제 과일에서 나는 디저트 계열의 냄새가 두드러진다는 의미로 통한다. 또한 과일 요소에는, 생포도에 함유된 천연의 냄새뿐만 아니라 와인 양조 과정 중에 발생하는 냄새까지 포함된다. 와인 양조 과정 중에 복잡한 화학작용으로 인해 생겨나는 휘발성 아로마 성분에서는, 빵반죽 냄새부터 가죽 냄새까지, 삼나무 냄새에서 아스팔트 냄새까지 온갖 종류의 냄새가 난다.

흙이 '과일'로 둔갑되다

흔히 테루아(terroir)로 일컬어지는 포도원의 주위환경은, 흙내음 아로마에 기여하기도 하는데, 이 아로마 역시 와인의 과일 요소로 간주된다.

과일 풍미의 강도측정 기준

이 강도측정 기준을 활용하면 와인의 과일 풍미 강도를 구분하는 데 도움이 될 것이다. 시음해본 와인에 대해 다음 중 어떤 용어가 가장 적절할지 골라보면 된다.

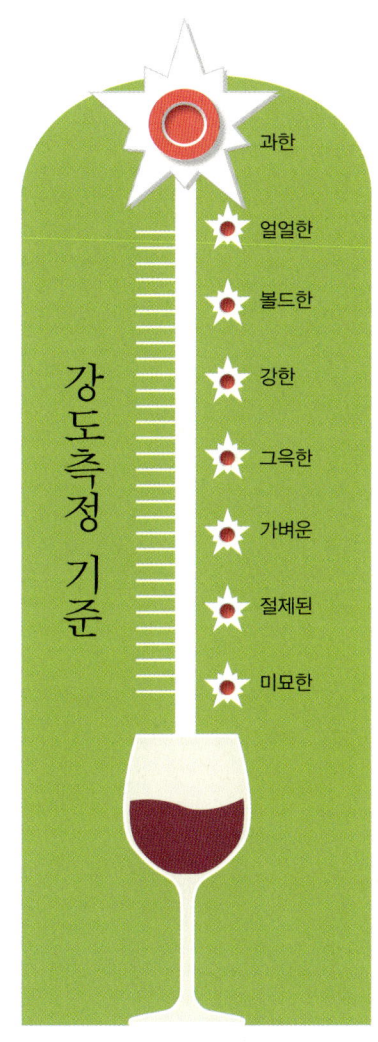

강도측정 기준

- 과한
- 얼얼한
- 볼드한
- 강한
- 그윽한
- 가벼운
- 절제된
- 미묘한

'오크 풍미'의 이해

'오크 풍미'는 좁은 범주의 와인 향과 풍미를 묘사하는 용어로, 이런 오크 풍미는 나무로부터, 즉 대개 구운 오크 통으로부터 유래된다. 오크 풍미는 레드 와인과 풀 바디의 화이트 와인에서 주로 느껴진다.

오크는 통이 새것일 때 가장 강한 영향을 미치는데, 구운 새 통은 코냑과 버번 위스키처럼 오크 통에서 숙성되는 증류주의 여러 가지 풍미를 와인에 부여해준다.

오크 향

오크 통에서 숙성된 와인은 나무 향 외에 바닐라, 디저트용 향신료(아니스, 계피, 생강, 감초, 민트, 육두구 등 — 옮긴이), 캐러멜, 견과류 냄새를 띠기도 한다. 상당수 와인이 오크 처리를 거치지 않은 채 빚어지기 때문에, 이런 향과 풍미가 모든 와인에 존재하는 것은 아니다.

오크에 와인을 담을 것인가, 아니면 와인에 오크를 담을 것인가?

와인의 오크 풍미는 구운 새 오크를 통해 부여된다. 고급 와인의 경우 새 오크 통에서의 숙성이나 발효를 통해 오크 풍미를 우려낸다면, 스테인리스스틸 탱크에서 숙성되거나 발효되는 저가 와인의 경우엔 오크 조각이나 막대 같은 것을 이용해 오크 풍미를 우려내기도 한다.

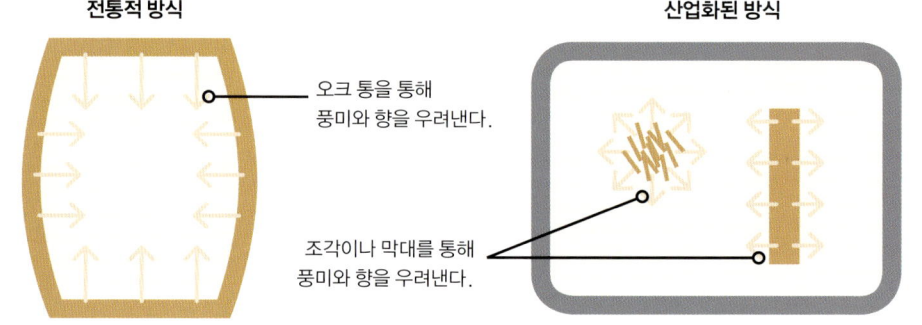

전통적 방식 — 오크 통을 통해 풍미와 향을 우려낸다.

산업화된 방식 — 조각이나 막대를 통해 풍미와 향을 우려낸다.

오크 풍미의 강도별 구분

다음의 표는 오크 풍미의 저/중/고에 따른 통상적 용어와 함께, 각 강도별 시음 시의 느낌과 해당 와인의 예를 정리해놓은 것이다.

오크 풍미	용어	시음 시의 느낌	해당 와인
저	언오크드(unoaked), 네이키드(naked)	보드카처럼 오크 향과 풍미가 없다.	독일의 리슬링, 이탈리아의 발폴리첼라(Valpolicella)
중	가벼운 오크 풍미	캐나다의 어린 위스키처럼 오크 향과 풍미가 가볍다.	프랑스의 보르도, 오리건 주의 피노 누아
고	그윽한 오크 풍미, 토스티(toasty)	고급 숙성 코냑처럼 오크 향과 풍미가 진하다.	프레스티지 샤르도네(Prestige Chardonnay), 스페인의 리오하(Rioja)

테이스팅

과일 풍미와 오크 풍미 구별하기

집에서 해보는 네 가지 와인의 비교 시음
다음에 유의하며 아래 네 가지 스타일의 와인을 시음해본다.

1. 와인을 한 모금 마시기 전과 후에 감지되는 향과 풍미에 주목한다.
2. 와인의 전반적인 향이나 '과일 풍미'를 토스티한 오크 향과 구별해본다.
3. 각 풍미나 향의 강도를 판단해본다.

낮은 과일 풍미 낮은 오크 풍미	중간대의 과일 풍미 중간대의 오크 풍미	중간대의 과일 풍미 높은 오크 풍미	높은 과일 풍미 높은 오크 풍미
오크 풍미가 없는 프랑스의 샤르도네	통 발효를 거친 캘리포니아의 샤르도네	통 숙성을 거친 스페인의 템프라니요 (Tempranillo)	통 숙성을 거친 호주의 시라즈 (Shiraz)

예
마콩 빌라쥬(Mâcon-Villages), 샤블리, 생베랑(St-Véran), 부르고뉴 블랑(Bourgogne Blanc), 비레 클레세(Viré-Clessé)

감지될 만한 맛
미묘한 과일 풍미, 저강도의 와인 풍미

오크 풍미 부재 : 오크 통의 향이 감지되지 않음

예
소노마, 몬터레이 중부 해안지대, 산타 바바라, 카르네로스산(産) 스타일의 와인

감지될 만한 맛
적당한 과일 풍미, 중간대의 와인 풍미

가벼운 오크 풍미 : 오크 통의 향이 감지됨

예
크리안자(crianza)나 레세르바(reserva) 등급의 리오하, 토로(Toro), 리베라 델 두에로(Ribera del Duero)

감지될 만한 맛
적당한 과일 풍미, 중간대의 와인 풍미

강한 오크 풍미 : 오크 통의 향이 뚜렷함

예
바로사, 맥라렌 베일, 호주 남부 지역의 고급 스타일 와인

감지될 만한 맛
뚜렷한 과일 풍미, 고강도의 와인 풍미

강한 오크 풍미 : 오크 통의 향이 뚜렷함

와인의 질감

와인의 '맛'으로 감지되는 측면 가운데는 맛도 아니고 냄새도 아닌, '마우스필'에 해당되는 것들이 있다. 다시 말해 혀, 입천장, 입술, 잇몸에서 식별되는 촉감을 말하는데, 이런 마우스필 가운데는 포테이토 칩같이 씹히는 듯한 질감에서부터 초콜릿 무스 같은 부드러운 질감에 이르기까지 기분 좋은 음식에서 느껴지는 그런 느낌들도 있다.

와인에서 기대할 만한 세 가지 유형의
신체 감각은 다음과 같다.

1. 탄산가스, 혹은 거품   2. 무게감, 혹은 바디   3. 타닌, 혹은 텁텁함

보글보글 올라오는 거품

와인에서 가장 뚜렷하고 즉각적으로 느껴지는 촉감은 탄산가스다. 거품은 닿자마자 곧바로, 또 분명하게 느껴지기 때문이다. 탄산가스는 발효 과정에서 발생하는 천연 부산물이라서, 모든 와인은 와인 양조 중의 어느 시점에서든 거품이 일게 마련이다. 보통은 이 천연 거품을 빠져나가게 내버려 두는 '스틸' 와인, 즉 탄산가스가 없는 와인이 된다. 하지만 의도적으로 거품을 빠져나가지 못하게 가둠으로써 거품이 풍성한 와인, 즉 '스파클링' 와인을 만들기도 한다.

스파클링 와인의 거품은, 보글보글 올라오는 청량음료처럼 입천장에 톡 쏘는 상쾌함을 선사한다. 이런 스파클링 와인은 탄산가스의 압력을 버티도록 특별한 병과 코르크를 사용한다. 일부 와인은 탄산가스가 가득하지 않아 탄산가스의 톡 쏘는 느낌이 비교적 부드러운, 일명 스프리치 와인에 해당되는데 대체로 이런 와인들은 아주 어린 화이트나 로제 와인들이다. 이런 와인의 거품은 잔에 따르면 금세 꺼지는 편이다.

탄산가스의 강도별 구분

다음의 표는 탄산가스 강도의 저/중/고에 따른 통상적 용어와 함께, 각 강도별 시음 시의 느낌과 해당 와인의 예를 정리해놓은 것이다.

탄산가스	용어	시음 시의 느낌	해당 와인
저	스틸, 보통의	거품이나 김이 전혀 없음	피노 그리(Pinot Gris), 소비뇽 블랑
중	스프리치	거품이나 김이 약하게 올라옴	비뉴 베르드(Vinho Verde), 바스크 차콜리나(Basque Txakolina)
고	스파클링, 거품이 풍성한	거품이나 김이 확연히 두드러짐	샴페인, 프로세코

무게감의 평가

와인 용어에서 무게감이란 질감이나 농도를 지칭하는 말로 입천장에서 느껴지는 점착성의 정도이며, '바디'라고도 부른다. 크림이 우유보다 더 걸쭉하게 느껴지는 이유가 지방 함량이 더 높기 때문인 것과 마찬가지로, 풀 바디의 와인이 라이트 바디의 와인보다 더 묵직하게 느껴지는 이유는 알코올 함량이 더 높기 때문이다. 중간대 무게감을 가진 와인의 알코올 함량은 대략 13.5% 정도 된다. 와인의 알코올 도수가 낮을수록 입천장에서 닿는 느낌은 더 가벼워진다. 단, 디저트 와인은 이 법칙에서 예외인데 용해된 당분 자체가 점착성을 높여주기 때문이다. 포트처럼 달콤하면서도 알코올이 높은 와인의 경우엔 아주 묵직해서 그 걸쭉한 정도가 시럽과 거의 맞먹는다.

풀 바디

화이트 와인일수록 더 가볍다.
대체로 화이트 와인은 레드 와인에 비해 알코올 함량이 낮고 더 가벼운 느낌을 주지만 여기에도 종종 예외가 있기는 하다.

13.5%

레드 와인에서는 희귀한 편이다.
레드 와인은 알코올 함량이 12.5% 이하인 경우가 드물어서 정말로 가벼운 레드 와인은 찾기 힘들다.

라이트 바디

그 다리를 확인하라!

와인의 무게감은 스월링 후에 잔 안쪽 벽면을 타고 방울져 흘러내리는 자국을 보면 확연히 알 수 있다. 이렇게 흘러내리는 방울은 일명 와인의 '다리' 혹은 '눈물'이라고 일컬어지는데 묵직한 와인일수록 더 천천히 떨어진다.

질감의 강도별 구분

다음의 표는 질감의 저/중/고에 따른 통상적 용어와 함께, 각 강도별 시음 시의 느낌과 해당 와인의 예를 정리해놓은 것이다.

질감	용어	시음 시의 느낌	해당 와인
저	가벼운, 라이트 바디	탈지우유처럼 묽고 섬세한 질감	독일의 리슬링, 이탈리아의 모스카토 (스파클링, 화이트, 로제 와인 외에서는 해당되는 와인이 드문 편이다.)
중	중간대의 무게감, 미디엄 바디	초코우유와 같은 중간대의 보통 질감	프랑스의 보르도 블랑, 칠레의 메를로
고	묵직한, 풀 바디	초콜릿 밀크셰이크처럼 진하고 걸쭉한 질감	캘리포니아의 올드 바인 진판델, 포르투갈의 포트 와인 [레드, 디저트, 주정강화 와인(fortified wine) 외에서는 드물다.]

타닌의 발견

레드 와인은 대개 맛을 본 후 얼마간 입안이 마르면서 침 분비가 억제되고 입천장에 까칠하고 뻣뻣한 느낌이 남곤 한다. 이것은 타닌, 즉 포도의 껍질, 씨, 줄기에 함유된 텁텁한 페놀 성분 때문이다.

- 레드 와인에서만 타닌을 뚜렷이 느낄 수 있는 이유는, 레드 와인의 경우엔 발효 중에 포도의 껍질, 씨, 줄기와 접촉하는 반면 화이트 와인은 그렇지 않기 때문이다.
- 타닌은 레드 와인에 짙은 빛깔을 더해주는가 하면 풍미의 강도와 일치하는 편이기도 하다.
- 강력한 산화방지제이자 천연 방부제인 타닌은, 와인의 숙성을 돕지만 시간이 지나면서 차츰 약해진다.
- 장기 숙성용으로 빚어진 레드 와인 가운데서도 어리고 색이 짙으며 강렬할수록 타닌이 강한 편이다.
- 입안을 마르게 하는 타닌의 효과를 가리켜 종종 와인의 '그립(grip)'이라고도 부르는데, 이 그립은 마시자마자 확연하게 느껴지는 것은 아니지만 맛을 본 후 30~60초 사이에 특히 강하게 느껴진다.
- 타닌이 약한 편인 와인은 느낌이 벨벳처럼 부드러운 반면, 타닌이 강한 와인은 스웨이드처럼 거칠 수도 있다.

레드 와인의 타닌은 주로 포도껍질에서 우러지는데, 이 산화방지제 성분은 레드 와인에 빛깔과 풍미뿐만 아니라 텁텁함과 떫은 맛도 부여해준다.

입안을 마르게 하지만, 드라이하지는 않은

타닌은 혀에 마르는 느낌을 주기 때문에 드라이한 특성과 혼동되기 쉽다. 하지만 와인 용어상 '드라이'는 달콤하지 않은 와인을 일컫는 말이며, 입안을 마르게 하는 와인은 '태닉(tannic, 텁텁한 느낌이 남는)하다'고 묘사한다.

타닌의 강도별 구분

다음의 표는 타닌의 저/중/고에 따른 통상적 용어와 함께, 각 강도별 시음 시의 느낌과 해당 와인의 예를 정리해놓은 것이다.

타닌	용어	시음 시의 느낌	해당 와인
저	타닌이 없는	입안을 마르게 하는 텁텁함이 전혀 감지되지 않음	프랑스의 보졸레(Beaujolais), 드라이한 로제 와인
중	벨벳 같은, 타닌이 부드러운	입안을 마르게 하는 텁텁함이 순하게 감지됨	캘리포니아의 메를로, 프랑스 부르고뉴의 레드 와인
고	깔깔한, 타닌이 거친	입안을 마르게 하는 텁텁함이 자극적이도록 뚜렷함	이탈리아의 바롤로(Barolo), 호주의 카베르네 소비뇽

테이스팅

바디, 타닌, 탄산가스 구별하기

집에서 해보는 네 가지 와인의 비교 시음
다음에 유의하며 아래 네 가지 스타일의 와인을 시음해본다.

1. 입안의 느낌에 주목한다.
2. 무게감이나 질감의 묵직함, 혹은 탄산가스 특유의 톡 쏘는 느낌을 감지해본다.
3. 레드 와인의 경우엔 타닌의 텁텁함과 입을 마르게 하는 효과에 주목한다.

가벼운 무게감 타닌 부재 풍성한 탄산가스	가벼운 무게감 타닌 부재 중간대의 탄산가스	중간대의 무게감 중간대의 타닌 탄산가스 부재	묵직한 무게감 강한 타닌 탄산가스 부재
이탈리아의 프로세코	포르투갈의 비뉴 베르드	뉴질랜드의 피노 누아	칠레의 카베르네 소비뇽

예
부담 없고 저렴한 브랜드

감지될 만한 느낌
가벼운 무게감 : 부드럽고 묽은 질감

스파클링, 풍성한 탄산가스

예
부담 없고 저렴한 브랜드

감지될 만한 느낌
가벼운 무게감 : 부드럽고 묽은 질감

탄산가스

예
적당한 가격대의 브랜드

감지될 만한 느낌
중간대의 무게감 : 중간대의 보통 질감

부드러운 타닌 : 입안을 살짝 마르게 함

스틸 : 탄산가스 부재

예
고가나 적당한 가격대의 브랜드

감지될 만한 느낌
묵직한 무게감 : 짙고 풍부한 질감

강한 타닌 : 입안을 아주 마르게 함

스틸 : 탄산가스 부재

와인의 품질 평가

와인 초보들에게 가장 어려운 점 가운데 하나는, 단순히 개인적 기호에 맞는지 안 맞는지를 판단하는 문제가 아니라 와인의 품질을 어떻게 평가해야 하는가의 문제다.

여운(finish) 분석

품질을 가늠하는 모든 지침을 통틀어, 와인 '여운'의 길이야말로 가장 중요하면서도 가장 식별하기 쉬운 지침이다. 여운이란 와인을 삼킨 후에 얼마간 입안에 계속 남아있는 풍미의 느낌을 일컫는다. '뒷맛(aftertaste)'을 좀 멋스럽게 부르는 말이라고 생각하면 된다. 이런 뒷맛의 느낌은 와인에 따라 30초에서부터 5분 정도까지 이어지는데, 그 지속 시간이 바로 와인의 품질을 반영해준다.

무결점 원료와 장인정신으로 빚어진 와인들은 열정이 덜 들어간 와인들과 비교할 때, 한결같이 더 길고 강렬하며 기분 좋은 여운을 과시한다. 한편 와인의 여운은 허술한 보관이나 결함 있는 코르크, 또는 와인 양조상의 실수로 야기된 손상을 확연히 드러내주는 요소이기도 하다.

뛰어난 와인의 여운은 단순히 맛, 냄새, 마우스필이 계속 감도는 차원이 아니라, 맛을 본 후에 입안에서 윙윙거리는 진동에너지가 느껴지다시피 한다. 실용적인 저가 와인은 여운이 아주 빠르게 사라지는 편이지만, 비교적 높은 품질 기준을 갖추어 잘 빚어진 와인의 여운은 최소한 1~2분 정도 이어진다. 또한 그야말로 명품이라고 할 만한 와인들은 이보다 훨씬 긴 시간 동안 입천장을 압도하기도 한다. 전문가들은 이런 여운의 지속시간 동안 유심히 주의를 기울이는데, 와인마다 여운이 입천장에서 밀려왔다 밀려가는 방식이 독특하기 때문이다.

입안에 감도는 여운의 길이를 기준으로 와인의 품질을 판단해볼 수 있다.

품질의 판단기준

옛 격언에도 '명품 와인은 지불한 돈에 따라 여운의 강도와 지속시간이 정확히 일치한다'는 말이 있는데, 저가 와인에서는 이런 결정적 요소가 부족하다.

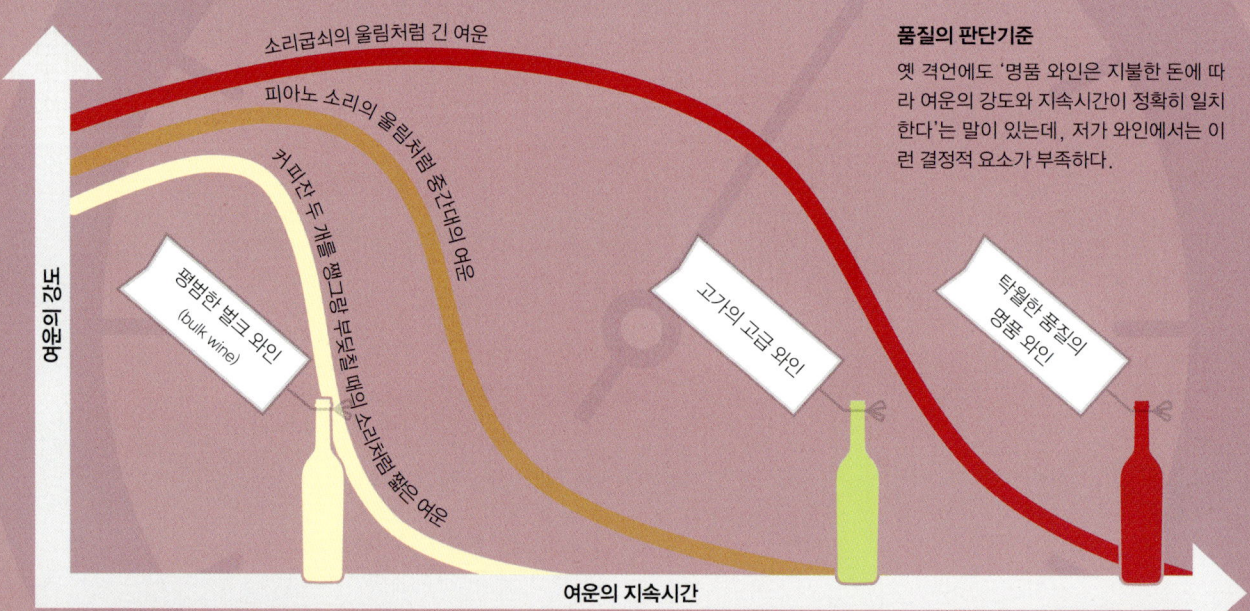

코르크 오염 여부의 판단

와인 병은 수세기 전부터 코르크 마개로 봉해져왔다. 하지만 현재는 수많은 빈트너들이 코르크 마개를 사용하지 않고 있는데, 천연 코르크가 와인의 풍미를 떨어뜨릴 소지가 있기 때문이다. 코르크 마개 와인 가운데 코르크로 인해 오염되는 비율은 대략 5퍼센트 정도지만 그 오염의 정도는 아주 다양하다. 일명 코르키드(corked) 와인이라고 불리는 이런 오염현상이 일어나면 특유의 곰팡이 냄새가 난다. 최악의 경우엔, 아주 불쾌한 냄새가 나기까지 해서 곰팡이 핀 마분지나 곰팡이 핀 모직 냄새와 비슷한 악취가 풍긴다. 하지만 오염정도가 가벼운 경우라면, 나쁜 냄새의 존재보다 좋은 냄새의 부재를 통해 더 명확히 분간할 수 있다. 이런 잠재적 문제는 똑같은 와인을 한 병 이상 가져다 놓고 나란히 비교해보지 않는 한 분간하기가 힘들다.

열화(熱火, heat damage)의 식별

과일이 그렇듯 와인도 냉장 보관하면 수명이 더 길어진다. 모든 와인은 결국 상하게 되어 있으나, 차가울수록 변질의 속도가 더뎌진다. 열은 와인의 숙성 중에 일어나는 화학반응, 즉 흔한 말로 산화의 속도를 높인다. 와인을 너무 따뜻한 온도에서 보관하여 조기 숙성되면 가열한 것과 같은 상태가 되어, 색이 갈색으로 변하고 풍미가 시들해진다. 과도한 열은 와인 병의 내부 압력을 바꾸면서 밀봉 상태를 손상시켜 산화를 가속화시키기도 한다. 이런 열화가 일어나면 더러 병 밖으로 와인이 새어나오거나 코르크가 밀려 올라오면서 눈으로도 식별 가능한 상태가 되기도 하지만, 대체로는 그 징후가 잘 드러나지 않는 편이다. 단시간 뜨거운 열에 쪼이거나 장시간 실온에서 보관할 경우 와인의 잠재수명이 단축되어 정작 맛을 보게 될 때는 여운이 짧고 밋밋하며 시들하게 느껴질 소지가 있다.

와인 보관법
변질을 최소화시키기 위한 와인 보관의 최적 온도는 섭씨 10~15도 정도이며, 빛이 드는 장소는 피해야 한다.

체크리스트

지금까지 배웠던 내용 가운데 가장 중요한 사항을 다시 한 번 짚고 넘어가보자.

✓ 와인 **묘사어**는 와인의 특성을 설명하는 데 유용하며, **간접적**이고 연상적인 묘사어와, **직접적**이고 냉정한 묘사어로 구분된다.

✓ 와인의 특성을 평가할 때는 청각을 제외한 모든 **감각**을 동원하게 된다.

✓ 와인의 **빛깔**은 대체로 **포도껍질**로부터 우려진다. 화이트 와인은 빛깔 추출을 아예 하지 않지만 로제와 레드 와인은 진보라색의 포도껍질과 **접촉**하는 시간에 따라 빛깔이 좌우된다.

✓ 빛깔의 채도는 대개 풍미의 **강도**와 일치하며 **오크 풍미**와 **텁텁함**을 암시한다.

✓ 엄밀히 따지면 우리가 느낄 수 있는 **미각은 단지 여섯 가지**, 즉 단맛, 신맛, 감칠맛, 쓴맛, 짠맛, 기름진 맛뿐이며 그중에서도 와인의 시음과 상관있는 미각은 단맛과 신맛뿐이다.

✓ 와인 세계에서는 '드라이'라는 말이 '젖지 않은'의 의미가 아니라 '달지 않은'의 의미다.

✓ 생포도 천연의 **높은 산도**로 인해 와인은 대다수 다른 음료보다 더 톡 쏘는 맛을 띠게 된다. 이런 높은 산도는 음식의 맛을 돋우고 입천장을 상쾌하게 해주는가 하면, 와인이 우아하게 숙성되도록 해주기도 한다.

✓ '과일 풍미'는 와인의 원료인 포도로부터 유래된 모든 후각적 냄새와 풍미에 부여되는 용어다.

✓ '오크 풍미'는 와인이 나무와 접촉하는 과정에서 생겨난, 좁은 범주의 향과 풍미를 지칭하는 용어다.

✓ '마우스필'은 혀, 입천장, 입술, 잇몸에서 감지되는 촉감을 말한다.

✓ 와인은 **알코올 강도**가 낮을수록 입천장에 더 가벼운 느낌을 주며, 높을수록 더 묵직하게 느껴진다.

✓ **타닌**은 포도의 껍질, 씨, 줄기에 함유된 텁텁한 페놀 성분이다. **레드 와인**에서만 감지되는 이 타닌은 와인을 삼키고 난 후에 입안을 마르게 하는 성질이 있다.

와인의 쇼핑과 구매

구매의 비결

와인은 다른 대다수 상품에 비해 쇼핑하기가 까다로운 편이다. 매장과 레스토랑에서 맞닥뜨리는 그 다양한 선택폭 앞에서는 와인 좀 안다는 사람들조차 막막해지곤 하니 말이다. 하지만 와인 전문가들이 의지하는 몇 가지 전략을 익혀두면 알쏭달쏭함을 떨쳐버리고 자신감을 세우는 데 도움이 될 것이다.

라벨은 그 와인의 맛 자체에 대해서는 말해주지 않지만 맛을 암시하는 유익한 문구들도 많다. 또 와인 포장 디자인은 안에 든 내용물에 대해 많은 것을 알려주고 있을 뿐만 아니라, 라벨상의 세 가지 중요한 숫자에 유의하면 쇼핑이 보다 간편해진다. 레스토랑에서 와인을 주문할 때도 경험에 의거한 주문방법 몇 가지만 알아두면, 무리한 지출을 하지 않으면서도 전문적인 조언을 얻는 혜택까지 누릴 수 있다.

포장 디자인 살펴보기

라벨은 꼭 내용을 읽지 않더라도 와인에 대해 꽤 많은 것을 알려준다. 가령 라벨의 색채, 서체, 삽화 자체에도 많은 정보가 담겨있다. 사실 와인 라벨의 용어와 규정은 소비자들에게 상당히 혼란스럽게 여겨지기 십상이며, 그런 이유로 많은 빈트너들이 말이 아닌 포장 디자인을 통해 와인의 스타일을 전달하려 시도하고 있다.

맛을 보지 않고 와인 스타일 가늠해보기
현대와 같은 셀프서비스 소매 환경에서는, 생산자들이 포장을 통해 와인의 감각적 프로필을 환기시키는 방식으로 구매층의 마음을 사로잡으려는 시도의 동기가 충분하다.

재미를 추구한 현대적인 포장

눈에 확 튀는 색, 현대적인 디자인, 명랑한 명칭을 통해 디저트류 계열 아로마의 잘 익은 와인임을, 즉 바로 마셔도 되는 와인임을 암시해준다.

세련되고 고전적인 포장

차분한 색상, 전통적인 디자인, 가문명을 통해 음식 친화성이 높은 와인으로서 산도가 높고 과일향이 약간 부족하며 드라이한 편임을 암시해준다.

밝은색으로 라이트 바디의 이미지 전달

투명한 병과 밝은색 라벨은 라이트 바디의 오크 풍미가 없다는 암시이며, 병의 색이 어둡고 단풍색이면 풀 바디의 오크 풍미가 강하다는 힌트다.

병 모양을 보고 와인 구별하기

몇몇 와인 생산지에서는 특유의 병 모양을 정체성으로 내세워, 병 안의 와인 스타일을 넌지시 알려준다.

라벨에 담긴 잠재의식적 메시지
포장 디자인에는 빈트너의 스타일과 철학, 그리고 종종 와인의 맛에 대한 암시까지 반영되어 있다.

부르고뉴

어깨 부분에서 경사져 떨어지는, 일명 부르고뉴 병은 샤르도네, 피노 누아, 시라, 론(Rhône) 스타일 와인에 가장 많이 이용된다.

보르도

어깨 부분이 각진 보르도 스타일의 병은 그 외의 대다수 스타일 와인에 쓰이며, 특히 카베르네 소비뇽, 메를로, 소비뇽 블랑에 많이 이용된다.

알자스

길쭉한 플루트 모양의 알자스 스타일 병은 리슬링이나 게부르츠트라미너 같은 독일의 전통적인 화이트 와인과 연관이 있으며 그 맛이 달콤할 수도, 드라이할 수도 있다.

포장 방법의 혁신

일부 와인은 수십 년간 숙성이 가능해서 와이너리[와인이 만들어지는 포도원 또는 양조장. 불어로는 샤토(chateau) 혹은 도멘(domaine)이라고 한다. —옮긴이]들은 현대의 혁신적인 포장법을 채택하는 데 조심스러워 한다. 하지만 그렇더라도 코르크 마개의 병이 가장 효율적인 포장 방법이라고는 할 수 없으며, 실제로 요즘의 빈트너들은 새로운 방법을 탐색 중이다.

대안적 용기 : 종이팩
병만이 와인을 보존하는 유일한 선택방법은 아니다. 식품포장 기술의 진보에 따라 현재는 종이팩과 캔이 실용적인 용기로 활용되고 있다. 이런 용기들은 운송 무게를 줄여줄 뿐만 아니라 와인을 해로운 빛으로부터 보호해줄 수도 있다. 게다가 비교적 대용량인 백인박스(bag-in-box) 형태의 포장은 일단 수도꼭지처럼 생긴 '마개'를 달면 와인의 유통기한을 연장시켜주는 장점까지 있다. 다시 말해, 마개를 열어 와인을 따라내면 그만큼 내포장 주머니가 오그라들면서 와인을 공기로부터 보호해주어 최대 6주 동안 신선한 맛을 유지시켜준다.

대안적 마개 : 스크류 캡
천연 코르크는 여전히 고급 와인의 표준이지만 와인을 오염시키는 경우가 더러 있다. 스크류 캡은 코르크에 비해 일관성 측면에서 더 뛰어나며 불량률이 낮아서 점점 보편화되고 있는데, 특히 어릴 때 마시도록 빚어진 와인에 더 많이 사용되고 있다.

숫자를 기준 삼아 쇼핑하기

이탈리아의 레드 와인이나 캘리포니아의 화이트 와인 같이 자신이 사고 싶은 스타일의 와인을 정해둔 경우라 해도, 그 많은 선택폭 앞에 맞닥뜨리면 최종 결정이 복잡해질 수도 있다. 생소한 스타일이든 비슷한 스타일이든 간에 계속 새로운 와인들이 생산되는 현재의 상황 앞에서, 많은 전문가들이 택하는 방법은 맛의 단서가 되어주는 세 가지 중요한 숫자를 비교해보는 것이다.

빈티지

라벨에 찍힌 연도는, 그 해가 '풍작의 해'인지 '흉작의 해'인지보다는 얼마나 오래된 와인인지를 판단하는 면에서 훨씬 유용하다.

와인이 어릴수록 과일 풍미가 중심을 이루고 있을 가능성이 높다. 아주 어린 와인은 대체로 오크 숙성을 거치지 않은 와인으로, 라이트 바디에 상쾌한 편이며 가격대도 비교적 저렴하다.

2년이 넘은 와인은 대체로 오크 통 숙성을 거치면서 정교해진 고급 와인이다. 숙성 와인은 보다 복잡하고 다양한 풍미를 지니며 토스트 향의 오크 풍미가 두드러진다. 이런 와인은 대개 풀 바디에 풍미가 풍부한 데다 비교적 비싼 가격대다.

알코올 도수

와인의 알코올 도수는 스타일의 여러 가지 주요 특징, 특히 바디와 풍미의 강도에 대한 대략적 지침으로 삼을 만한 요소다. 포괄적으로 볼 때, 와인의 특정 특징들은 알코올 도수에 비례하여 다양한 차이를 나타낸다고 봐도 무방하다. 이 부분은 뒤에서 더 자세히 다룰 예정이니 지금은 가볍게 살펴보고 넘어가보자.

13.5도 이하	13.5~14도	14도 이상
알코올 도수가 낮을수록 대체로 아래의 특징들이 더 두드러진다. • 가볍거나, 질감이 묽음 • 옅은 빛깔 • 비교적 약한 과일과 오크의 풍미 • 상쾌한 산도가 높음 • 어리고 싱싱한 맛	중간대 무게감의 표준적 와인	알코올 도수가 높을수록 대체로 아래의 특징들이 더 두드러진다. • 묵직하거나, 질감이 걸쭉함 • 짙은 빛깔 • 비교적 강한 과일과 오크의 풍미 • 상쾌한 산도가 낮음 • 숙성되고 풍부한 맛

가격대 체크

구매 결정 시 가장 중요한 숫자는 언제나 가격이다. 많은 와인 애호가들은 '괜찮은' 와인 한 병을 사기 위해 어쩔 수 없이 생각보다 더 많은 돈을 지출하곤 한다. 사실 와인 전문가들은 다 아는 사실이지만, 아주 적당한 가격대의 와인 중에서도 품질이 뛰어난 와인이 있으며 언제나 품질을 가장 중요하게 따져야 할 필요도 없다.

모든 소비자 상품이 그러하듯 와인의 경우에도 높은 가격과 높은 품질은 서로 상관관계에 있다. 와인을 빚을 때 더 좋은 재료를 쓰고 장인정신을 발휘하면 미관(美觀), 개성, 지속성 같은 매력적인 특색이 부여되게 마련이다. 구두나 자동차의 제조와 마찬가지 이치다.

가격이 얼마라고?!

우리는 어떠한 소비자 상품에 대해서든 품질에 대한 가격의 지불에 익숙한 편이지만 때때로 와인의 높은 가격표를 보면서 흠칫 놀라곤 한다. 가격이 터무니없게 여겨지는 경우도 있다. 저가의 리오하 와인이 6파운드 정도의 가격대인 반면 유명 에스테이트(estate)의 최상급 그란 레세르바(gran reserva)는 60파운드를 호가하기 십상이다. 경매에서도 숙성 와인들은 600파운드 이상에 팔리곤 한다. 왜일까? 고급 와인은 단순히 생산 비용이 더 들어가는 선에서 그치지 않는다. 즉 더 좋은 와인을 만들려면 더 높은 비용으로 더 적은 양의 와인을 생산할 수밖에 없는 데다, 때로는 와인의 출시 전 숙성 기간이 10년 이상인 경우도 있다.

소매가가 60파운드인 와인은 6파운드짜리 와인보다 확실히 품질이 뛰어나지만, 그렇다고 해서 그 가격차에 비례해 품질이 10배나 더 뛰어나다거나 마음에 들 가능성이 10배 더 높아지는 것은 아니다.

예산 초과

와인은 사치품이라는 인식이 퍼져 있으나 좋은 와인을 마시기 위해 꼭 무리한 소비를 해야 하는 건 아니다. 사실 와인 전문가들도 매일같이 비싼 와인을 마시지는 않는다. 가격 대비 최대한의 기쁨을 얻을 수 있는 요령을 아는 덕분이다. 다음번에 와인 쇼핑을 갈 때는 다음에 소개하는 전문가들 사이의 비법에 유념해보길 권한다.

새로운 가격대의 도전

더 우수한 와인을 맛보기 위해 반드시 더 많은 돈을 쓸 필요는 없다. 예를 들어 평상시 와인(everyday wine)의 보편적인 가격대가 병당 6파운드 정도라고 치자. 그러면 대체로 이보다 좀 더 비싼 7~10파운드 정도대의 와인들이 가격 대비 품질의 측면에서 파운드당 효율성이 가장 높은 편에 든다. 더 싼 와인들보다 가치가 떨어지는 와인이라면 더 비싼 그런 가격대에 팔리지는 못할 것이다. 가격이 높아지면 품질에 대한 기대 역시 높아질 것이며, 품질이 한 단계씩 올라갈 때마다 그에 상응하는 값을 추가로 치러야 한다.

조언 구하기

와인 쇼핑에 관한 한 조언의 부탁은 바람직한 일이다. 판매원들은 와인 병 라벨에 찍혀 있는 것보다 더 구체적인 정보를 알고 있기 마련이다. 아니면 아무리 못해도 기호에 맞을 만한 범위로 선택의 초점을 맞추도록 도와줄 수는 있을 것이다.

이때는 희망 가격대를 솔직하게 밝혀라. 또한 원하는 스타일을 확실히 모를 때는 준비하려는 요리나, 전에 마셨을 때 좋았던 와인의 이름을 말해주는 것도 좋다.

싸고 부담 없지만 선택의 결과는 장담 못함 — 저가품

가격 대비 효율성 최고인, 비교적 안전한 선택 — 적당한 가격대의 상품

품질을 의식하는 이들에게 적합한 고급 와인 — 고가품

탐험가가 되어라

내퍼 밸리 같은 유명한 와인 생산지들은 파소 로블스 같은 무명 생산지보다 와인의 가격대가 더 높은 편이며, 이것은 명성 높은 포도 품종, 알아주는 브랜드, 뛰어난 포장 디자인의 경우에도 마찬가지다. 하지만 관례를 벗어나 볼 의지만 있다면 발견되기만을 기다리는 훌륭한 와인들이 얼마든지 많다. 생소한 와인에 도전한다는 것이, 위험하게 여겨질 수도 있겠지만 사람들은 흔히 그 위험성을 과대평가하고 있다. 정말로 형편없는 와인은 극히 드물며, 마음에 드는 와인을 찾기 위한 유일한 방법은 탐험에 뛰어드는 것뿐이다.

와인 리뷰에 너무 목매지 말라

초보자들에게 와인 리뷰는 구세주와도 같을 수 있겠지만 평점에 따라 쇼핑했다간 과도한 지출을 할 수도 있다. 잡지에 실리는 평점들은 가격을 고려하지 않기 때문에 높은 평점과 더 비싼 생산비의 와인 사이에 상관관계가 크다. 게다가 좋은 평점은 수요를 끌어올리는데, 이는 와이너리, 중개상, 소매상들이 상위 평점의 와인들에 대해 가격을 올리고 싶다거나, 아니면 최소한 할인 정책의 시행을 꺼리는 동기로 작용된다.

쇼핑카트 채우는 것도 전략이다?

소매점에서는 대체로 대량으로 와인을 구매하면 할인을 해주지만, 이외에도 '박리다매'에 따른 가격혜택을 누릴 방법이 또 있다. 그 소매점에서 가장 많은 양을 구입한 품목을 찾아보면 된다. 바닥에 쌓아놓거나 큰 통에 담아놓은 상품의 경우 말끔히 진열된 상품들보다 이윤폭이 낮은 품목일 가능성이 있다.

한정 생산품에 대한 향락적 사치 — 명품

가격이 문제가 아닌 경우에 적합한, 희귀 명품 — 수집가치 높은 명품

신세계 와인의 라벨 읽기

모든 와인의 라벨에는 빈트너나 브랜드 명칭과 함께 공식 아펠라시옹(appellation), 즉 와인 원산지가 표기된다. 유명한 와인 원산지들은 대부분이 작은 마을들이다. 하지만 다수의 국가에서는 대단위의 주(州)에서부터 그보다 작은 카운티나 시 지역에 이르는 행정 구역들에 대해서도 와인 원산지를 표기할 수 있도록 자격을 부여하고 있다. 와인의 라벨 표기는 신세계(아메리카 대륙과 남반구 국가들)가 이해하기 더 쉬운 편이니, 우선 그 지역부터 살펴보자.

전면에 내세워지는 포도 품종

대다수의 현대적인 와인 라벨에서는 와인을 빚는 데 사용된 포도 품종은 물론 빈티지까지 전면에 내세워 표기하지만, 이런 세부사항의 표기가 법으로 의무화된 것은 아니다.

라벨의 표기내용

1 아펠라시옹, 즉 와인의 원산지(의무사항)

모든 와인은 공식적인 원산지 명칭을 표기하여 포도의 재배 지역을 알려야 하는데, 이 포도 재배 지역이 반드시 와인 양조지와 일치하는 것은 아니다.

2 브랜드명이나 와인 생산자명(의무사항)

와인은 대체로 와이너리의 이름을 달고 출시되지만 브랜드 상표명으로 출시될 수도 있다.

3 빈티지(선택사항)

포도가 수확된 해를 말한다.

4 포도 품종(선택사항)

대체로 와인의 원료로 쓰인 포도의 종류가 라벨에 표기되는데, 이럴 경우엔 표기된 품종의 함유량이 최소한 75%여야 한다.

5 작은 글씨로 표기되는 내용들

법적 규정은 국가마다 다양하지만, 공통적으로 모든 와인 병에는 (앞면이나 뒷면의 라벨에) 병의 용량, 알코올 함량, 원산지 국가를 표시해야 한다. 또한 와인을 만든 회사나 시설 명칭에 대해서도 그 소재지와 함께 공식적으로 밝혀야 한다.

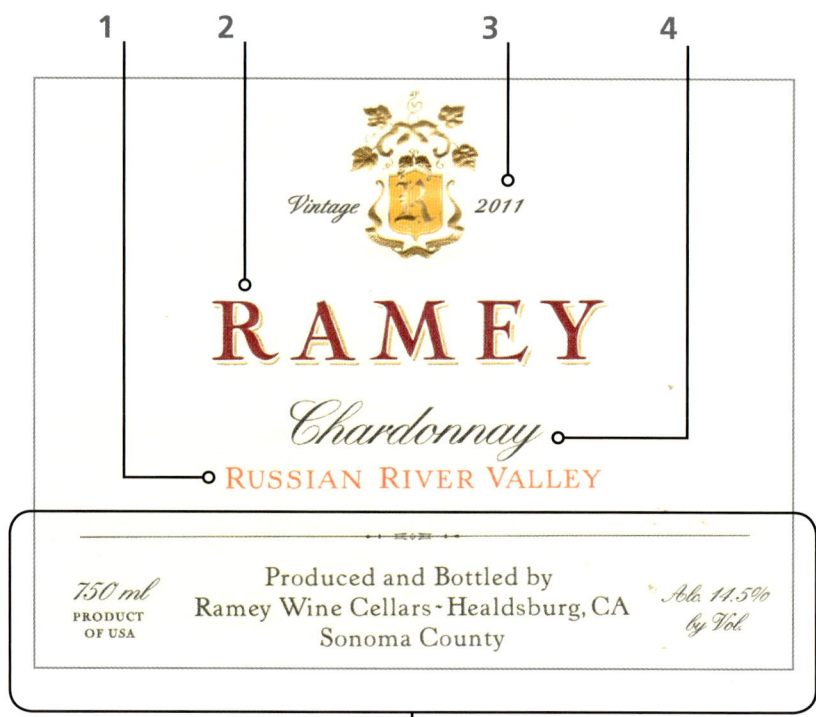

뭐가 뭔지 구분하기

빈트너들은 같은 지역에서 재배된 똑같은 포도로 한 가지 이상의 와인을 만드는 경우가 흔하다. 예를 들어 기본 버전과 프리미엄 버전, 달콤한 버전과 드라이한 버전을 동시에 만드는 식이다. 이때 와인의 버전을 구별하기 위해 퀴베(cuvée, 블렌딩한 후 와인의 최종 결과물) 명칭으로 라벨을 더 구체적으로 표기한다(퀴베란 프랑스어로 '큰 통'을 뜻하는 단어로, 이 경우엔 대략 일괄 혼합이나 블렌딩을 의미). 퀴베 명칭 와인의 라벨에 표기될 수 있는 추가적인 내용에는 다음과 같은 것들이 있다.

1 포도원 이름
예: 더톤 랜치(Dutton Ranch), 오르넬라이아(Ornellaia)

2 품질용어 또는 인증사항
예: 리저브(reserve), 오가닉(organic, 유기농)
(표기 의무사항도 있고 비의무사항도 있음).

3 특정 와인에만 붙는 상표명(proprietary name)
예: 펜폴즈 그레인지(Penfold's Grange), 조셉 펠스프의 인시그니아(Insignia by Joseph Phelps)

4 여러 와인에 붙이는 브랜드명
예: 로칠드(Rothschild)의 무통 까데(Mouton Cadet), 코폴라(Coppola)의 다이아몬드 라벨(Diamond Label)

5 스타일 관련 참고사항
예: 레이트 하비스트(late harvest), 언우디드(unwooded)

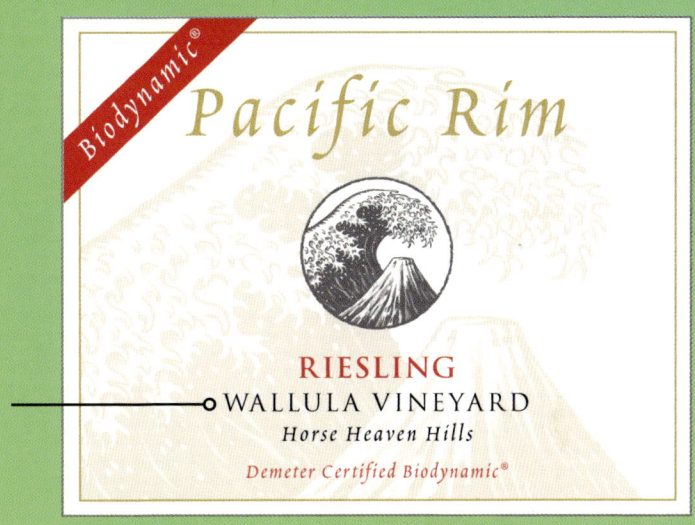

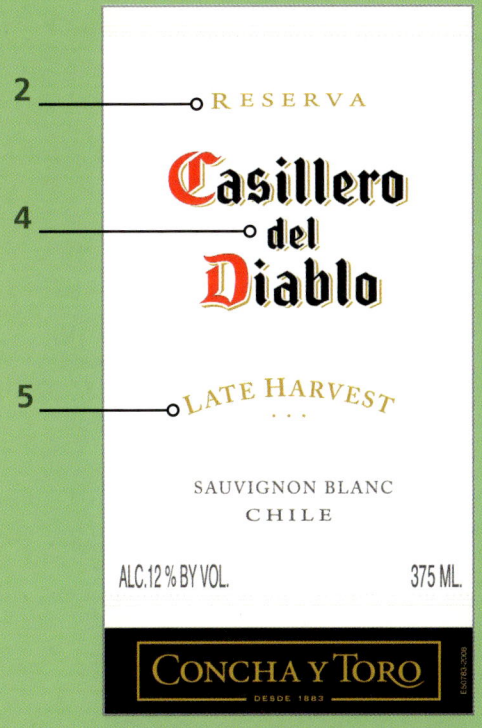

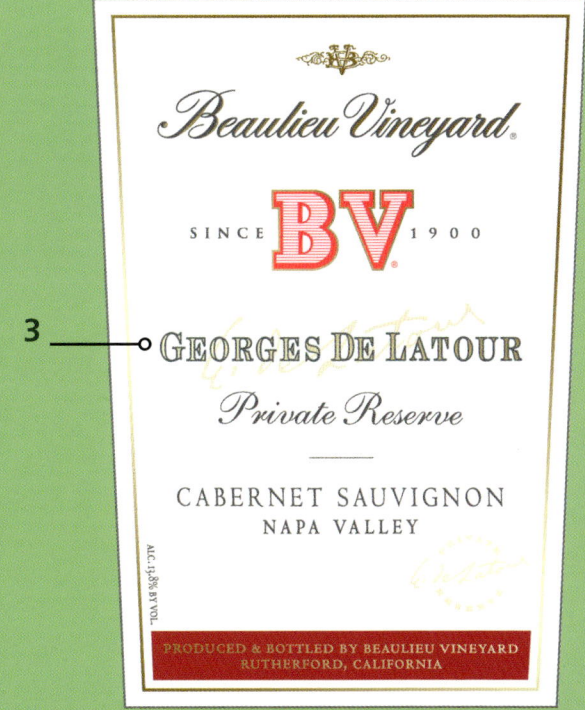

구세계 와인의 라벨 읽기

유럽의 최상급 와인들은 수세기 전부터 내려온 전통에 따라 포도 품종명이 아닌 지역명을 와인명으로 사용한다. 샤블리(Chablis)와 키안티(Chianti)가 그러한 사례다. 그에 따라 유럽연합(EU)에서는 와인 라벨의 표기 규정이 다른 지역과는 다르다. 다시 말해 '구세계'인 유럽의 경우엔 아펠라시옹이 의무체계일 뿐만 아니라 폭넓은 품질 기준의 한 원칙이기도 해서, 아펠라시옹이 단순히 와인을 빚은 포도 재배지를 증명하는 다른 지역과 차이를 나타낸다.

포도 품종보다 생산지가 우선

유럽의 최상급 아펠라시옹 지역 내의 빈트너들은 특정 포도만을 재배해야 한다. 또한 라벨에 지역명을 표기할 자격을 얻기 위해 엄격한 와인 양조 요건을 따라야 한다. 아펠라시옹들은 해당 지역의 전통을 공식적으로 인정하며, 대개 등급으로 서열화되어 있는데 좁은 지역인 하위 아펠라시옹들이 더 넓지만 덜 유명한 상위 아펠라시옹 내에서 최상급의 지위를 차지하고 있다.

유럽에도 독일과 이탈리아 북부 지역처럼 포도 품종을 와인명으로 사용하는 것이 전통인 지역이 소수 있다. 그 외 지역에서도 다수의 신흥 유망 아펠라시옹들이 국제시장에 어필하기 위해 라벨에 포도 품종을 표기하기도 한다. 하지만 EU 와인법의 모델격인 프랑스의 제도에서는 원료 포도가 아니라 생산지가 와인을 구별하는 주요 식별기준이자 자부심거리다. 가령 아래에 예로 든 프랑스의 샤블리의 경우 법에 따라 100% 샤르도네로 만들어야 하지만 라벨에 포도 품종에 대한 내용이 전혀 없다. 이런 패턴은 대체로 아주 전통적이고 야심찬 와인에서 주로 나타난다.

포도의 정체를 숨겨라

대단위 지역이건 작은 마을이건 간에 유럽의 명성 높은 와인 생산지들이 포도를 와인명으로 삼아온 것은 수세기 전부터인데, 블렌딩에 가장 많이 사용된 품종은 라벨에 표기되지 않는 경우가 흔하다.

장소에 대한 자부심

유럽에서는 원산지 표기 규정이 저마다 다르며 각자의 품질 기준에 따라 등급이 정해진다. 라벨을 보면 대체로 최상급 아펠라시옹은 눈에 탁 띄도록 크게 표시되고 법률적 공식 용어는 바로 그 근처에 작은 글씨로 표시되어 있다.

유럽 와인의 아펠라시옹 ─

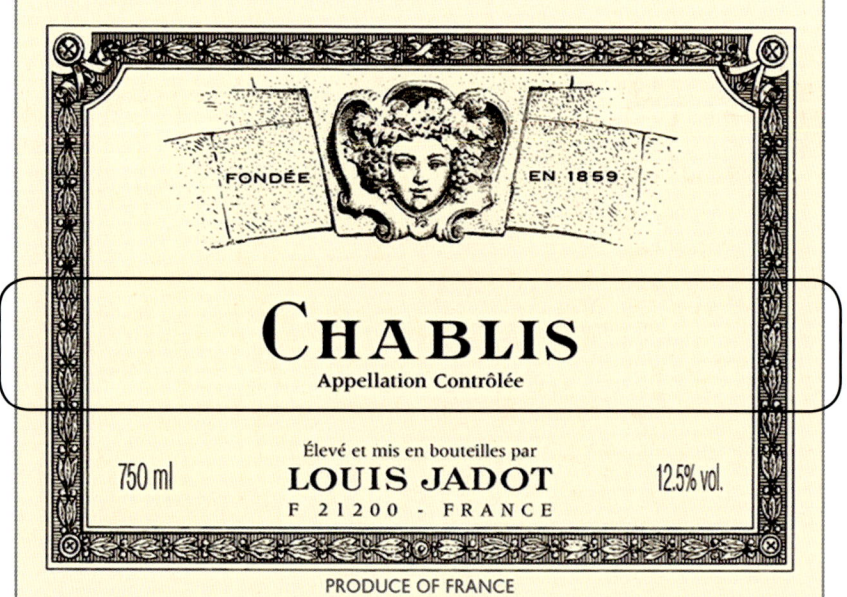

품질의 등급

유럽의 일부 와인 생산지에서는 라벨에 품질의 지표로 자신들만의 특별한 어구를 추가해 넣는다. 이런 어구들은 엄격히 통제되며 대체로 여러 등급으로 구분된다. 생산지별로 독자적으로 사용하는 이런 체계들은 한 가지 이상의 품질기준에 따라 통제되기도 한다.

무수한 법들
유럽의 와인 생산국들은 저마다 자체적인 와인법을 두고 있어서, 초보자들은 구세계 와인을 접할 때면 아주 당혹스러워 한다. 국가별로 다른 다양한 언어에 익숙치 않은 이들이라면 특히 더하다.

1 우수 포도재배지
프랑스의 몇몇 지역에서는 최상급 포도원이나 와인 에스테이트에 그랑 크뤼(grand cru)나 그 차상급인 프리미에 크뤼(premier cru) 등급을 부여해준다. 이탈리아는 클라시코(classico) 등급이 우수 생산지임을 알려주는 대명사다.

2 긴 통 숙성 기간
이탈리아와 스페인에서는 각각 리제르바(riserva)와 크리안자(crianza)라는 법적 명칭을 사용하여, 더 긴 기간 동안 오크 통 숙성을 거친 와인을 별도로 구별한다.

3 포도의 숙성도
포도가 완숙에 이르기 쉽지 않은 지역인 독일과 오스트리아에서는 카비네트(Kabinett)나 슈페트레제(Spätlese) 같은 복잡한 라벨 표기 명칭을 활용해 포도의 수확 당시 당분 함량에 따라 와인의 등급을 구분한다.

장점과 단점

유럽 와인의 라벨 상단에는 많은 정보가 담겨져 있다. 다만, 그 정보 대부분이 이미 전문가 수준인 사람들에게나 의미 있다는 사실이 단점이라면 단점이다. 아무튼 이 샴페인의 공식 신분증(라벨)을 예로 보자면 모두 여덟 가지의 정보가 담겨 있다.

레스토랑에서의 와인 주문

레스토랑은 와인을 맛보기에 유용한 장소다. 자신들의 요리를 돋워줄 만한 와인들을 세심히 선정해 둔 레스토랑에 가면 단독으로 마시든 음식에 곁들여 마시든 간에, 여러 가지의 와인을 맛볼 수 있다('와인과 음식의 궁합' 참조). 하지만 또 한편으론 와인 서비스가 형편없거나 가격이 어이없게 높아서 와인 애호가들의 반감을 사기도 한다.

믿을 만한 곳일까?

레스토랑과 바는 친구나 가족들과 함께 와인을 마시기에 아주 좋은 곳이다. 하지만 이는 그 사업장이 와인에 대해서나 고객들에 대해 세심한 마음을 쓰는 경우에만 해당되는 얘기다. 그러니 일단은 주위를 얼른 둘러보라. 그 바나 레스토랑이 자신들의 와인 서비스에 자부심을 갖고 있다면 주문하기 전부터 그 징조가 눈에 띄게 마련이다. 와인 프로그램이 대충대충 짜인 것처럼 보이거나 와인보다 맥주나 칵테일의 판매를 더 선호하는 분위기라면 조심하는 편이 좋다.

좋은 징조
- 테이블에 와인 잔이 미리 세팅되어 있다.
- 큼지막한 와인 잔이 절반이 못 되게 채워져 서비스되고 있다.
- 와인리스트가 깔끔하게 잘 정리되어 있다.
- 잔으로 판매되는 와인의 종류가 많다.
- 와인리스트에 스타일 정보 같은 세세한 내용들이 부기되어 있다.

불길한 징조
- 테이블에 와인 잔이 보이지 않는다.
- 작은 와인 잔이 거의 가득 채워져 서비스되고 있다.
- 와인리스트가 산만하고 체계가 없다.
- 잔으로 판매되는 와인이 별로 없다.
- 와인리스트에 빈티지 표기 같은 것도 없는 등 허술하다.

조언 구하기

모든 레스토랑이 손님들에게 조언을 해줄 수 있을 만한 숙련되고 와인에 정통한 직원을 두고 있는 것은 아니지만, 그런 직원이 있을 경우엔 활용해보는 것이 좋다. 공인 소믈리에든 숙련된 바텐더든 와인과 밀접한 분야의 사람들은 훌륭한 자원이다. 단, 정말로 그 사람들이 개인적으로 가장 좋아하는 와인을 맛보고 싶은 경우가 아니라면 다짜고짜 추천을 부탁하지는 말자. 당신의 개인적 기호에 가까운 와인을 원한다면 추천의 기준이 될 만한 말을 함께 덧붙여라. 다음과 같은 식으로 말하면 된다. "제가 피노 그리지오를 좋아하는데 오늘 밤에는 다른 와인을 맛보고 싶어요. 추천 좀 해주시겠어요?"

손님인 당신이 왕이다!

어떤 경우든 레스토랑으로선 와인 판매를 높이는 것이 이익이다. 따라서 따로 말을 하지 않으면, 소믈리에와 서빙 직원들은 고급 와인을 권하고 또 여러 병을 팔고 싶어 하기 일쑤다. 대다수 사람들이 레스토랑에 가서 와인을 주문하고 추천을 받아들일 때 금액에 쩔쩔매는 손님으로 보일까 봐 주눅들곤 한다. 하지만 결정권은 돈을 내고 식사를 하는 손님인 당신에게 있음을 잊지 말라.

> 레스토랑에서는 당신이 결정권을
> 양보하지 않는 한, 그 어느 누구도
> 당신에게 생각보다 더 많은
> 돈을 쓰도록 강요할 수 없다.

와인 추천을 부탁할 때는 생각하는 가격대를 일러줘라

와인리스트상의 어떤 가격대를 가리켜 보이는 식으로 당신이 생각하는 예산에 대한 신호를 보내도록 하라. 가격대를 구체적으로 알려주면 품질의 정도가 아닌 풍미를 기준으로 추천해주기 마련이다.

잔으로도 주문이 된다면 병으로 주문하지 말라

잔이나 하프보틀(375밀리리터) 단위로 파는 와인은 메뉴판을 훑어보면서 입맛을 돋우기 위한 아페리티프(식전주)로 마시거나, 메인요리나 후식 치즈를 먹고 나서 식사를 마무리하기에 이상적이다.

거하게 와인 파티라도 벌이듯 미리부터 무제한 서빙을 주문하지 말라

서빙 직원에게 와인이 떨어지지 않도록 계속 가져다달라고 말해놓은 뒤 따로 신경 쓸 일 없이 마음 편히 즐길 수 있다면 좋겠지만, 그러면 그 직원에게 당신의 계산비용 결정권을 내주는 꼴이 된다. 이럴 땐 저녁 식사의 경우, 두 명당 한 병 정도로 계산해서 주문하라. 점심 식사와 브런치 자리라면 이보다 줄여 잡으면 된다. 한 병씩 추가 주문하는 것이 귀찮다면, 떨어질 때마다 몇 병씩 주문하면 된다.

체크리스트

지금까지 배웠던 내용 가운데 가장 중요한 사항을 다시 한 번 짚고 넘어가보자.

✓ **와인 라벨**에 인쇄된 정보는 일반 대중에게는 혼란을 주기 쉬워서, **포장 디자인**을 통해 자신들의 **와인 스타일**을 전달하려는 생산자들도 많다.

✓ **코르크** 마개의 병은 전통적 방식이긴 하지만 와인 밀봉의 측면에서는 가장 효율적인 방법이 아니다. 현재는 코르크 대신 스크류캡을 많이 사용하고 있으며, 평상시 와인의 경우엔 병 대신 **종이팩**에 담겨 출시되는 추세가 점점 늘고 있다.

✓ 와인 쇼핑에서는 유용한 지침으로 삼을 만한 요긴한 **숫자** 세 가지가 있다. 바로 빈티지, 알코올 도수, 가격이다.

✓ 와인 전문가들이라고 해서 날마다 비싼 와인만 마시는 것은 아니다. 한정된 예산으로도 **가격대비 최고 가치**의 와인을 구매할 줄 아는 요령을 터득하여 **과소비**에 대한 부담감을 덜어라.

✓ **와인 라벨**에서는 풍미에 대해 참고할 만한 내용이 그다지 많지 않다. 와인의 **성분**이나 **포도**재배지처럼, 가볍게 와인을 즐기려는 일반인보다 전문가들에게나 유용한 내용들이다.

✓ **라벨 읽기**에서 가장 유용한 기술은 라벨에 표기되는 주요 사항들의 종류별 차이를 구분하고 포도 품종명 중심의 라벨과 유럽의 생산지명 중심 라벨의 차이를 구별하는 것이다.

✓ 밖에서 외식할 때는 그 레스토랑이 신뢰할 만한 곳인지 따져보라. 와인 서비스에 얼마나 노력을 쏟는지, 어느 정도의 자부심을 갖고 있는지에 따라 판단하면 된다.

✓ **소믈리에**, 또는 와인에 정통한 바텐더가 있는 레스토랑에 가게 되면 그런 이점을 충분히 활용하여 **조언**을 구해보라.

✓ 웨이터에게 당신이 생각해둔 예산이 어느 정도인지 확실히 알리고, **괜히 주눅 들어서** 초과 지출하지 말라. 계획했던 것보다 더 비싼 와인을 시키지도 말고 필요 이상으로 많은 양을 주문하지도 말기 바란다.

서빙과 보관

무엇을, 언제, 어떻게 마셔야 할까

와인은 집에서 친구, 가족들과 같이 즐기기에 좋은 음료다. 하지만 맥주나 증류주와는 달리 서빙과 보관의 방법이 까다로운 편이다. 와인은 온도에 따라 다르게 작용하면서 그 맛과 보관 상태에 영향을 받는다. 이러한 영향의 원리와 이유를 이해하면 구매한 와인을 최대한 즐기고 유효기간을 최대화시키기가 더 쉬워진다. 또 와인을 어떤 잔에 얼만큼 따를지, 얼마나 많은 와인을 준비해야 할지 알게 되면 가정에서도 편하게 와인을 즐길 수 있게 될 것이다.

와인, 이것만은 알고 즐기자

밖에 나가 외식을 하든, 집에서 즐기든 와인의 필요한 양과 서빙 방법을 알아두면 유용하다. 다음은 그 대략적인 가이드라인이다.

잔은 어느 정도까지 채워야 할까

세계적으로 잔을 채우는 표준적 기준은 대략 150밀리리터이며 보통 용량의 와인 병으로 이만큼씩 따르면 다섯 잔 정도 나온다. 하지만 다음과 같은 경우엔 이 양의 절반 정도만 따르는 것이 좋다.

- 고급 레스토랑에서, 한 병으로 여러 명이 나눠 마시거나 한 가지 이상의 와인을 곁들이는 코스 식사를 할 때
- 와인을 마시는 목적이 축배를 드는 경우일 때
- 디저트 와인이나 강화 와인을 마시는 경우처럼, 와인이 너무 달거나 너무 독할 때
- 여러 와인을 맛보는 와인 시음 때

한 잔의 적정 양

표준 양대로 채우기(150밀리미터)
다음의 경우에 적절하다.

- 칵테일 파티나 식전주 용도일 때
- 가벼운 식사 때(한 가지 코스 요리와 한 가지 와인으로 구성된 식사 자리)
- 레스토랑에서 잔당 와인을 주문했을 때

표준 양의 반쯤만 채우기(75밀리미터)
다음의 경우에 적절하다.

- 축배나 와인 시음, 또는 식후주 용도일 때
- 고급스러운 식사 때(여러 가지 코스 요리와 여러 가지 와인으로 구성된 식사 자리)
- 레스토랑에서 와인을 병으로 주문해서 마실 때

파티에서 준비해야 할 와인의 양은?

모자랄 염려 없이 즐기기에는 참석 인원 1인당 한 병이 좋은 양이지만, 파티에서의 평균적인 와인 소비량은 그 절반쯤이다.

- 사교 모임이나 환영회의 자리 : 1시간 동안 1인당 1.5잔을 기준으로, 1시간씩 연장될 때마다 1인당 1잔씩 추가
- 밖에서의 외식 자리 : 1인당 2.5잔, 또는 식사 인원 2인당 한 병
- 디너파티의 자리 : 리셉션용 와인 두 병 외에, 코스별로 6~8명당 한 병씩
- 와인 시음 시(6~10가지 와인을 맛볼 경우) : 각 와인별로 시음인원 10~12명당 한 병씩

병 또는 종이팩에 담겨진 와인의 양은?

와인 병은 눈으로 보기에나 느낌상으로나 많은 것처럼 여겨져서 그 안에 담긴 양을 과대평가하기 쉽다. 실제로 보통 크기의 와인 병은 그 양이 750밀리리터다. 종이팩 와인은 가장 보편적인 용량이 3리터인데, 이는 보통 크기의 병으로 치면 네 병의 분량이지만 공간 차지의 면에서는 병보다 훨씬 실용적이다.

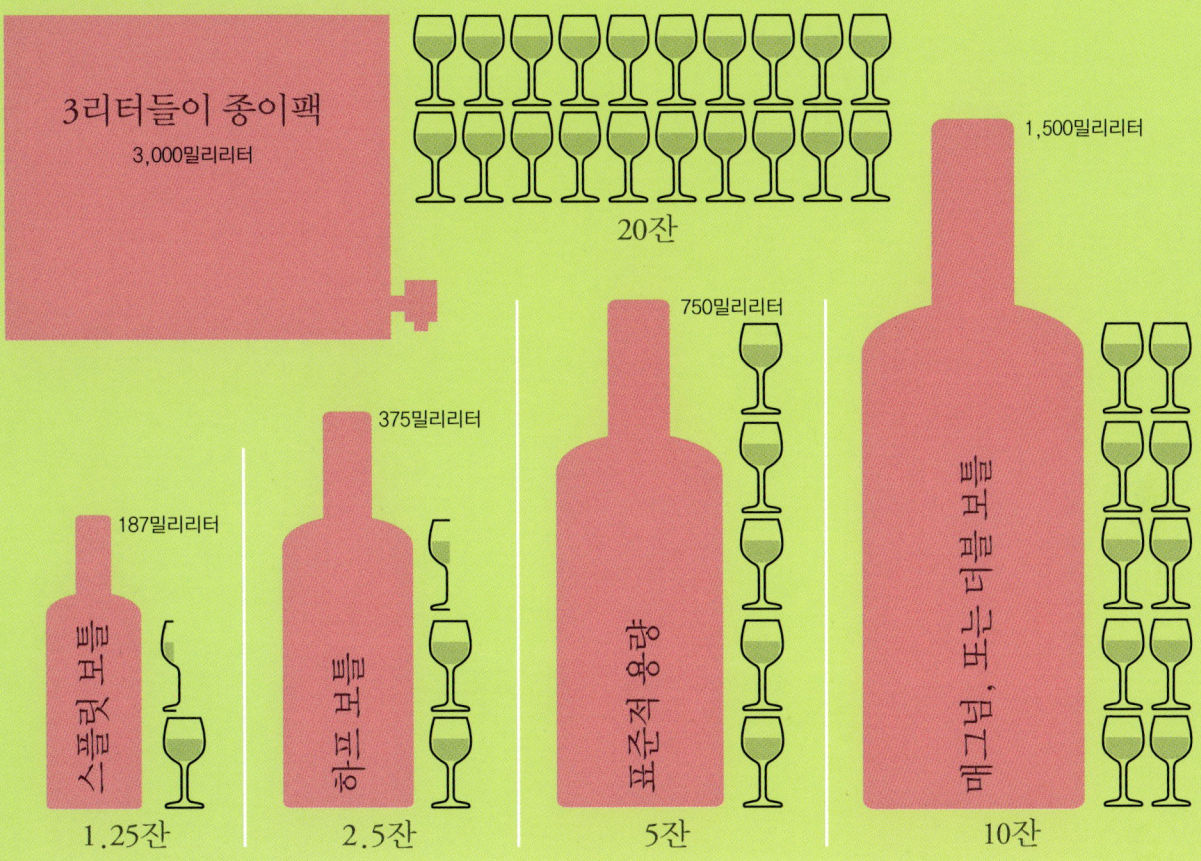

이럴 땐 이런 와인을……

모임을 주최할 때 기억해둘 만한 몇 가지 포인트를 살펴보자.

- 리셉션 주로는 스파클링 와인을 선택한다. 가볍기도 하고 입맛을 돋워주기도 하기 때문이다.
- (화이트나 레드냐의) 와인 선호도는 대략 50 대 50이므로 방문 손님들은 두 타입 모두를 찾게 마련이다. 또한 대중적인 취향에 따라 가장 폭넓게 선호되는 중간 정도의 무게감이 좋다.
- 비교적 초대 손님이 많은 모임이라면 살짝 달콤한 맛도 옵션으로 준비해 놓는다.
- 낮 시간의 모임 때는 가벼운 와인이 적당하다. 어리고 알코올 도수가 낮은 스타일로, 양도 저녁 모임의 경우보다 적게 준비한다.
- 여러 가지 코스에 여러 가지 와인을 내는 식사 자리라면,
  - 아페리티프와 첫 번째 코스 요리를 낼 때, 또는 둘 중 하나를 낼 때는 스파클링 와인으로 준비한다.
  - 레드 와인보다 화이트 와인을 먼저 낸다. 한 가지 이상의 와인이 준비되어 있다면 묵직한 와인보다는 가벼운 와인이 먼저다.
  - 마무리는 디저트 와인이나 강화 와인으로 준비한다.

와인 잔, 제대로 알기

와인은 어떤 용기에 담아 마시든 그 맛을 즐기는 데 별 지장이 없으며, 이는 심지어 병째 들고 바로 마셔도 마찬가지만, 보통은 와인 전용 잔에 담겨 나온다. 어두운 극장에서의 밝은 스크린이 정신을 집중시켜서 영화를 돋보이게 해주듯, 넓은 볼에 길쭉한 다리가 달린 와인 잔도 아로마로 정신을 집중시켜 와인을 돋보이게 해준다.

와인 잔의 해부

텀블러가 최대한 꽉 채우도록 디자인되듯 잔이나 컵들은 대부분이 효율성과 편리성에 따라 디자인된다. 그런데 와인 잔은 코를 즐겁게 해주기 위한 것이 디자인의 목적이다. 즉 와인의 향을 강화하기 위한 것에 디자인의 모든 초점이 맞춰져, 스월링, 냄새 맡기, 와인의 온도 유지를 디자인의 중심으로 삼는다. 이런 와인 잔에도 여러 종류의 잔이 있으며 특정 스타일의 와인을 위한 전용 잔들도 있다. 하지만 다목적용 와인 잔 하나면 프로세코에서부터 포트까지 모든 와인을 즐기는 데 문제가 없다.

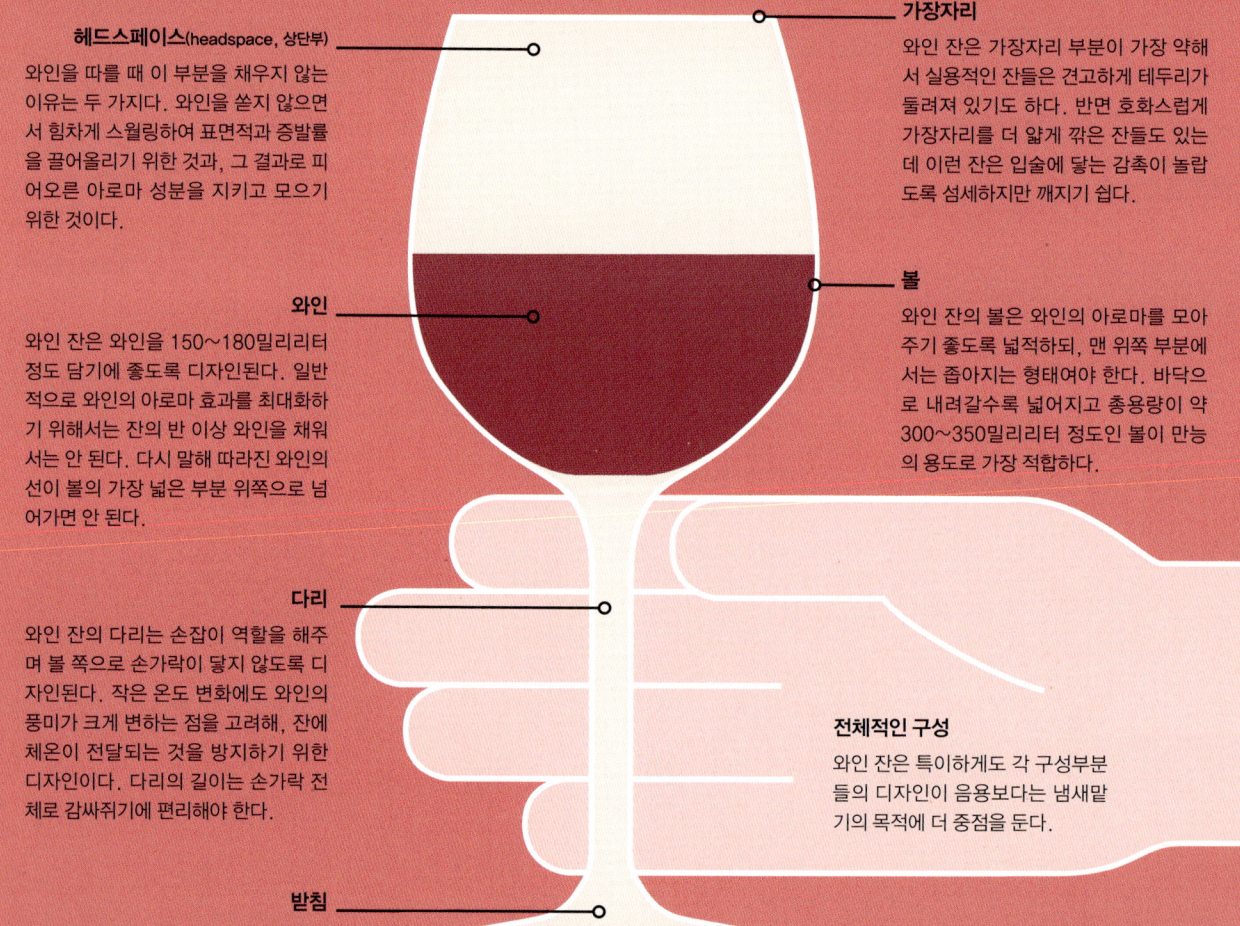

헤드스페이스(headspace, 상단부)
와인을 따를 때 이 부분을 채우지 않는 이유는 두 가지다. 와인을 쏟지 않으면서 힘차게 스월링하여 표면적과 증발률을 끌어올리기 위한 것과, 그 결과로 피어오른 아로마 성분을 지키고 모으기 위한 것이다.

와인
와인 잔은 와인을 150~180밀리리터 정도 담기에 좋도록 디자인된다. 일반적으로 와인의 아로마 효과를 최대화하기 위해서는 잔의 반 이상 와인을 채워서는 안 된다. 다시 말해 따라진 와인의 선이 볼의 가장 넓은 부분 위쪽으로 넘어가면 안 된다.

다리
와인 잔의 다리는 손잡이 역할을 해주며 볼 쪽으로 손가락이 닿지 않도록 디자인된다. 작은 온도 변화에도 와인의 풍미가 크게 변하는 점을 고려해, 잔에 체온이 전달되는 것을 방지하기 위한 디자인이다. 다리의 길이는 손가락 전체로 감싸쥐기에 편리해야 한다.

받침
잔을 내려놓아야 할 때 필요한 부분이 아닐까?

가장자리
와인 잔은 가장자리 부분이 가장 약해서 실용적인 잔들은 견고하게 테두리가 둘려져 있기도 하다. 반면 호화스럽게 가장자리를 더 얇게 깎은 잔들도 있는데 이런 잔은 입술에 닿는 감촉이 놀랍도록 섬세하지만 깨지기 쉽다.

볼
와인 잔의 볼은 와인의 아로마를 모아주기 좋도록 넓적하되, 맨 위쪽 부분에서는 좁아지는 형태여야 한다. 바닥으로 내려갈수록 넓어지고 총용량이 약 300~350밀리리터 정도인 볼이 만능의 용도로 가장 적합하다.

전체적인 구성
와인 잔은 특이하게도 각 구성부분들의 디자인이 음용보다는 냄새맡기의 목적에 더 중점을 둔다.

적절한 크기의 선택

흔히 화이트 와인은 레드 와인보다 더 작은 잔에 담겨져 나온다. 향이 더 순하기 때문이다. 잔의 상단부 공간이 너무 넓으면 그 기분 좋은 향이 약하게 느껴질 수도 있다. 반대로 레드 와인은 너무 작은 잔에 담으면 더 많은 아로마 성분이 수용되어 향이 강해질 수 있다. 다용도 잔 하나를 마련해 놓고 두루두루 활용할 경우라면, 화이트 와인은 비교적 높게 채우고 레드 와인은 낮게 채우는 식으로 조종하면 된다.

간이 카페들은 대체로 '파리 고블레(Paris goblet)'라는 180~240밀리리터짜리 작은 잔에 가장자리까지 거의 닿을 만큼 와인을 채워 주어, 향을 제대로 느끼지 못하게 한다. 그런가 하면 고급 레스토랑 중에는 병의 와인도 모두 부을 수 있을 만큼 큼지막한 크리스털 잔에 비싼 와인을 담아 서빙해주는 곳도 있다. 특정 포도 품종을 위한 전용 와인 잔도 있는데 보기엔 멋지지만 좋은 와인을 음미하는 용도로는 과도하다.

화이트 와인 스타일 / 레드 와인 스타일

카페 스타일

사치스러운 스타일

잔 구별

보통 와인 잔과는 완전히 다른 와인 잔으로 마실 경우 좋은 스타일의 와인이 두 가지 있는데, 바로 스파클링 와인과 고농축 와인이다. 거품이 올라오는 스파클링 와인은 표면적이 넓으면 탄산가스가 더 빨리 꺼져서 길쭉하고 가는 플루트형 잔에 담겨 서빙된다. 또 고당도의 디저트 와인과 고알코올의 강화 와인은 하프 사이즈인 70~90밀리리터 잔으로 서빙된다.

셰리용 잔과 플루트형 샴페인 잔

디캔팅을 하는 이유는?

숙성되면서 더 좋아지도록 설계된 고급 와인들은 대개 서빙 전에 병에서 따로 옮겨 담는 것이 좋다. 이런 식으로 디캔팅을 하는 이유는 다음의 두 가지 이유에서다.

- **오래된 레드 와인에서 침전물을 제거하기 위해.** 병 속에서 10년 이상 숙성된 레드 와인은 여과하지 않으면 미세한 침전물이 쏟아져 나온다. 와인을 디캔터에 살살 따르면 이런 침전물을 분리해낼 수 있다.
- **비교적 어린 와인의 경우, 공기를 쐬어 원숙함을 부여하기 위해.** 아직 절정기에 이르지 않은 고급 와인은 약간의 공기를 쐬어주면 풍미가 증대되어, 더 오래 저장해둘 경우 진전되었을 만한 그런 풍미의 변화가 재현된다.

와인과 온도

와인의 풍미는 온도에 민감한 휘발성 성분에 따라 좌우된다. 그런 이유 때문에 가장 알맞은 온도에 맞춰 서빙하고, 조금씩 따라서 그 이상적인 온도를 유지하고, 병을 얼음에 담그며, 잔을 쥘 때는 다리로 잡는 등의 온갖 유난을 떠는 것이다. 우리가 이용하기 쉬운 온도는 실온과 냉장고 온도지만 대다수 사람들이 선호하는 와인의 온도는 그 중간대다. 즉 레드 와인의 경우엔 실내보다는 더 차가운 온도를 좋아하고 그 외의 경우엔 냉장고보다 조금 더 따뜻한 온도를 좋아한다.

당신의 와인은, 당신의 법칙대로!

모든 일이 그렇듯 와인의 온도에서도 개인적 취향이 저마다 다양할 수 있다. 따라서 당신의 와인은 당신이 좋아하는 방식대로 마시는 것이 가장 중요하다.

하지만 다음만큼은 명심하기 바란다. 와인이 너무 밍밍한 것 같다면 살짝 데우는 것도 괜찮으며, 너무 독하거나 상쾌함이 부족한 듯하면 조금 차게 해서 마셔도 된다.

레드 와인은 왜 차가우면 안 될까?

으레 차가운 온도로 서빙되지 않는 와인은 레드 와인뿐인데, 이는 타닌은 물론 와인에 빛깔을 부여해주는 그 외의 포도껍질 성분들이 낮은 온도에서 더 떫고 쓰게 느껴지기 때문이다.

해보면 알게 되는 차이

먼저 와인 두 병을 딴다. 하나는 차가운 화이트 와인, 또 하나는 실온의 레드 와인으로.

- 각각의 와인을 두 잔씩 따라서 한 잔씩을 냉장고에 넣어둔다.
- 5분 후, 냉장고에 넣었던 와인들과 넣지 않았던 와인들을 마셔보며 맛의 차이를 느껴본다.

냉장고에 넣었던 두 잔의 와인 모두 더 따뜻하게 둔 같은 스타일의 와인에 비해 아로마와 풍미가 떨어질 것이다. 하지만 더 상쾌하고 덜 독하기도 할 것이다. 차가운 쪽의 레드 와인은 타닌이 더 거칠게 느껴질 테고, 따뜻한 쪽의 두 와인의 경우엔 풍미와 향이 더 풍부할 뿐만 아니라 알코올 느낌이 더 강하고 덜 상쾌할 것이다. 또한 레드 와인은 타닌이 더 부드럽게 느껴질 것이다. 사람들은 대체로 차가운 레드 와인에는 끌리지 않아 하며, 화이트 와인은 냉장고에서 꺼내 잠깐 놔두면 더 기분 좋게 느껴지는 편이다.

와인 얼리기

개봉하지 않은 와인을 얼리는 것은 그리 좋은 생각이 아니다. 병이 터져서 난장판이 될 테니까. 하지만 남은 와인을 보관하기에는 좋은 방법이다. 와인의 풍미를 떨어뜨리는 진공펌프보다 더 효율적이고, 시간이 지나면 효력이 다하는 와인 보존용 스프레이보다 지속성이 길다. 와인은 코르크를 따고 나면 두 가지 방식으로 변질되어간다. 산화가 시작되어 식초처럼 변하는 것과, 풍미가 증발하는 것이다. 그런데 냉동실에 넣으면 이 두 과정이 서서히 멈출 뿐만 아니라 그 부작용도 미미한 편이다. 즉 와인의 종류를 막론하고 약간의 풍미가 상실되는 점과 레드 와인에 한해서 빛깔을 퇴색시키는 침전물이 형성되는 점뿐이다. 스파클링이거나 아주 완숙기에 있거나 풍미가 아주 미묘한 와인이라면 냉동시키는 것이 좋지 않지만 그 외의 와인들은 냉동 방법이 아주 잘 맞는다. 단, 언 와인이 코르크에 닿지 않도록 병 입구가 위쪽으로 향하도록 보관해야 한다. 와인이 코르크에 닿으면 쓴 맛이 생길 수도 있기 때문이다.

최적의 온도

당신이 마시는 것이라면 몇 도든 원하는 온도에서 마셔도 상관없다. 심지어 레드 와인을 차갑게 마시는 것도 문제될 게 없다. 하지만 손님을 대접할 때는 다음의 표준을 따르는 편이 좋다.

레드 와인의 서빙을 위한 조언

- 최고의 맛을 느낄 수 있는 레드 와인의 온도는 15~21℃.
- 가벼운 레드 와인일수록 차갑게, 묵직한 레드 와인일수록 따뜻하게 서빙한다.
- 레드 와인은 실온에 놔두었다가 서빙 직전에 잠깐 차갑게 만든다. 냉장고에 5~15분 정도 넣어두는 식이다. 가벼운 편인 프랑스의 보졸레는 서빙 15분 전에 차게 하되 묵직한 편인 아르헨티나의 말벡은 그 시간이 5분을 넘지 않도록 한다.
- 포트 와인은 레드 와인인 데다 강렬한 편이지만 화이트 와인처럼 차갑게 마시면 더 균형 잡힌 맛이 난다.

그 외 와인의 서빙을 위한 조언

- 화이트, 로제, 스파클링, 주정강화, 디저트 와인의 경우 최고의 맛을 내주는 온도는 4~10℃다.
- 가벼운 와인일수록 차갑게, 묵직한 와인일수록 따뜻하게 낸다.
- 이런 와인들은 냉장 보관하다가 서빙 직전에 '따뜻하게' 온도를 높인다. 즉 실온에 5~15분쯤 놔두면 된다. 묵직한 편인 호주의 샤르도네는 서빙 15분 전에 테이블에 내놓아 냉기를 가시게 하되, 가벼운 편인 이탈리아의 피노 그리지오는 5분 전에 내놓는 식이다. 스페인의 카바(Cava) 같이 아주 가벼운 와인은 냉장고에서 바로 꺼내 서빙해도 된다.
- 디저트 와인은 알코올 강도와는 상관없이, 아주 차가운 온도에서 최상의 맛을 낸다.

26℃(80℉) 이상
모든 와인에게 위험 수준의 온도
열화 주의!

18~24℃(65~75℉)
실내 온도
사람의 쾌적온도대

레드 와인의 최적 서빙 온도

10~15℃(50~60℉)
지하 저장실의 온도
와인 보관의 이상적 온도

레드 와인 외 와인의 최적 서빙 온도

1~4℃(34~40℉)
냉장고 온도
음식 보관의 안전 온도

0℃(32℉)
빙점

묵직할수록 더 따뜻하게
어떠한 종류든 와인은 묵직할수록 좀 더 따뜻한 온도에서, 가벼울수록 더 차가운 온도에서 그 맛이 더 좋아지는 경향이 있다.

와인과 숙성

두 달 내에 마실 와인이라면 어떤 와인이든 냉장고나 실온에 보관해둬도 괜찮다. 하지만 장기 보관을 할 경우엔 보다 와인 친화적인 조건을 맞춰줘야 하며, 특히 서늘한 온도와 빛 차단이 중요하다. 와인은 상하기 쉬운 상품이라, 시간에 따라 서서히 변질되어간다. 변질까지 걸리는 시간이 생과일보다는 길다 해도, 어떤 와인이든 결국엔 산화에 굴복하여 갈변되고 그 수명을 다한다.

모든 와인이 다 잘 숙성되는 것은 아니다

사람들이 일반적으로 생각하는 것과는 달리, 와인이라고 해서 숙성을 거치면 으레 향상되는 것은 아니다. 대다수 와인들은 꽤 오랜 기간 보관해 둘 경우 변질되지는 않지만 신선한 과일의 특성이 사라져 버리며, 이런 사라진 과일의 특성을 대신해 새로운 풍미와 향을 발전시킬 만큼 농축된 와인은 극소수에 불과하다.

원숙한 와인의 독특하고 복잡한 향은 병 속의 페놀과 에스테르 같은 성분들 사이에서 일어나는 화학반응에서 비롯되는 것이다. 애초부터 이런 '성분'이 충분히 채워지지 않은 와인은 숙성과 더불어 매력이 더해지기보다는 시들해지고 강렬함을 잃기 십상이다. 산화를 억제해주는 타닌이나 높은 산도로 무장해서 산화의 맹습을 막아내지 못하는 와인도 숙성의 가망이 없다. 아주 아주 농축된 와인만은 예외지만, 이런 와인들은 대개 값비싼 가격대의 스타일이다.

와인의 숙성가능성 비율

전체 와인 가운데 90% 이상은 바로 마셨을 때 최고의 맛을 내도록 설계된다.

구체적 사실

- 화이트, 로제, 스파클링 와인의 경우에 해당되는 얘기다.
- 출시 전에 와이너리에서 적정한 숙성을 마친다.
- 잘 빚어진 와인의 경우, 바로 품질이 떨어지진 않지만 그렇다고 해도 향상되는 경우는 드물다.
- 품질보다 가격 중심에 따라 생산된 와인이 더 빨리 시들해진다.
- 핑크빛 로제 와인과 누보(nouveau, 햇와인) 스타일의 레드 와인은 가장 안정성이 떨어져서 6개월 내에 마셔야 한다.

5년 후에 더 뛰어난 맛을 내도록 설계된 와인은 10% 미만이다.

구체적 사실

- 새로운 풍미를 발전시킬 만큼 농축도가 높아야 한다.
- 여기에 해당되는 와인들은 대다수가 레드 와인이나 디저트 와인인데, 이는 높은 수준의 타닌과 당분이 방부제 역할을 해주기 때문이다.
- 대체적으로 고급 와인과 명품 와인이며 전통적인 스타일로 빚어지는 것이 보통이다.

10년 후에 더 뛰어난 맛을 내도록 설계된 와인은 1% 미만이다.

구체적 사실

- 높은 타닌의 최상품 레드 와인은 아주 어릴 때는 맛이 그다지 좋지 않을 수도 있는데, 대체로 '부드럽게 가다듬어질' 몇 년의 시간이 필요하기 때문에 그렇다.
- 이런 타입의 와인은 대개 수집가들이 특별히 모으는 와인들이며, 희귀할 뿐만 아니라 비싸기도 하다.

와인과 숙성 65

숙성가능성 가늠하기

수십 년 전만 해도 저장이 필요한 와인을 가늠하는 것은 쉬운 편이었다. 몇 가지 포도 품종과 스타일만 기억해두면 되었으니 말이다. 요즘엔 바로 마셔도 괜찮은 와인을 선호해서 대다수 빈트너들이 온갖 방법으로 이런 시장의 요구에 응하고 있다. 하지만 빠른 시간 내에 더 좋은 맛이 나게끔 와인을 만든다는 것은, 그만큼 그 와인이 더 빨리 쇠퇴할 소지 역시 있다는 얘기다. 어떤 와인이 숙성되면서 향상될지 어떨지를 확인해볼 방법은 한 가지뿐이다. 병을 따서 어떻게 되는지를 보면 된다. 한두 잔을 따라 마시고 나머지는 병째로 식탁에 두어보라. 다음 날 그 와인의 맛이 더 좋아진다면 숙성되면서 향상될 가능성이 있는 것이다. 더 오래 놔두었는데도 여전히 기분 좋은 맛이 난다면 그 와인은 몇 년간 보관해둘 만한 가능성이 그만큼 높아지는 것이다. 하지만 와인의 풍미가 밍밍하거나 맛이 떨어진다면 몇 달 안에 마셔라.

와인 보관 요령

와인의 경우엔 보관의 이상적 조건이 지하실의 자연조건과 비슷하다. 즉 어둡고 습하며, 고요하고 서늘한 조건이 잘 맞는다. 온도는 10~15°C가 와인의 진전을 위해 이상적이지만, 지하실을 두거나 와인 냉장고를 마련할 형편이 안 되는 사람들이 많으니 타협이 필요할 수도 있다. 가령 너무 뜨거워지거나 건조해지지 않는 식료품 저장실과 벽장은 와인을 보관해두기에 괜찮은 장소일 수 있다. 이때는 상자 안에 밀봉시켜 눕혀서 보관하는 것이 이상적인 방법이다. 천연 코르크는 말라서 오그라들면 그 틈으로 해로운 공기가 들어오는데, 병을 눕혀서 보관하면 코르크의 축축하고 팽팽한 상태가 유지되어 보호 마개로서의 기능을 잃지 않는다.

체크리스트

지금까지 배웠던 내용 가운데 가장 중요한 사항을 다시 한 번 짚고 넘어가보자.

✓ **와인 잔에 와인을 따를 때의 평균적인 적정 양은 150밀리리터**이며 이렇게 따를 경우 보통 크기의 와인 병 기준으로 **다섯 잔** 정도 나온다.

✓ 보통 크기의 병은 용량이 **750밀리리터**다. 종이팩 와인은 보통 병의 네 배 용량인 **3리터짜리** 크기가 가장 많다.

✓ 와인은 어떤 용기에 담아 마셔도 충분히 맛있지만 와인 전용의 **와인 잔**에 담으면 맛이 더 좋다.

✓ 와인 잔은 코를 즐겁게 해주기 위해 디자인된다. 다시 말해 와인의 향을 더 살려주기 위해 **스월링, 냄새 맡기, 와인의 온도 유지**를 중심으로 모양을 디자인한다.

✓ **디캔팅**을 하는 이유는 두 가지다. 오래된 와인의 **침전물 제거**와 어린 와인의 원숙함 유도를 위한 **공기 쐬어주기**다.

✓ 와인의 풍미는 온도에 민감한 **휘발성 성분**에 따라 좌우된다. 이런 이유 때문에, **가장 알맞은 온도**에서의 서빙과 마시는 중에도 그 온도를 유지시키는 일이 중요한 것이다.

✓ 와인의 온도에 대해서는 **개인적 취향**이 아주 다양할 수 있다. 따라서 각자 자신이 좋아하는 방식대로 와인을 마셔야 한다.

✓ 일상적으로 차가운 온도로 서빙되지 않는 와인은 레드 와인뿐인데, 이는 타닌을 비롯한 그 외의 포도껍질 성분들이 낮은 온도에서는 더 **떫고 쓴** 편이기 때문이다.

✓ **레드 와인**은 15~21°C에서 최상의 맛을 낸다. 그 외의 와인들, 즉 **화이트, 로제, 스파클링, 주정강화, 디저트 와인** 등은 4~10°C가 최상의 맛을 내주는 온도다.

✓ 상당수 와인들이 꽤 오랫동안 보관해도 **변질되지** 않지만, 시간이 지나면서 사라진 풍미와 향을 대신해 새로운 풍미와 향을 진전시킬 만큼 **농축된** 와인은 극소수뿐이다.

와인 스타일 들여다보기

그 많고 많은 선택폭과 무슨 소리인지 이해하기 어려운 라벨 정보를 생각하면 와인은 누구에게라도 머리 아픈 음료로 여겨질 것이다. 우리 인간의 타고난 본성대로라면 이런 사항들을 차근차근 공부하는 것이 정석일 테지만, 초보자들에게 이런 방법은 필패전략이나 다름없다. 그러기엔 와인의 종류가 엄두가 안 날만큼 많으니까. 오히려 하나의 특정 와인이 가진 차이점 구별에 집중하기보다는, 시야를 넓혀 큰 그림 속에서 모든 와인의 공통점을 익히는 편이 훨씬 더 유익하다.

와인의 핵심적 사실 몇 가지만 이해하면 와인 초보조차 감각적 관점에서, 즉 그 모습과 맛, 향과 입안의 느낌과 관련해서 와인들의 연관성을 그려볼 수 있게 된다. 그런 사실의 한 예를 들자면, 포도는 익으면서 예측 가능한 발전 단계를 거치고 모든 와인이 똑같은 숙성도의 포도로 빚어지는 것은 아니라는 점이다. 포도의 숙성도는 와인의 알코올 함량이나 무게감에서부터 오크 풍미와 산도에 이르기까지 여러 가지 감각적인 요소와 상관관계에 있다. 이와 같은 전문가 수준의 통찰력은, 특정 와인이 어떤 맛을 낼지에 대해 똑똑한 추측을 해보는 것뿐만 아니라 여러 음식과의 궁합이 어떨지 예측해본다는 측면에서도 열쇠가 되어준다.

라벨은 때때로 머리를 아프게 하지만, 와인의 맛을 가늠하기에는 아주 일리 있는 척도다.

와인의 스타일 지도 그려보기

숙성 요소

와인 전문가들이 다른 와인 애호가들보다 유리한 한 가지 장점은, 단지 성분이나 생산지 내력의 관점에서만이 아니라 맛의 관점에서 와인들이 서로 어떻게 연관되는지까지 그려볼 수 있다는 점이다. 포도의 타고난 생물학적 속성과 효모는 와인 양조에서 일어날 수 있는 결과의 범위를 제한시키며, 그에 따라 풍미 프로필에 일관성 있는 패턴이 만들어진다. 그것도 누구든 배워서 분간할 수 있는 패턴들이다. 포도의 숙성 원리 같은 요소에 대해 몇 가지 기본적인 통찰력을 가지면, 초보자들도 병을 따기 전에 식견 있는 똑똑한 추측을 해보면서 그 와인이 가벼울지 묵직할지, 부드러울지 볼드할지, 달콤할지 드라이할지 등을 그려볼 수 있다.

와인 스타일의 스펙트럼

전문가들은 와인 스타일이 명확하고 일관적인 패턴에 따라 좌우된다는 점을 잘 알고 있으며, 바로 이런 지식을 활용해 병을 따기도 전에 그 와인이 어떤 맛일지에 대해 식견 있는 추측을 한다. 와인 쇼핑 때도 수십 가지의 포도나 와인 생산지를 암기할 필요 없이 이런 식의 추측을 활용할 수 있다.

와인의 스타일별 도표

와인의 세계를 들여다보려면 그 범위와 경계에 대한 감이 필요하다. 와인은 두 가지의 중요한 척도에 따라 대략적으로 분류해볼 수 있다. 바로 무게감과 풍미 강도다. 이런 척도를 전형적인 도표 형식으로 정리해 놓으면, 와인 애음가 누구든 전문가 수준의 통찰력을 얻게 되어 큰 그림을 볼 수 있게 될 것이다. 즉 와인 스타일이 감각적인 차원에서 서로 어떻게 연관되는지를 가늠해 볼 수 있다는 얘기다.

그런데 왜 무게감과 풍미일까? 두 가지 모두 개인의 취향과 크게 관련 있을 뿐만 아니라 초보자들도 구별하기 쉬운, 중요한 감각적 특징이다. 또한 두 특징은 서로는 물론이요 산도, 오크, 타닌 같은 다른 와인 특징들과도 상호관계성이 높다. 하지만 무엇보다 중요한 점은 두 특징이 병을 따기 전부터 확인할 수 있는 빛깔, 알코올 도수 등의 특징들과도 직접적으로 관련되어 있다는 것이다.

와인의 암호 해독

와인 스타일을 무게감과 풍미에 따라 도표화 해보면 몇 가지 일관적인 패턴이 나타난다. 가령 옅은 빛깔의 와인은 대체로 짙은 빛깔의 와인에 비해 더 가벼운 바디와 부드러운 풍미를 띤다. 화이트 와인의 스타일은 레드 와인보다 더 범위가 폭넓고 로제 와인은 화이트 와인은 물론 가벼운 레드 와인과도 공유영역을 갖는다. 또한 거품이 올라오는 와인은 알코올 도수가 낮은 편이다.

전문가들은 위에 나열한 패턴과 기본원리들을 바탕으로 와인 세계를 항해하고 있으며, 일반 와인 애호가에게도 와인 선택에서 더 분별력 있는 결정을 내리도록 도와줄 것이다.

주요특성표

초보자의 경우엔 와인이 무게감과 풍미 강도에 따라 어떤 스타일에 해당되는지 그려보는 것이 꽤 도움이 된다. 와인의 여러 선택사항들을 비교하는 측면에서나, 와인의 맛을 기억하는 측면에서 실질적인 맥락이 되어주기 때문이다.

무게감

비교적 묵직한 와인
- 알코올 도수가 높음
- 질감이 풍부함

비교적 가벼운 와인
- 알코올 도수가 낮음
- 질감이 묽음

예외도 있지만 대체적인 특징들
- 볼드한 풍미
- 오크 처리를 거침
- 병입 전에 숙성 과정을 거침
- 낮은 산도
- 원산지가 온화한 지역
- 증류주 첨가로 주정강화되었을 가능성이 있음

예외도 있지만 대체적인 특징들
- 부드러운 풍미
- 오크 처리를 거치지 않았을 가능성이 있음
- 어릴 때 병입되어 출시
- 높은 산도
- 원산지가 서늘한 지역
- 탄산가스가 함유된, 스파클링이나 스프리츠일 가능성이 있음

풍미

비교적 가벼운 와인
- 풍미와 향이 미묘하며 대개 허브/토양의 풍미를 지님
- 오크 풍미가 거의 없음

비교적 묵직한 와인
- 풍미와 향이 강렬하며, 탄(baked) 풍미와 스파이시(spicy)한 풍미가 있음
- 대개 오크 처리를 거침

예외도 있지만 대체적인 특징들
- 알코올 도수가 낮음
- 옅은 빛깔
- 어릴 때 병입되어 출시
- 높은 산도
- 원산지가 서늘한 지역

예외도 있지만 대체적인 특징들
- 알코올 도수가 높음
- 짙은 빛깔
- 병입 전 숙성 과정을 거침
- 낮은 산도
- 원산지가 온화한 지역

와인 스타일의 스펙트럼

와인의 맛이나 와인들 간의 상호연관성에서의 패턴을 분간하게 되면,
숨 막히도록 많은 세부사항들에 질리지 않으면서도
분별 있는 결정을 내리는 데 유용하다.

화이트 와인
샤르도네,
피노 그리지오 등

스파클링 와인
샴페인, 프로세코 등

로제 와인
앙주, 타블 등

레드 와인
시라즈, 키안티 등

주정강화 와인
포트, 셰리주 등

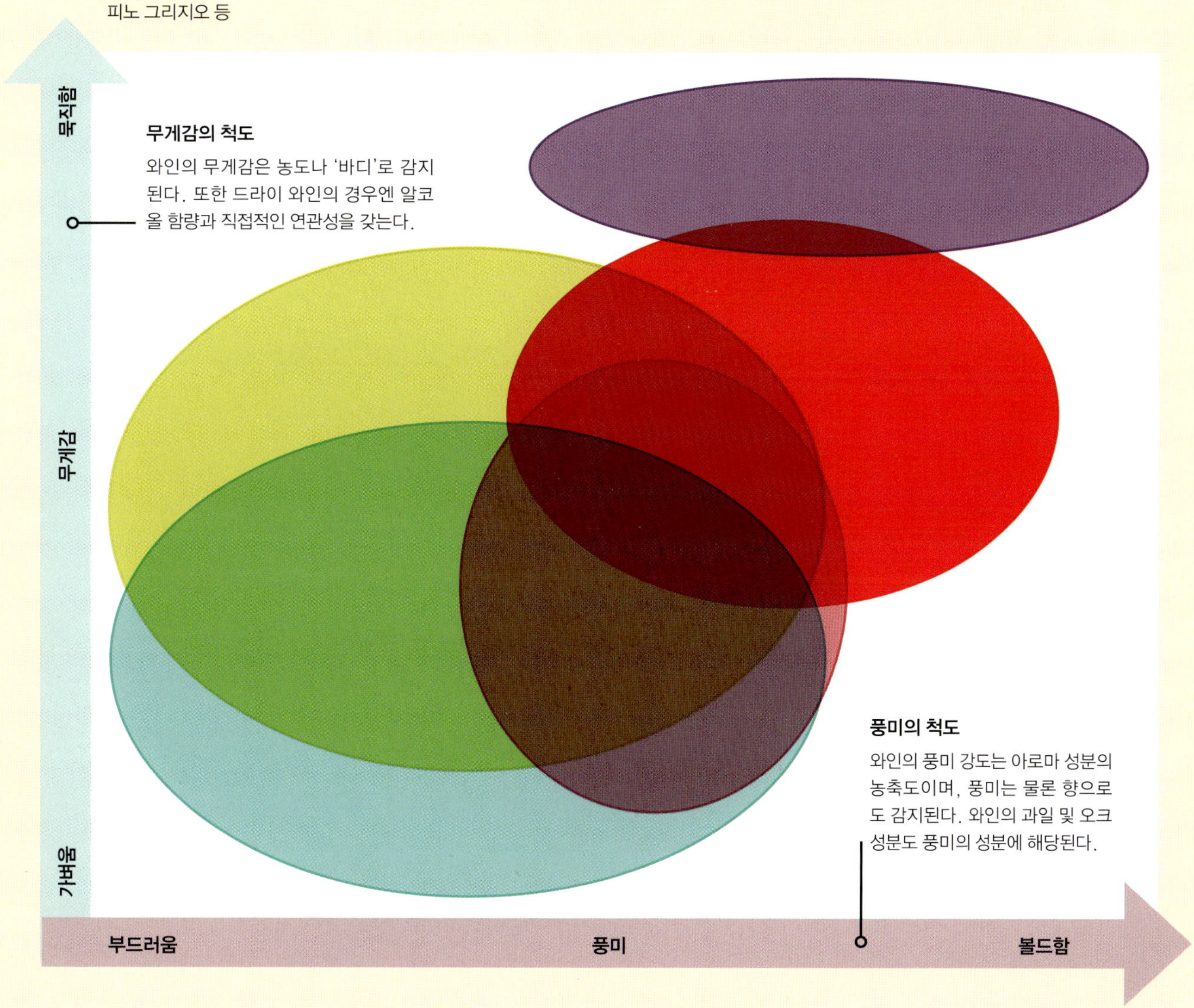

무게감의 척도
와인의 무게감은 농도나 '바디'로 감지된다. 또한 드라이 와인의 경우엔 알코올 함량과 직접적인 연관성을 갖는다.

풍미의 척도
와인의 풍미 강도는 아로마 성분의 농축도이며, 풍미는 물론 향으로도 감지된다. 와인의 과일 및 오크 성분도 풍미의 성분에 해당된다.

묵직함 ← 무게감 → 가벼움

부드러움 — 풍미 — 볼드함

풍미의 3대 요소

라벨에는 흔히 포도 품종이 표기되지만 원료만 보고는 그 와인이 어떤 맛일지 분간할 수 없다. 와인의 풍미와 스타일을 결정짓는 데는 포도만큼이나 강력한 역할을 하는 두 가지 요소가 더 있다.

같은 포도, 다른 맛

어떤 와인이든 맛의 경우, 포도의 종류는 단지 출발점에 불과해서 다른 두 가지의 강력한 요소에 따라 틀이 잡히고 변화되는데, 그 두 요소란 바로 포도원 주위의 자연환경과 인간(빈트너)의 적극적 개입이다. 그에 따라 와인은 같은 포도 품종으로 빚더라도 재배 지역과 양조 방식에 따라 다른 맛이 날 수 있다. 와인이 어떤 맛이 될지 좌우하는 세 가지 변수를 도표로 정리하자면 다음과 같다.

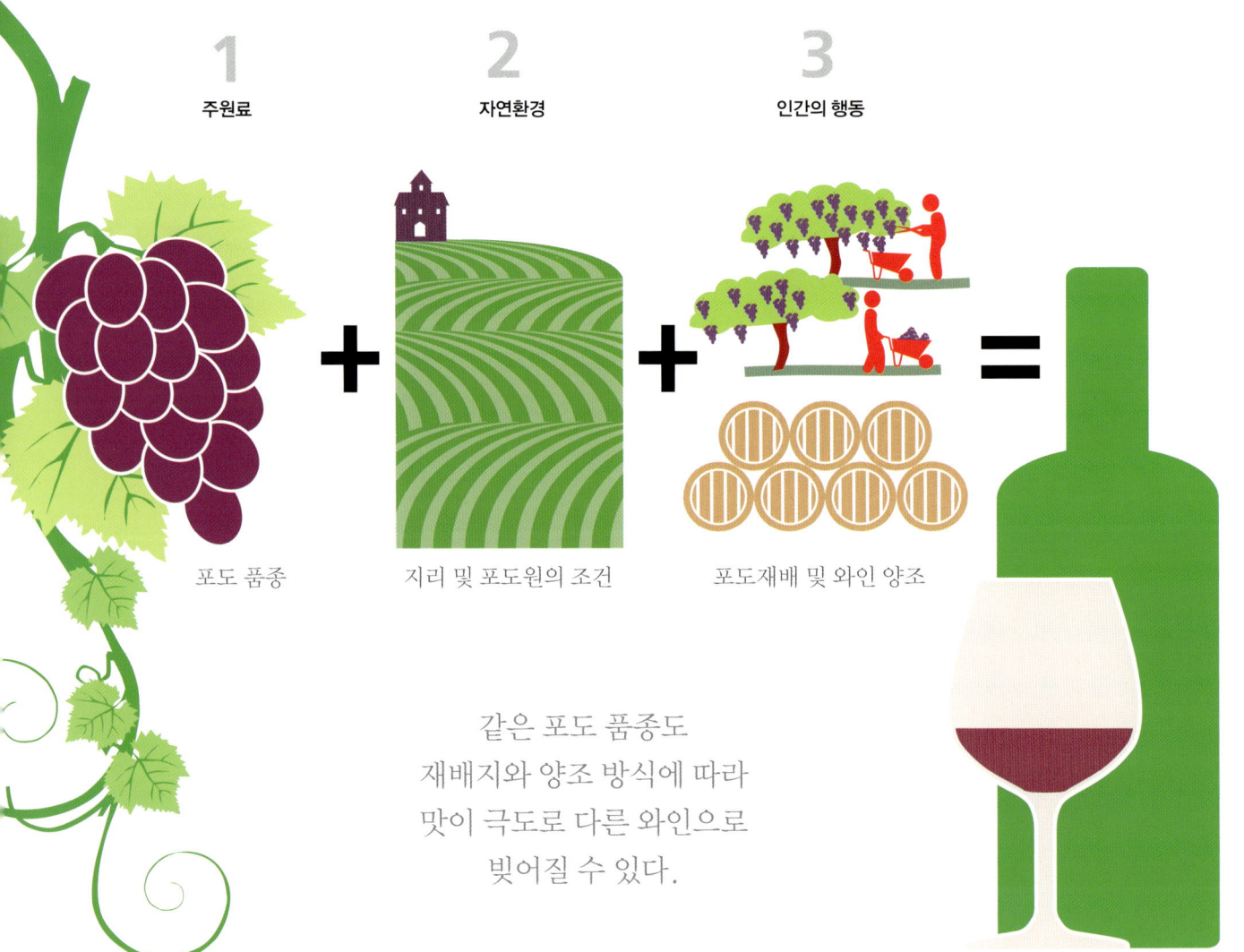

1 주원료 — 포도 품종

2 자연환경 — 지리 및 포도원의 조건

3 인간의 행동 — 포도재배 및 와인 양조

같은 포도 품종도
재배지와 양조 방식에 따라
맛이 극도로 다른 와인으로
빚어질 수 있다.

의외의 유사성

우리는 와인 쇼핑을 할 때 포도 품종에 집착하곤 하는데, 이는 그것이 와인을 해독하는 확실한 방법인 것 같다는 생각 때문이다. 하지만 포도만을 기준으로 삼아 살펴보면 풍미의 다른 두 가지 요소를 등한시하게 된다. 피노 누아와 시라를 예로 들어 보면, 두 품종은 아주 다른 와인을 만든다. 하지만 프랑스 부르고뉴산 피노 누아와 프랑스 론의 인근지역산 시라는, 각각 캘리포니아산 피노 누아나 호주산 시라 같은 신세계 버전의 같은 품종과 비교할 경우보다 그 유사성이 더 높은 편이다. 즉 두 프랑스 와인 사이에서의 문화 및 기후의 공통 기반이 같은 포도 품종끼리의 유사성을 능가하고 있다.

비슷한 이유로, 깊고 풍부한 향의 캘리포니아산 샤르도네는 프랑스 샤블리산의 샤르도네보다 알자스산의 피노 그리와 그 풍미면에서 더 유사하다. 이는 단지 알자스와 캘리포니아 모두 햇빛이 풍부하고 따뜻하다는 이유 때문이다. 서늘한 샤블리에서 만들어진 와인들은 이탈리아 북부의 피노 그리지오 같이 또 다른 서늘한 기후대의 화이트 와인들과 더 많은 공통점을 띤다.

뒤죽박죽

대체로 인근 지역이나 비슷한 기후대에서 재배된 다른 포도 품종으로 빚은 와인들이, 아주 다른 지역이나 기후대에서 재배된 똑같은 품종의 포도로 빚은 와인들에 비해 맛의 유사성이 더 높다.

테이스팅

스타일의 스펙트럼 구별해보기

집에서의 여덟 가지 와인 비교 시음

다음의 네 가지 화이트 와인과 네 가지 레드 와인을 나란히 맛보며 바디와 풍미 강도를 비교해본다.

1. 모스카토 다스티
아주 가벼운 무게감 / 볼드한 풍미

예
이탈리아의 모스카토, 혹은 호주나 캘리포니아의 이탈리아 스타일 모스카토

특징
스펙트럼 분류상의 맨 바깥 지역 범주로서, 강한 아로마를 지닌 품종인 모스카토로 빚어진다. 모스카토 특유의 톡 쏘는 맛은 알코올 함량이 낮은 경우에도 와인에 풍부한 풍미를 부여한다.

2. 프로세코
가벼운 무게감 / 부드러운 풍미

예
베네치아나 베네토산의 이탈리아 스타일 스파클링 와인

특징
섬세하고 미묘한 맛, 저숙성 스타일로 더운 날씨나 낮 시간대 음료로서 감각을 상쾌하게 깨우기에 이상적이다.

3. 소비뇽 블랑
중간대의 무게감 / 중간대의 풍미

예
뉴질랜드 말보로 지역산 스타일의 와인

특징
질감이 아주 풍부하며, 잘 익어 농후하고 아로마가 뛰어난 포도 품종을 원료로 쓴 덕분에 아로마와 풍미가 강렬한 편이다.

4. 통 발효를 거친 샤르도네
묵직한 무게감 / 중간대의 풍미

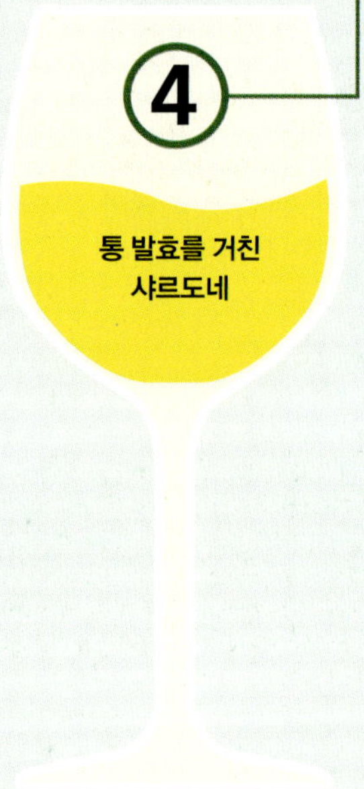

예
소노마 카운티, 러시아 리버 밸리산의 캘리포니아 스타일 고급 와인

특징
풍부한 햇살의 영향 덕분에 마우스필이 아주 풍만하며 새 오크 통의 토스트 향 덕분에 풍미가 한층 살아있다.

스타일의 스펙트럼 구별해보기

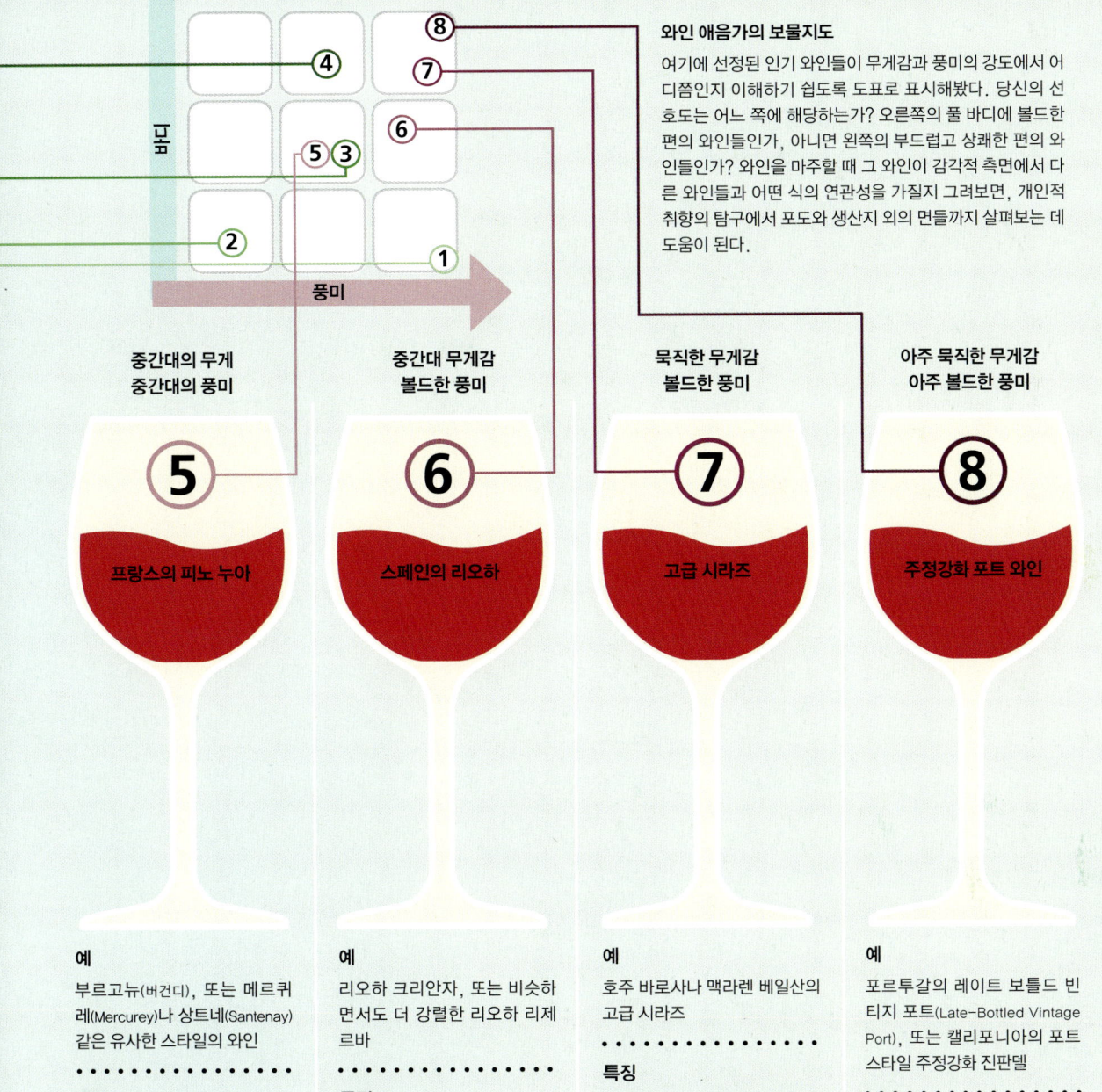

와인 애음가의 보물지도

여기에 선정된 인기 와인들이 무게감과 풍미의 강도에서 어디쯤인지 이해하기 쉽도록 도표로 표시해봤다. 당신의 선호도는 어느 쪽에 해당하는가? 오른쪽의 풀 바디에 볼드한 편의 와인들인가, 아니면 왼쪽의 부드럽고 상쾌한 편의 와인들인가? 와인을 마주할 때 그 와인이 감각적 측면에서 다른 와인들과 어떤 식의 연관성을 가질지 그려보면, 개인적 취향의 탐구에서 포도와 생산지 외의 면들까지 살펴보는 데 도움이 된다.

---

5 중간대의 무게 / 중간대의 풍미 — 프랑스의 피노 누아

예
부르고뉴(버건디), 또는 메르퀴레(Mercurey)나 상트네(Santenay) 같은 유사한 스타일의 와인

특징
레드 와인치고 다소 가볍고 숙성도가 낮은 고전적 스타일이지만, 큰 그림에서 보면 중간대 무게감에 속하며 절제되어 있으면서도 매력적인 아로마를 띠고 있다.

---

6 중간대 무게감 / 볼드한 풍미 — 스페인의 리오하

예
리오하 크리안자, 또는 비슷하면서도 더 강렬한 리오하 리제르바

특징
농후하고 강렬하지만 무게감이 아주 묵직한 편은 아니다. 새 오크(new oak) 향의 강한 자취로 풍미가 더욱 풍성하게 살아난다.

---

7 묵직한 무게감 / 볼드한 풍미 — 고급 시라즈

예
호주 바로사나 맥라렌 베일산의 고급 시라즈

특징
호주 남부 지역의 강렬한 햇살 속에서 아주 농익은 포도 덕분에, 주정강화 와인류가 아닌 것치고는 풍미의 농도와 바디가 상당히 강한 편이다.

---

8 아주 묵직한 무게감 / 아주 볼드한 풍미 — 주정강화 포트 와인

예
포르투갈의 레이트 보틀드 빈티지 포트(Late-Bottled Vintage Port), 또는 캘리포니아의 포트 스타일 주정강화 진판델

특징
스펙트럼 분류상의 맨 바깥쪽 범주로서, 포도 증류주의 알코올 첨가로 독주로 빚어져 그 효과와 풍미의 농도가 더해진 스타일이다.

생산지들이 라벨에 포도 품종을 표기하는 이유

빛깔, 풍미, 알코올 함량 같은 와인의 특성에는 원료로 쓰이는 포도의 빛깔, 풍미, 당분 함량이 거의 직접적으로 반영된다. 그리고 포도의 이런 특성은 포도가 포도나무에서 자라고 익어가는 동안, 포도원의 지리와 기후에 영향을 받으며 진전된다.

숙성에 따른 특성 변화

일반적으로 와인의 대다수 특성들은 원료로 쓰인 포도 품종에 상관없이, 다 함께 더불어 강해지는 경향을 띤다. 반대로 그 외의 소수 특징들은 점점 약해진다. 이런 변화의 패턴은 포도원에서 포도가 받은 햇빛의 양과 숙성에 미친 햇빛의 영향에 직접적인 연관성을 갖는다.

무게감 증가

무게감과 더불어 높아지는 특성들 : 풍미 강도 • 빛깔 • 빛깔의 농도 • 잼 같은 '익힌 과일' 풍미 • 이국적인 '스파이시' 풍미 • 오크 풍미 • 타닌

- 스파클링 와인
- 화이트 와인
- 로제 와인
- 레드 와인
- 주정강화 와인

산도 감소

산도와 더불어 낮아지는 특성들 : 풀 같은 '풋과일' 풍미 • 야외에 나온 듯한 '흙'의 풍미 • 탄산가스

생산지들이 라벨에 포도 품종을 표기하는 이유   **79**

포도 품종이나 와인 양조술의
영향력과 비교해서 따지자면,
햇빛은 포도의 숙성은 물론,
결과적으로 와인의
최종 스타일에까지
보다 극적인 영향을 미친다.

레드 와인과 묵직한 와인용 포도는 농익게 숙성된 상태여야 한다

레드 와인과 풀 바디 와인용 포도는 햇빛과 따스한 기운을 듬뿍 받고 자라야 하기 때문에, 대개 햇빛이 쏟아지고 따스하며 건조한 지역에서 재배되는 포도가 주로 쓰인다.

숙성과 풍미의 잠재성을 최대화하기 위해 빈트너들은 포도를 가능한 한 오랫동안 따지 않고 놔두는 것이 보통이다.

화이트 와인과 가벼운 와인용 포도는 너무 익으면 안 된다

화이트 와인과 라이트 바디용의 포도는 너무 많은 햇빛과 따스한 기운을 받으면 손상을 입을 수 있기 때문에 서늘하고 구름이 많으며 습한 지역에서 더 크게 환영받는다.

대개 빈트너들은 과숙성을 막고 상큼함을 지키기 위해 포도를 조기에 수확한다.

숙성: 핵심 개념

와인 세계의 원리를 설명하거나 와인별로 어떤 맛이 날지 미리 가늠하는 측면에서 볼 때, 숙성이야말로 가장 효과적인 개념이다.

'설익은' 맛부터 뛰어난 맛까지

숙성은 과일 발육에서의 최종 단계다. 즉 신선하고 먹음직스러운 맛이 나기에 적절한 균형이 갖추어져 이제 수확해도 될 만한 시기에 다달았음을 의미한다. 숙성은 과일을 딱딱하고 시큼한 미완숙의 단계에서 달콤하고 과육 풍성한 단계로 변화시켜주며, 이때 그 과일의 빛깔도 초록색에서 특유의 적절한 색으로 변해간다. 우리는 덜 익은 과일의 맛을 말할 때 'green(설익은)'이라는 단어를 쓴다. 다 익어 달콤한 맛을 낼 때도 여전히 초록색인 그래니 스미스 애플(Granny Smith apple)이나 청포도 같은 과일들이 있음에도……. 아무튼 식물은 광합성을 통해 햇빛으로부터 에너지를 받으므로, 어떤 과일이든 그 숙성도는 수확 전 마지막 몇 주 동안 얼마나 많은 햇빛을 받느냐에 따라 좌우된다.

숙성의 미묘한 차이들

와인메이커들에게는 딱 맞는 적절한 순간에 포도를 따는 일이 정말로 중요하다. 그 순간에 자신들의 원료로 쓰일 포도 풍미의 특징에 그대로 자물쇠가 채워지기 때문이다. 수확 시기를 결정할 때 가장 중요하게 고려되는 요소는 당분 함량인데, 당분 함량에 따라 와인의 잠재적 알코올 강도가 결정되기 때문이다. 하지만 고려해야 할 요소들은 그 외에도 여러 가지다. 포도의 산도, 풍미 성분, 타닌 등등.

엄밀히 말해, 와인메이커들 사이에서는 '완숙'에 대한 보편적 정의가 없다. 각 포도 성분이 지리, 기후, 농경술상의 변수에 따

햇빛과 따스한 기운을 많이 받으면서 일어나는 변화

끊임없이 변하는, 까다로운 원료

포도는 익으면서 여러 가지 변화를 일으킨다. 과육이 점점 커지고 말랑해지며 즙이 많아지는가 하면, 단맛은 강해지고 신맛은 약해진다. 풀내가 나고 가볍던 풍미도 점차 과일 향의 강렬한 풍미로 변해간다. 게다가 보라색 품종의 포도라면 껍질의 빛깔도 점점 짙어진다.

- 산도
- 달콤함
- 껍질의 빛깔
- 과일 풍미

어떤 과일이든 발육의 최종 단계는 숙성이며,
숙성되었다는 것은 달콤하고 먹기에
적당한 상태가 되었다는 얘기다.

라 조금씩 다르게 반응하기 때문이다. 가령 독일의 서늘한 모젤 지역에서 재배되는 리슬링의 경우엔 포도의 당분 함량이 18% 정도밖에 안 되어도 완전히 익은 것으로 치는 반면, 캘리포니아의 카베르네 소비뇽의 경우 당분이 24% 이하면 무조건 덜 익은 것으로 친다. 와인메이커들은 원하는 양조 스타일에 따라 수확을 더 서두르거나 늦추기도 한다. 화이트 와인이나 스파클링 와인을 빚을 경우 상쾌한 산도를 지키기 위해 조기 수확한다든가, 레드 와인을 빚을 경우 포도껍질의 빛깔과 풍미를 발전시키기 위해 더 기다렸다가 수확하는 식이다.

다행스럽게도 와인 애음가들로선 숙성에 대해 와인메이커들처럼 미묘한 차이를 따질 필요가 없다. 와인을 스타일에 따라 알아보려는 목적을 위해서라면 유용한 일반화를 세우는 편이 더 바람직하다. 즉 리슬링이나 프로세코처럼 서늘한 기후 스타일의 가벼운 와인용의 포도는 덜 익은 상태로 쓰이고, 카베르네 소비뇽이나 포트처럼 온화한 기후 스타일의 묵직한 와인용 포도는 더 숙성된 상태로 쓰인다고 생각하면 된다.

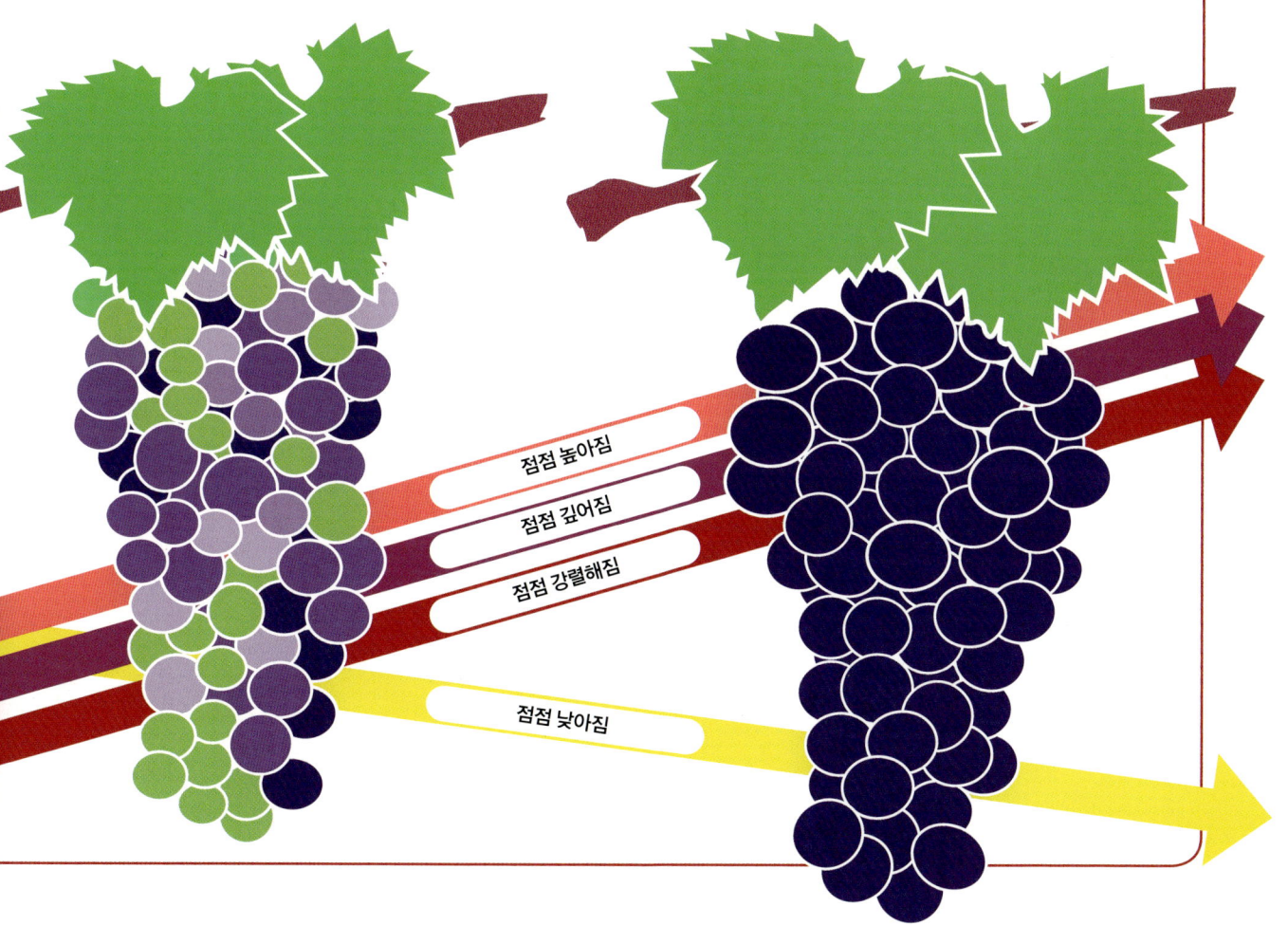

숙성도의 예측

대체로 와인의 숙성도는 알코올 함량 같은 라벨상의 단서를 통해 추론이 가능하며, 이런 숙성도의 추론은 알쏭달쏭한 와인 세계의 암호를 푸는 데 극히 중요한 단계이기도 하다.

법칙의 예외

알코올 함량은, 주정강화 와인과 달콤한 와인처럼 알코올 도수가 인위적으로 조정되는 경우엔 숙성관련 특성들과 상관관계가 없다.

풍미의 부스터

포도는 햇빛을 많이 받을수록 더 숙성되며, 이렇게 숙성된 포도는 와인의 감각적 효과를 끌어올린다. 더 달콤한 포도일수록, 발효를 드라이한 수준까지 이어갈 경우 알코올 도수가 더 높은 와인이 만들어진다. 또 이런 와인은 입안에서 더 묵직하게 느껴지며 풍미 또한 더 풍만하다. 숙성된 포도일수록 더 강한 맛을 부여해주는데, 이는 방향족(芳香族) 에스테르 같은 풍미 성분이 더 많이 함유되어 있기 때문이지만, 알코올이 쉽게 증발하는 이유 때문이기도 하다. 알코올이 조금만 더 있어도 낮은 온도에서조차 와인에서 향과 풍미의 부스터 역할을 해준다. 향수에서의 알코올 역할과 같다. 또한 포도의 숙성도가 더 높으면 레드 와인의 빛깔이 더 짙어지기도 한다.

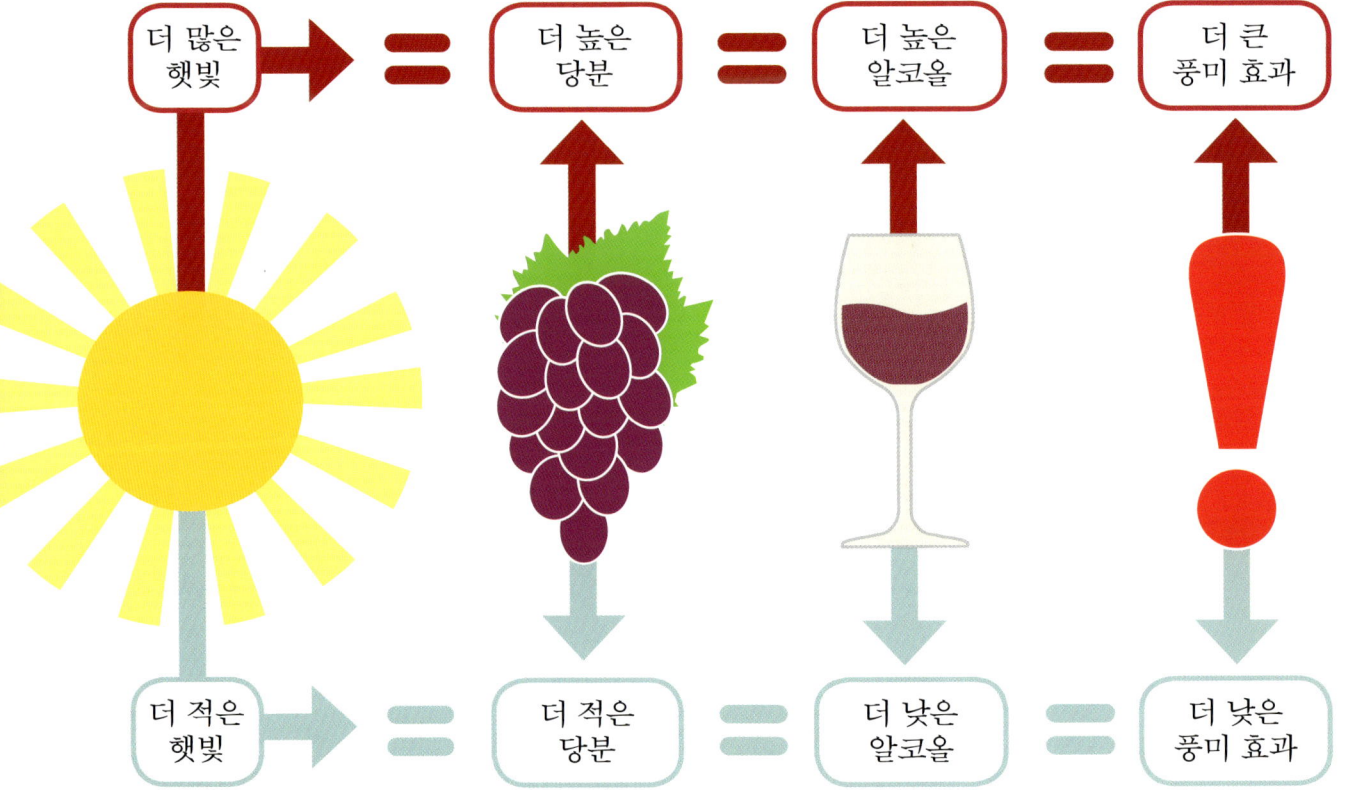

눈에 잘 띄지 않는 해독자

와인 라벨에서 가장 유익한 정보 가운데 하나는 작은 글씨들 사이에 숨겨져 있다. 바로 알코올 함량이다. 알코올 함량은 와인의 여러 가지 특성과 상관관계가 깊어서, 스타일에 대해 대략적으로 풀어줄 해독자로서 손색이 없다.

13% 이하

와인들이 전형적으로
다음과 같은 저숙성 특유의 특성을 띤다.

예외 없이 가벼운 질감
대체로 높은 산도
대체로 부드러운 풍미
대체로 옅은 빛깔
오크 숙성을 거친 경우가 드묾
탄산가스가 함유되어 있기도 함

예

프랑스의 샴페인
스페인의 알바리뇨(Albariño)
이탈리아의 키안티

13~14%

와인들이 전형적으로 다음과 같은
중간대 숙성 특유의 특성을 띤다.

가벼운 묵직함이 느껴지는 질감
적당한 산도
적당한 풍미
적당한 빛깔
오크 숙성을 거쳤을 수도 있음
탄산가스가 함유된 경우가 드묾

예

호주의 샤르도네
프랑스의 레드 보르도
오리건 주의 피노 누아

14% 이상

와인들이 전형적으로
다음과 같은 고숙성 특유의 특성을 띤다.

예외 없이 묵직한 질감
대체로 낮은 산도
대체로 볼드한 풍미
대체로 짙은 빛깔
대체로 오크 숙성을 거침
탄산가스가 함유된 경우가 드묾

예

캘리포니아의 진판델
아르헨티나의 말벡
프랑스의 샤토네프 뒤 파프

알코올이 알려주는 이야기

포도의 단맛이 하나도 남겨지지 않은 드라이 와인의 경우엔, 숙성과 알코올 함량이 거의 직접적인 상관관계를 가지며 거의 모든 와인 라벨에 알코올 함량이 표기되기 마련이다. 알코올 함량 13.4%가 표준이라는 점만 알아두어도 어떤 와인이 무슨 맛일지에 대해 많은 것을 예측할 수 있다. 가령 알코올 함량이 높은 와인은 보통 와인보다 마우스필이 묵직한 편일 뿐만 아니라, 높은 숙성 때문에 톡 쏘는 신맛이 덜하며 향도 더 강렬하고 과일 풍미가 짙다. 알코올 함량이 낮은 드라이 와인은 대부분이 이와는 정반대여서, 가볍고 부드러우며 허브 풍미가 짙은 편이다.

알코올 함량의 예지력은 이게 다가 아니다. 전적으로 인간의 통제 하에 있는 몇몇 와인 요소들, 이를테면 오크 풍미나 탄산가스 함유 정도 등의 요소들은 숙성도의 높고 낮음에 관련되어 있으며, 따라서 알코올 함량과도 관련성을 갖는다. 가령 와인의 오크 풍미가 높을 가능성은 알코올 함량이 평균보다 높을 경우 크게 높아지는 반면, 알코올 함량이 평균보다 낮을 경우 탄산가스가 함유되어 있을 가능성이 높아진다. 물론 예외는 있어서, 중간대인 13~14%의 알코올 함량 부문에서 와인 품질의 예측이 가장 떨어진다. 하지만 그 예측의 패턴은 와인 쇼핑에서 유익한 길잡이가 되어줄 만큼 잘 들어맞는 편이며, 알코올 함량이 표준 수준에서 벗어날수록 그 예지력은 더 탄탄하다.

포도 품종과 와인의 스타일

와인의 원료로 쓰인 포도의 종류는 스타일의 주된 요소다. 포도는 품종별로 특유의 특징과 풍미를 지니고 있다. 어떤 품종은 뚜렷이 구별되는 독특한 특색을 띠고 있는가 하면, 비교적 특색을 분간하기가 쉽지 않은 품종도 있다. 사과나 망고가 품종별로 그 모습과 맛이 다르듯, 와인주조용 포도도 마찬가지다. 하지만 어떤 포도나무든 그 과실의 발육은 햇빛과 숙성에 좌우되는 만큼, 반드시 포도만이 와인의 풍미를 이루는 단 하나의 요소는 아니다.

품종별 구분

아이들이 자라면서 성격이 점점 뚜렷한 차이를 보이는 것처럼, 포도도 여러 품종들이 아주 낮은 단계의 숙성 시기에는 서로서로 비슷하다가 여물어갈수록 점점 뚜렷한 차이를 나타내는 편이다.

전통적으로 포도 품종은 원산지에 따라 구분된다. 예를 들면 카베르네 소비뇽과 소비뇽 블랑은 모두 프랑스의 보르도가 원산지이며, 샤르도네와 피노 누아는 부르고뉴가 원산지다. 이런 구분은 확실히 와인리스트를 볼 때나 소매점에서 쇼핑을 할 때 길잡이가 되긴 하지만, 와인을 마시는 사람의 입장에서는 감각적 특징에 따라, 특히 전반적인 풍미와 향에서 나타나는 특정 유사점들에 따라 포도를 구분하는 편이 더 유용하다.

화이트 와인용 포도 품종

볼드체로 표시된 품종은 풍미가 강렬한 포도 품종이다.

꽃 계열 풍미
- **모스카토/뮈스카**
- **게부르츠트라미너**
- **비오니에**(Viognier)
- 피아노(Fiano)
- 말바시아(Malvasia)

사과 계열 풍미
- 샤르도네
- 알바리뇨
- 피노 블랑(Pinot Blanc)/피노 비앙코(Pinot Bianco)
- **슈냉 블랑**(Chenin Blanc)
- 비우라(Viura)/마카베오(Macabeo)
- 글레라(Glera)/프로세코
- 베르멘티노(Vermentino)

피노 그리지오/피노 그리

리슬링

토론테스(Torrontés)
토카이 프리울라노(Tocai Friulano)

베르나챠(Vernaccia)
세미용(Semillon)

허브 계열 풍미
- **소비뇽 블랑**
- 그뤼너 펠틀리너(Grüner Veltliner)
- **베르데호**(Verdejo)
- 베르디키오(Verdicchio)

화이트 와인의 연관성 살펴보기

화이트 와인의 경우, 가장 많이 쓰이는 포도 품종들로 빚어진 와인은 전반적으로 사과/배 계열의 풍미가 느껴진다. 특히 샤르도네와 피노 그리지오 같은 품종에서 이런 풍미가 가장 두드러진다. 하지만 몇몇 품종은 독특한 아로마를 띠는데, 잎채소의 향을 지닌 소비뇽 블랑이나 꽃 향을 지닌 모스카토가 그러한 사례다. 일부 품종은 한 가지 이상의 풍미가 복합적으로 섞여 있기도 하다. 가령 리슬링은 매력적인 사과 풍미에 더해 재스민차 같은 꽃과 허브의 풍미도 살짝 느껴진다. 대체적으로 말해, 화이트 와인은 아로마가 더 강할수록 통 발효를 거치면서 뚜렷한 오크 풍미를 가졌을 가능성이 더 낮다. 와인메이커들은 화이트 와인의 경우, 향료를 사용하는 요리사들처럼 미묘한 중립적 향을 지닌 와인에 개성을 더하기 위해 새 오크를 활용한다.

> 화이트 와인용 포도들은
> 대체로 사과 같은 풍미가 특징이지만,
> 더러 꽃이나 녹색 풀처럼 보다
> 강렬한 향을 띠는 포도들도 있다.

꽃 향기　　사과 풍미　　잎채소 향

레드 와인의 연관성 살펴보기

레드 와인용 포도는 풍미가 더 강렬함에도 불구하고 아로마를 기준으로 분류하기가 화이트 와인에 비해 더 까다로울 수 있다. 화이트 와인의 향이 비교적 단순한 편이라면, 레드 와인은 더 복잡한 데다 대체로 어느 정도의 오크 풍미를 지닌다. 하지만 레드 와인용 포도도 대략적으로 몇 가지의 '계열'로 분류가 가능하다.

레드 와인은 대부분이 짙은 빛깔의 과일, 즉 베리나 체리 같은 과일의 향을 띤다. 가장 많이 쓰이는 레드 와인용 포도들은 대체로 블랙베리나 블루베리 같은 아주 짙은 블랙 프루트(black fruit) 계열의 향과 맛을 지니는데, 카베르네 소비뇽과 말벡이 여기에 해당된다. 그 외에 피노 누아나 산지오베제(Sangiovese) 같은 소수 품종은 더 밝은색인 레드베리 계열의 맛이 나고 향은 딸기나 시큼한 체리를 연상시킨다. 대다수 레드 와인의 풍미는 대략 레드 프루트/블랙 프루트 계열에 해당되지만, 일부 와인은 그 외에도 후추나 팔각 향신료 같이 비과일 계열의 매력적인 아로마와 풍미가 더 느껴지기도 한다. 시라나 그르나슈(Grenache) 등이 바로 이런 와인의 원료인데, 와인을 빚으면 향신료를 가미한 듯한 향이 난다고 해서 이런 품종을 향신료 향 과일 계열로 일컫는다.

> **푹 우려진 풍미**
> 레드 와인은 대다수의 풍미가 와인 양조 중 짙은 색의 포도껍질에 잠겨 있는 과정에서 우려지며, 바로 이 과정을 거치면서 화이트 와인보다 더 강한 풍미와 향을 갖게 된다.

레드 와인용 포도 품종

볼드체로 표시된 품종은 풍미가 강렬한 포도 품종이다.

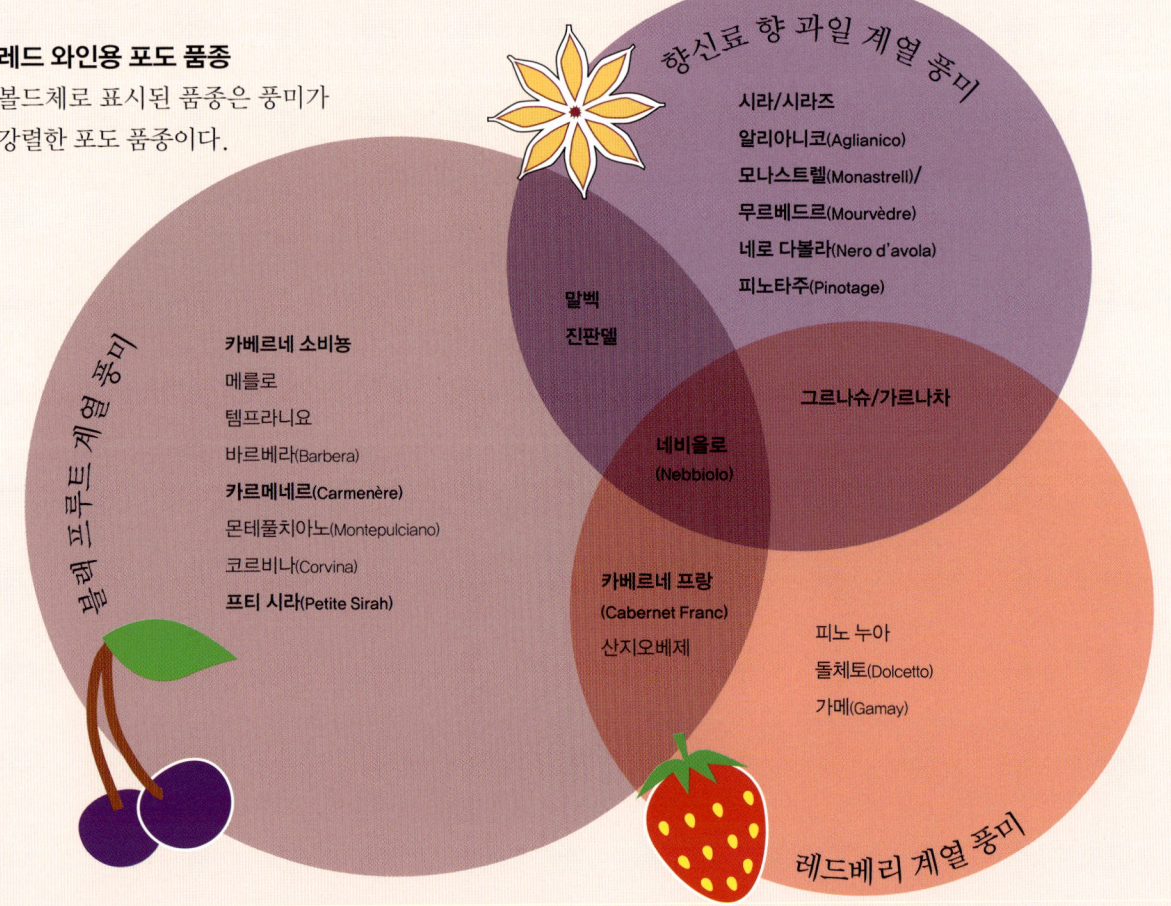

가장 인기 있는
레드 와인용 품종의 대다수는
짙은 색의 블랙 프루트
풍미가 두드러지지만,
밝은색의 레드베리 향이나
향신료 향 과일 계열 아로마의
특징이 더 두드러지는
품종도 더러 있다.

향신료 향 과일 계열의 풍미

블랙 프루트 계열의 풍미

레드베리 계열의 풍미

체크리스트

지금까지 배웠던 내용 가운데 가장 중요한 사항을 다시 한 번 짚고 넘어가보자.

- ✓ **와인 스타일**은 확실하면서도 일관된 패턴에 따라 좌우되는데, 이런 패턴을 활용하면 어떤 와인의 **맛**에 대해 식견 있는 똑똑한 추측을 내려볼 수 있다.
- ✓ 와인의 맛을 결정짓는 **3대 요소**는 포도 품종, 포도원의 환경, 와인메이커의 영향이다.
- ✓ 대체적으로 볼 때 **비슷한 지역**이나 기후에서 재배된 다른 품종의 포도로 빚어진 와인들이, 아주 **다른 지역이나 기후**에서 재배된 같은 품종의 포도로 빚어진 와인들에 비해 맛의 유사성이 더 높은 편이다.
- ✓ 와인의 대다수 특성들은 다 함께 점점 **강렬해져** 가지만 그 외의 소수 특성들은 다 함께 **약해지는** 경향을 띤다. 이는 포도가 받는 **햇빛**의 양이나 포도의 **숙성**에 미치는 햇빛의 영향과 관계된다.
- ✓ 레드 와인과 **묵직한 와인**의 경우엔 원료로 쓰이는 포도가 아주 숙성된 상태여야 하며, 화이트 와인과 **가벼운 와인**은 너무 숙성되면 안 된다.
- ✓ **숙성**이란 과일 발육의 최종 단계다. 즉 이제 수확해도 될 만한 시기에 이르러서, **상큼하고 먹음직스러운** 맛을 낼만큼 풍미가 균형 잡혀 있음을 의미한다.
- ✓ 숙성 과정을 거치면서 포도는 단단하고 신맛을 지닌 상태에서 **달콤하고 즙이 많은 상태**로 변해간다. 또한 수확 전에 햇빛을 더 많이 받으면서 그 빛깔과 풍미에도 변화가 일어난다.
- ✓ 와인메이커들 사이에서는 '완숙'이라는 개념이 모두 일치하지 않는다. 포도의 각 성분들이 지리, 기후, 농경술의 변수에 따라 다르게 반응하기 때문이다.
- ✓ 더 숙성된 포도일수록 대체로 더 강한 맛을 지니는데, 그 이유는 방향족 에스테르 같은 **풍미 성분**이 더 많이 함유되어 있어서지만 또 한편으로는 **알코올이 쉽게 증발**하기 때문이기도 하다.
- ✓ **13.5%가 표준 알코올 함량**이라는 점을 알아두면 알코올 함량별 와인의 맛을 예측하는 데 유용하다.

화이트 와인의 스펙트럼

옅은 빛깔, 그 이상의 탐구

화이트 와인은 아주 미묘한 뮈스카데(Muscadet)에서부터 아주 톡 쏘는 모스카토에 이르기까지, 또 아주 가볍고 옅은 빛깔의 리슬링에서부터 아주 묵직하고 당밀처럼 짙은 빛깔의 셰리에 이르기까지 굉장히 다양하다. 그래서 와인 리스트에서처럼 포도 품종과 생산지만으로 분류한다면 각 범주들 내에서도 반대점들 투성이라 혼란스러울 수 있다. 하지만 관점을 달리 취해 그 맛과 감각적 측면에서의 유사성에 초점을 맞춰보면 뚜렷한 패턴이 나타나, 새로운 와인을 즐기기 위한 탐험과 발견이 더 수월해진다.

화이트 와인의 스타일 지도

와인의 스타일별 유사성을 마음속에 그려보는 것은 어떤 범주의 와인이든 그 맛의 패턴을 이해하는 데 유용한 방법이다. 포도 품종과 생산지, 기후와 와인 양조 방법 등의 요소들을 한데 모아 종합해보면 감각적 특성 및 풍미의 측면에서 가장 공통점을 가질 만한 와인들을 구분하는 감을 얻을 수 있다.

무게감과 풍미를 기준으로 한 도표

아래의 그래프는 가장 인기 있는 화이트 와인들을 골라 대략적인 무게감과 풍미를 기준으로 유용한 패턴을 구분한 것이다. 하단이나 좌측의 와인들은 서늘한 지역이 생산지이며, 상단이나 우측의 묵직하고 보다 강렬한 와인들은 온화한 지역이 생산지임을 유의하면서 보면 된다.

풍미의 발달

원래부터 맛이 유달리 강렬하고 독특한 포도들도 있긴 하지만, 모든 포도는 숙성 과정에서 햇빛과 따스한 기운을 받으며 풍미가 발달한다. 전반적으로 볼 때, 와인은 알코올 함량이 낮을수록 풍미가 더 부드럽고 중립적일 가능성이 높다. 아로마가 아주 강렬한 몇몇 예외적인 포도 품종을 제외하면, 화이트 와인에서는 특히 이런 경향이 강해서 숙성도가 극히 낮은 단계에서 아주 기분 좋은 맛을 내기도 한다.

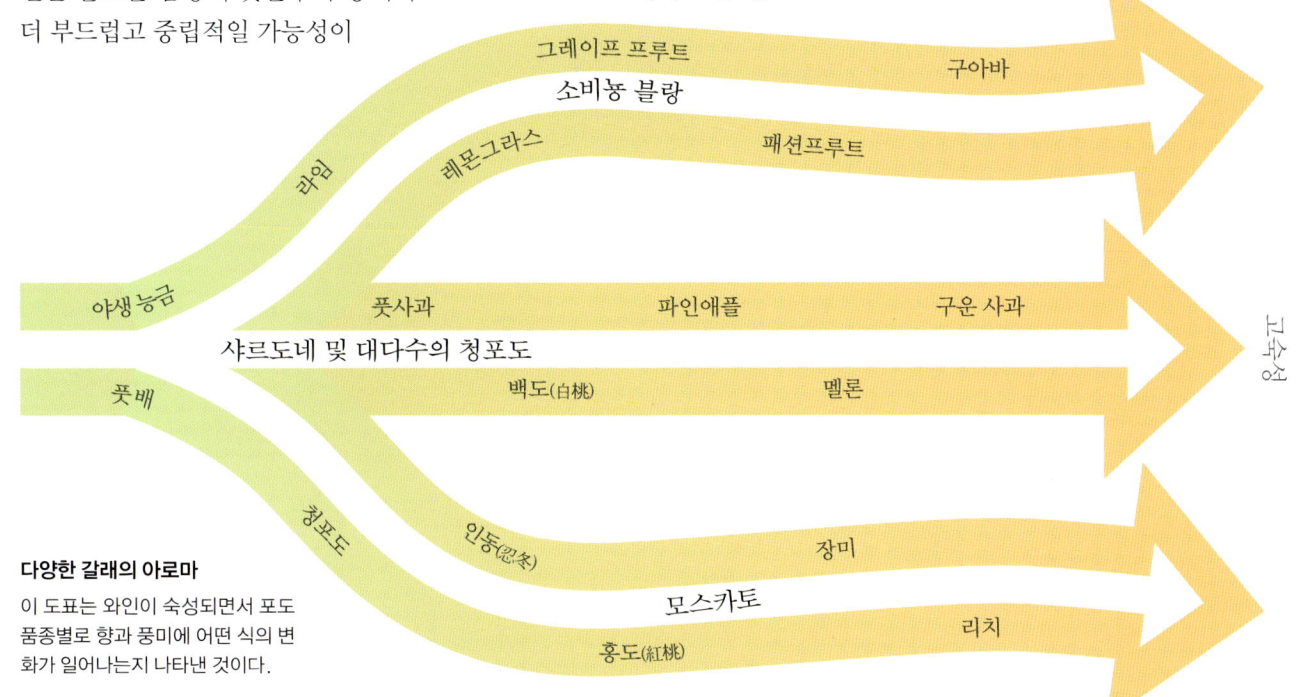

다양한 갈래의 아로마
이 도표는 와인이 숙성되면서 포도 품종별로 향과 풍미에 어떤 식의 변화가 일어나는지 나타낸 것이다.

> 덜 익은 포도는 어떤 품종이든 유사한 풍미를 지닌다.
> 햇빛을 받으며 숙성되는 과정에서 비로소 각 품종별로
> 독특한 특성이 생겨나는 것이다.

개성의 형성

서늘한 지역이거나 수확 시기가 이른 경우, 청포도로 빚어지는 와인들은 대체로 저숙성 특유의 유사한 아로마를 지녀서 가볍고 무난한 사과와 배의 풍미를 띤다. 이런 와인들은 낮은 알코올, 높은 산도, 새 오크 풍미의 자취 등 저숙성 특유의 특징에서도 유사성을 갖는다. 결과적으로 이런 특징들은 왼쪽의 도표상 하단 좌측의 와인들과 거의 예외 없이 연관성을 갖는다.

따스한 기후 조건을 통해서든, 수확 시기의 연기를 통해서든 포도가 고도 숙성되면 각 품종 특유의 개성적인 아로마가 더 뚜렷해진다. 대다수 청포도는 숙성될수록 복숭아와 비슷해지다가 점차 열대성 풍미가 짙어지면서 위 도표상의 맨우측 풍미로 진행된다. 더러는 결국 과일의 맛이 익거나 건조된 맛의 단계까지 이른다. 꽃 향의 모스카토나 허브 향의 소비뇽 블랑 같이 아주 독특한 아로마가 특징인 품종들도 숙성되면서 더 강렬해지는 점은 같지만, 다른 품종들과는 독자적인 진행 방향을 따른다.

샤르도네의 다양한 스타일

지구상에서 가장 인기 있는 와인용 포도인 샤르도네는, 같은 품종으로 빚은 와인이 스타일 차트에서 얼마나 다양한 범주를 띨 수 있는지를 보여주는 훌륭한 사례다. 스타일은 주로 숙성도에 따라 좌우되기 때문에 지리와 기후의 역할이 중요하다. 하지만 와인 양조 과정에서의 결정에 따라 다양해지기도 하는데, 풍미를 끌어올리는 기술이 활용될 경우 특히 더 다양해진다.

장점과 단점

샤르도네는 풍미와 향이 절제되어 있어, 친숙한 사과 풍미가 숙성에 따라 다양하게 전해진다. 또한 숙성도에 상관없이 균형 잡힌 산도의 매혹적 질감을 가진 와인이 빚어져서 아주 서늘한 와인 생산지는 물론 아주 온화한 와인 생산지에서도 세계적 수준의 와인 생산이 가능하다. 다만 비교적 중립적인 풍미는 최대 단점으로 꼽힌다. 그래서 와인메이커들은 대개 풍미를 가미해, 그 풍부한 촉감과 비슷한 수준으로 아로마의 강도를 맞춰준다. 가령 스틸 와인의 경우엔, 통 발효와 숙성을 통해 오크의 토스트와 디저트용 향신료 특유의 풍미가 더해진다. 또 스파클링 와인은 와인 양조 과정 중에 발생한 효모 침전물, 즉 앙금을 통해 빵 특유의 구운 풍미가 생겨난다.

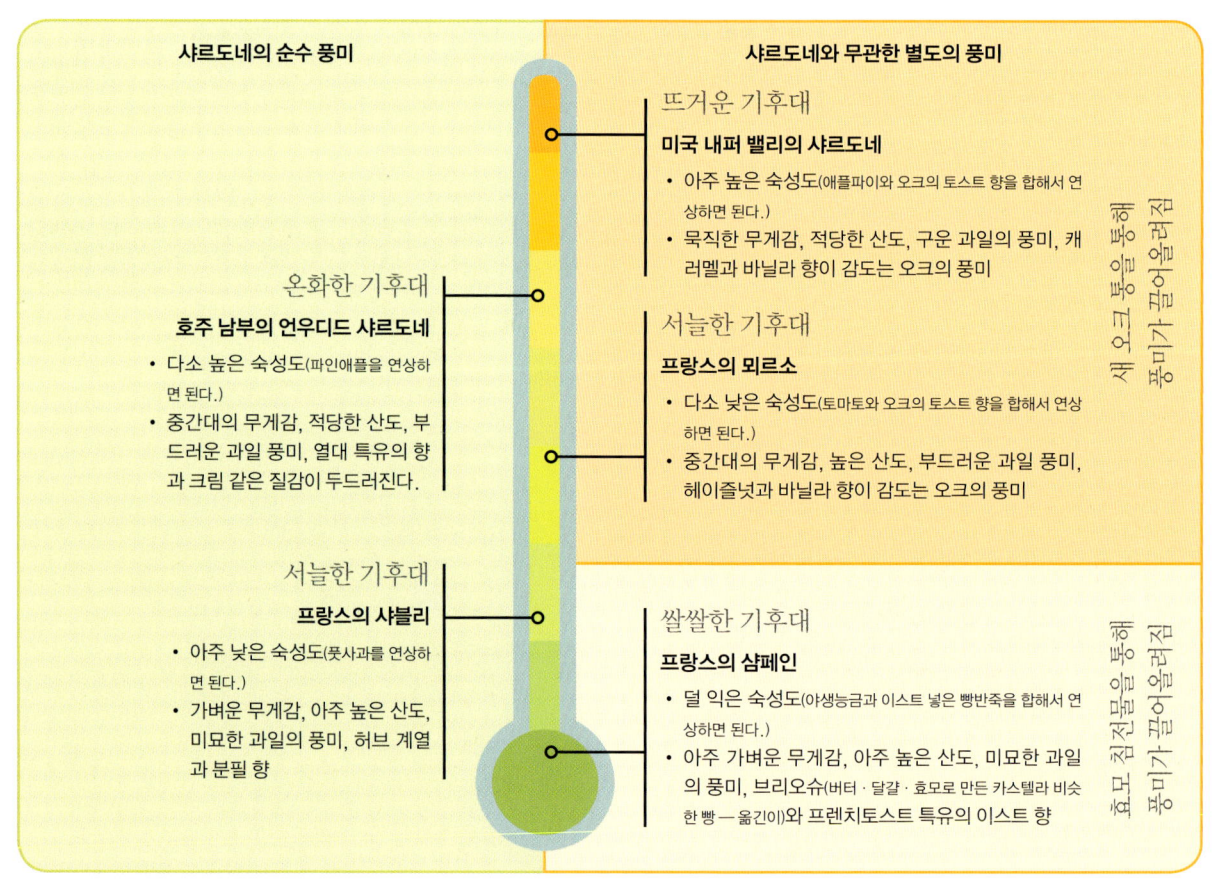

테이스팅
샤르도네의 다양한 스타일 구분해보기

집에서 해보는 세 가지 샤르도네 비교 시음

다음의 와인을 나란히 시음해보며 서늘한 기후대에서 생산된 와인과 온화한 기후대에서 생산된 와인으로 옮겨갈 때, 즉 같은 품종 내에서 포도의 숙성도가 낮은 단계에서 높은 단계로 옮겨갈 때 특징이 어떻게 달라지는지 각별히 주의해본다.

기여 요소들

다음의 샤르도네 와인들은 무게감과 풍미에서 각각 위 도표 상의 위치에 해당되는데, 이 무게감과 풍미는 포도의 숙성, 와인 양조 관행, 문화적 전통 등의 요소에 따라 다양하다.

저숙성 오크 풍미 부재	중간대의 숙성 오크 풍미 부재	고숙성 새 오크의 풍미
프랑스의 화이트 부르고뉴	신세계의 언오크드 샤르도네	신세계의 오크드 샤르도네

예
샤블리를 비롯해, 마콩 빌라쥬, 륄리(Rully), 보졸레 블랑(Beaujolais Blanc) 등의 기타 언오크드 화이트 부르고뉴

감지될 만한 특징
옅은 빛깔, 아주 낮은 당분/아주 드라이한 맛, 높은 산도/톡 쏘는 신맛, 낮은 과일 풍미, 오크 풍미 부재, 가벼운 정도에서 중간대 정도까지의 알코올

예
호주의 언우디드 샤르도네, 또는 캘리포니아, 칠레, 남아프리카공화국의 신세계 언오크드 샤르도네

감지될 만한 특징
옅은 빛깔, 낮은 당분/드라이한 맛, 중간대의 산도/새콤함, 낮은 강도의 과일 풍미, 오크 풍미 부재, 중간대 정도에서 높은 정도까지의 알코올

예
내퍼 밸리의 샤르도네, 또는 통 발효를 거친 알코올 함량 14% 이상의 그 외의 신세계 샤르도네 중 소노마, 몬터레이, 워싱턴, 칠레, 남아프리카공화국, 호주산

감지될 만한 특징
황금빛 빛깔, 낮은 당분/드라이한 맛, 중간대의 산도/새콤함, 중간 강도의 과일 풍미, 뚜렷한 오크 풍미, 높은 알코올

가벼운 스타일의 화이트 와인 탐험

정말 라이트 바디에 해당될 만한 와인들은 알코올 함량이 12.5% 이하인데, 이런 와인들은 거의 예외 없이 화이트 와인이며 하나같이 묽고 부드러운 마우스필을 지니고 있다. 드라이하고 무게감이 가벼운 와인들은 당연히 저숙성 포도가 원료로 쓰이지만, 대다수는 어느 정도의 당분을 지키기 위해 중간에 발효가 중단되어 약간 달콤한 맛을 띤다. 단, 아주 달콤한 디저트 와인의 경우는 예외여서 대부분 알코올 함량이 암시하는 수준보다 더 묵직한 편이다.

이런 가벼운 스타일의 화이트 와인을 즐긴다면…

① 가벼운 무게감 / 부드러운 풍미
프랑스의 브뤼(brut) 샴페인

② 가벼운 무게감 / 중간대의 풍미
독일 모젤의 리슬링

③ 가벼운 무게감 / 볼드한 풍미
이탈리아의 모스카토 다스티

특징
스파클링 와인은 프랑스 북부의 상파뉴 같이 서늘한 지역의 특산품이다. 그 상쾌한 거품, 산도와 더불어 미묘한 풍미는 저숙성 포도 트레이드마크이며, 대체로 청포도와 적포도 품종을 섞어서 빚는다.

특징
모젤의 리슬링은 진정한 세계 수준급의 와인 가운데 가장 가벼운 와인에 들며, 아주 낮은 알코올과 달콤하고 톡 쏘는 풍미의 프로필이 대체적인 특징이다. 리슬링은 포도가 더 숙성되고 달콤할수록 강렬한 맛의 와인으로 빚어지는, 향이 강한 품종이다.

특징
모스카토는 적당한 정도의 숙성도에서조차 향수처럼 강렬한 풍미를 전하는 기묘한 별종 품종이다. 아스티 스타일은 부분 발효만 시키기 때문에, 알코올 함량만으로 예측 가능한 정도보다 포도가 더 숙성되어 있다.

가벼운 스타일의 화이트 와인 탐험

기쁨 그 자체

아주 가벼운 스타일의 화이트 와인은 대체로 상쾌할 만큼 높은 산도가 두드러지는 특징이며, 스파클링 와인과 세미 스파클링 와인이 거의 모두 이 카테고리에 포함된다. 아주 드라이한 경우엔 풍미가 부드러운 편인데, 이는 저숙성된 포도로 빚어지기 때문이다. 무게감이 가벼운 이런 와인에 더 볼드한 풍미를 부여하려면 모스카토나 리슬링 같은 향이 진한 품종을 원료로 쓰거나, 살짝 달콤한 스타일로 빚어야 한다. 후자의 경우엔 높은 숙성도가 얻어지지만 포도의 모든 당분이 알코올로 전환되지는 않는다. 그리고 더러는 두 가지 방법이 동시에 활용되기도 한다.

감각적 프로필이 유사한 다음의 와인을 권한다.

가벼운 무게감
부드러운 풍미

④ 스페인의 카바

특징
스페인 카탈로니아의 스파클링 와인은 스페인 토착종의 포도로 빚어지지만 양조 방식은 프랑스에서 개척된 샴페인 제조법을 따른다. 이렇게 탄생되는 와인은 대개 샴페인에 비해 섬세함 면에서는 떨어지지만 나름의 독특한 매력을 지니고 있으며 가격 면에서도 더 마음을 끈다.

가벼운 무게감
중간대의 풍미

⑤ 프랑스의 부브레이

특징
부브레이의 슈냉 블랑은 리슬링 특유의 특성과 여러 면에서 공통점을 지니고 있다. 쌀쌀한 루아르 밸리에서 재배되는 슈냉 블랑으로 빚어지는 와인은, 모젤의 리슬링 와인만큼 섬세하지는 못하지만 달콤하면서 톡 쏘는 신맛이 균형 잡혀 있는 면에서나 강렬한 사과 향에서나 서로 비슷하다.

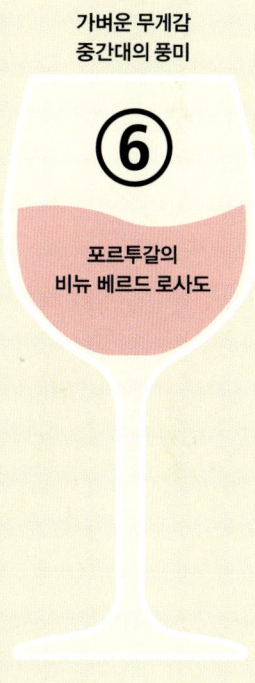

가벼운 무게감
중간대의 풍미

⑥ 포르투갈의 비뉴 베르드 로사도

특징
어떤 와인도 모스카토의 풍미 프로필을 따라가진 못하지만 모스카토 애호가들도 포르투갈 북부 지역에서 생산되는 이 핑크빛 발포성 음료를 대체로 즐겨 마시는 편이다. 모스카토에 비해 풍미가 더 부드럽고 단맛이 덜 두드러지며, 아직 '덜 익은' 상태에서 수확한 적포도를 원료로 하여 빚어진다.

가볍지도 묵직하지도 않은 중간 스타일의 화이트 와인 탐험

적절한 재배조건을 감안하면 청포도는 어떤 품종이든 부드러운 무게감의 와인으로 빚어질 수 있는데, 화이트 와인 가운데 적어도 넷 중 셋은 이 카테고리에 해당되며 알코올 함량이 12.5% 이상 14% 이하다. 이 카테고리는 보통 정도의 숙성된 포도로 빚어지는 드라이 와인의 표준적 부류에 들며, 상쾌함과 음식 친화적 특성에 중점을 두는 덕분에 아주 인기 있는 스타일이다.

무게감이 중간대인 이런 스타일의 화이트 와인을 즐긴다면…

① 중간대의 무게감 / 부드러운 풍미
이탈리아 북부지역의 피노 그리지오

특징
이탈리아에서는 화이트 와인의 경우 깊고 풍부한 풍미보다는 상쾌함을 더 중시해서, 이 스타일은 일찌감치 수확된 포도로 빚어진다. 또한 그런 이유로, 적당한 알코올과 톡 쏘는 산도, 그리고 부드럽고 억제된 풍미가 이 와인의 특징이다.

② 중간대의 무게감 / 중간대의 풍미
프랑스의 부르고뉴 블랑

특징
인기 있는 화이트 부르고뉴는 대다수가 토스티한 오크 풍미가 가볍게 감돌면서 샤르도네의 미묘한 풍미를 돋워준다. 신세계의 샤르도네보다 가볍고 더 절제된 이 와인은 그 섬세함으로 유명하다.

③ 중간대의 무게감 / 볼드한 풍미
뉴질랜드의 소비뇽 블랑

특징
소비뇽 블랑은 신세계 전역에서 재배되고 있으나 특히 이 섬나라에서 잘 자란다. 뉴질랜드의 서늘한 기후는 아로마가 강한 이 품종이 강렬한 시트러스 향과 열대성 풍미를 발전시키기에 더 없이 잘 맞는다.

기분 좋은 중간 스타일

화이트 와인을 통틀어 생산량이 가장 많은 이런 중간 스타일은 종류가 아주 다양하며 포도 품종이 가장 중요한 역할을 차지한다. 무게감이 중간 정도인 와인은 거의 예외 없이 드라이하며, 산도가 적당히 새콤한 정도에서부터 아주 톡 쏘는 정도까지 다양하다. 과일 풍미는 주로 포도의 향이 얼마나 강하냐에 따라 좌우되지만 더러 와인 양조 과정 중 오크나 숙성을 통해 풍미가 끌어올려지는 와인도 있다. 중간 정도 무게감의 샤르도네는 통 발효를 통해 새 오크 풍미가 부드럽게 살짝 감도는 것이 보통이지만 다른 포도로 빚어지는 와인의 경우엔 새 오크의 풍미가 그보다 낮다.

감각적 프로필이 유사한 다음의 와인을 권한다.

**중간대의 무게감
부드러운 풍미**

④ 스페인의 알바리뇨

특징
이 섬세한 화이트 와인은 대서양 연안에 위치한 스페인의 갈리시아 지역에서 생산된 것으로, 해산물과 환상적 궁합을 이룬다. 바디와 미묘함은 피노 그리지오와 비슷하지만 산도가 더 날카롭고 아로마도 더 향긋하다.

**중간대의 무게감
중간대의 풍미**

⑤ 오스트리아의 그뤼너 펠틀리너

특징
오스트리아의 이 포도는 '풋내'와 생생한 산도로 유명한 품종이다. 이 와인은 셀러리와 백후추의 아로마가 독특한 특징이며, 과일 맛이 나는 청량한 음료 수준에서부터 중후한 맛의 특급 와인까지 다양하다.

**중간대의 무게감
볼드한 풍미**

⑥ 아르헨티나의 토론테스

특징
아르헨티나 외의 지역에서는 보기 드문 토론테스로 빚어진 이 와인은 강렬한 풍미와 드라이한 면에서는 소비뇽 블랑을 연상시키지만 향은 모스카토의 꽃 향과 비슷하다.

묵직한 스타일의 화이트 와인 탐험

알코올 함량이 14% 이상인 묵직한 무게감의 카테고리에서 보자면, 화이트 와인은 레드 와인에 비해 그 수가 얼마 되지 않는다. 이 정도 무게감에 이르려면 극도로 숙성된 포도로 와인을 빚거나 증류주로 주정강화 와인을 만들어야 하기 때문이다. 풀 바디의 드라이한 화이트 와인 부문에서는 샤르도네가 차지하는 비중이 압도적이지만, 달콤한 디저트 와인 대다수와 알코올 함량이 최대 20%까지에 이르는 주정강화 화이트 와인 전체도 여기에 해당된다.

묵직한 스타일의 이런 화이트 와인을 즐긴다면…

① 묵직한 무게감 중간대의 풍미
호주의 오크드 샤르도네

특징
햇살이 좋은 신세계 지역에서 빚어진 샤르도네는 대체로 오크 풍미가 있는데, 고급 와인의 경우엔 통 발효를 통해서, 비싸지 않은 가격대 와인의 경우엔 오크 조각을 통해서 이런 오크 풍미가 우러나온다. 이 와인은 호주 같은 지역에서 으레 얻어지는 특징인 풀 바디와 고도의 숙성이 확실히 보장되는 와인이다.

② 묵직한 무게감 볼드한 풍미
프랑스 알자스의 게부르츠트라미너

특징
햇빛이 풍부한 알자스 지역에서도 가장 향이 강한 와인은, 복숭아와 리치 향이 도는 게부르츠트라미너다. 알자스에서는 이 포도로 뚜렷한 꽃의 풍미와 아주 낮은 산도를 지닌 향기 그윽한 일품 와인이 빚어진다.

③ 묵직한 무게감 볼드한 풍미
스페인의 미디엄 셰리

특징
세계에서 가장 강렬한 화이트 와인은 스페인 안달루시아에서 생산되는 주정강화 와인, 셰리다. 셰리는 브랜디를 첨가한 후, 독특한 숙성 과정을 거치며 효모와 산화를 통해 풍미를 끌어올리는 와인이다. 때로는 견과류 맛을 더 돋우기 위해 건포도 시럽을 감미료로 넣기도 한다.

묵직한 스타일의 화이트 와인 탐험 99

와인계의 강타자

이 카테고리에 드는 화이트 와인은 예외 없이 농후하고 풍부한 질감이 특징이지만, 단맛의 지도 곳곳에 포진해 있기도 해서 완전히 드라이한 맛에서부터 시럽처럼 달콤한 맛에 이르기까지 다양하다. 와인에서는 알코올 함량과 과일 풍미 사이에 거의 직접적인 관련성이 있어서, 묵직한 와인은 아로마의 스펙트럼에서 가장 볼드한 방향으로 치우치는 경향이 있다. 풍미의 강도는 대개 와이너리나 포도원에서 새 오크 통에서 발효시키거나 초고도로 숙성시킨 레이트 하비스트 포도를 원료로 쓰는 등의 방식을 활용해 증폭시키기도 한다.

감각적 프로필이 유사한 다음의 와인을 권한다.

④ 묵직한 무게감 / 중간대의 풍미
남아프리카공화국의 오크드 슈냉 블랑

특징
샤르도네의 경우엔 산도와 균형을 잃지 않으면서도 알코올과 오크 풍미의 2연타를 날려줄 수 있는 와인이 드물다. 슈냉 블랑은 남아프리카공화국의 연안 지역처럼 따뜻하고 건조한 지역에서 이런 와인의 생산이 가능하며, 때로는 살짝 달콤하기도 하다.

⑤ 묵직한 무게감 / 볼드한 풍미
캘리포니아의 비오니에

특징
비오니에는 프랑스 론 지역이 원산지인 포도지만 현재는 캘리포니아 같은 신세계 와인 생산지에서 더 많이 재배된다. 비오니에는 샤르도네와 게뷔르츠트라미너를 믹스해놓은 듯, 그윽한 꽃의 향이 감도는 아주 매혹적인 와인을 빚어낸다.

⑥ 묵직한 무게감 / 볼드한 풍미
포르투갈의 레인워터 마데이라

특징
열대의 섬 마데이라에서 생산되는, 셰리와 비슷한 풍미의 독특한 주정강화 화이트 와인이다. 특히 숙성 과정에서 열을 가하는 식으로 풍미를 강화하는 특이한 양조법이 이용되는데, 이렇게 양조된 와인은 강렬한 견과류 맛이 부여된다.

레드 와인의 스펙트럼

짙은 빛깔, 그 이상의 탐구

레드 와인은 독특하고 맛 좋은 와인의 스타일 면에서 보자면 화이트 와인만큼이나 종류가 다양하다. 하지만 적색 빛깔을 띠게 만드는 절차로 인해 알코올 함량과 풍미의 강도 면에서 서로 공통점이 더 많기도 하다. 와인메이커들이 여러 포도 품종을 블렌딩하는 비중도 화이트 와인보다 레드 와인이 더 많아서, 어떤 와인을 마실지 정하기가 훨씬 어려워진다. 그래도 다행이라면 와인 애호가들이 와인의 특징을 미리 예상해보는 데 도움이 될 만한 몇 가지 핵심 개념들이 있다는 점이다. 그것도 연한 빛깔의 순수한 피노 누아나 잉크빛의 블렌딩 카베르네 소비뇽이든, 서늘한 기후에서 생산된 키안티나 태양을 사랑하는 시라즈든 간에 상관없이 두루두루 유용한 개념들이다.

레드 와인의 스타일 지도

확실히 레드 와인은 개성이나 독특한 특징들이 풍부하지만, 바디와 풍미에 관한 한 화이트 와인에 비해 다양성이 떨어진다. 화이트 와인 중에는 볼드함과 묵직함 면에 있어서 최고 수준의 묵직한 레드 와인에 맞먹을 만한 와인들이 존재하지만, 레드 와인 중에는 미묘함이나 섬세함 면에 있어서 최고 수준의 가볍고 부드러운 화이트 와인에 맞먹을 만한 와인이 전무하다. 따라서 레드 와인을 살펴볼 때는 다음의 스타일 도표상 우측 상단 부분, 다시 말해 레드 와인의 볼드한 풍미와 풍부한 질감에 집중하면 된다.

레드 와인의 다양성을 제한시키는 포도껍질

짙은 색 포도의 보랏빛 껍질은 레드 와인에 빛깔뿐만 아니라 풍미까지 부여해주어, 레드 와인이 아주 다양한 아로마를 갖도록 해준다. 하지만 이러한 성분을 발전시키기 위해 필요한 재배 조건과 포도껍질을 우려내는 과정 탓에, 레드 와인은 화이트 와인만큼 광범위한 스타일을 갖게 될 가능성이 막혀 있기도 하다.

- **풍미**. 짙은 색의 포도껍질에 함유된 성분 가운데, 레드 와인에 색깔을 내주는 성분과 풍미를 부여해주는 성분은 똑같은 성분이다. 빛깔과 풍미가 이처럼 같은 근원을 공유하는 까닭에 적색의 레드 와인은 화이트 와인만큼 부드러운 맛을 낼 수가 없다.
- **무게감**. 보라색 품종의 포도는 초록색 포도보다 숙성에 더 많은 햇빛이 필요하다. 짙은 색 포도껍질의 경우 진짜로 라이트한 바디의 와인을 만들기에 적절한 저숙성 단계에서는, 빛깔이나 과일 풍미가 낮고 쓴맛과 채소계 풍미가 높아 알코올이 12.5% 이하인 레드 와인은 상업적 수요가 거의 없다.

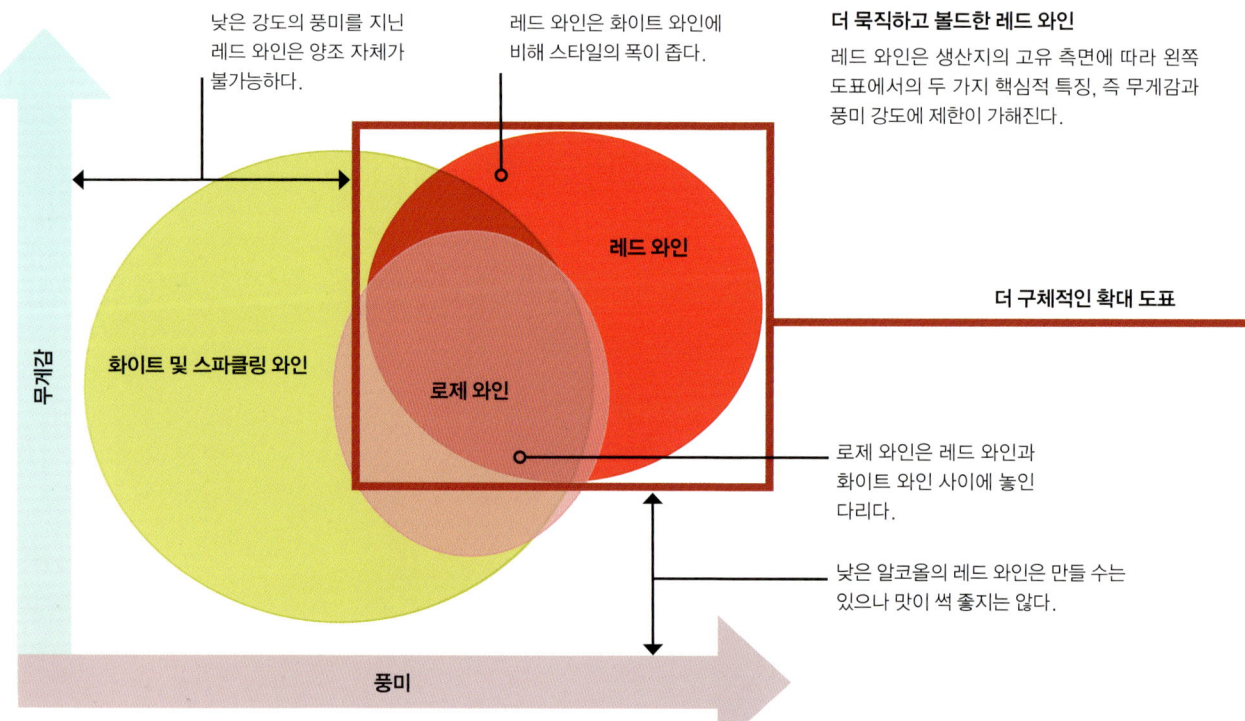

무게감과 풍미의 그래프

아래의 그래프는 레드 와인의 주요 스타일 관계를 표시한 것으로, 원은 해당 와인의 대략적 스타일 범위를 나타낸다. 물론 예외는 있어서, 상단에 있는 와인들은 평균치보다 더 묵직하고 더 강렬한 편이기도 하다.

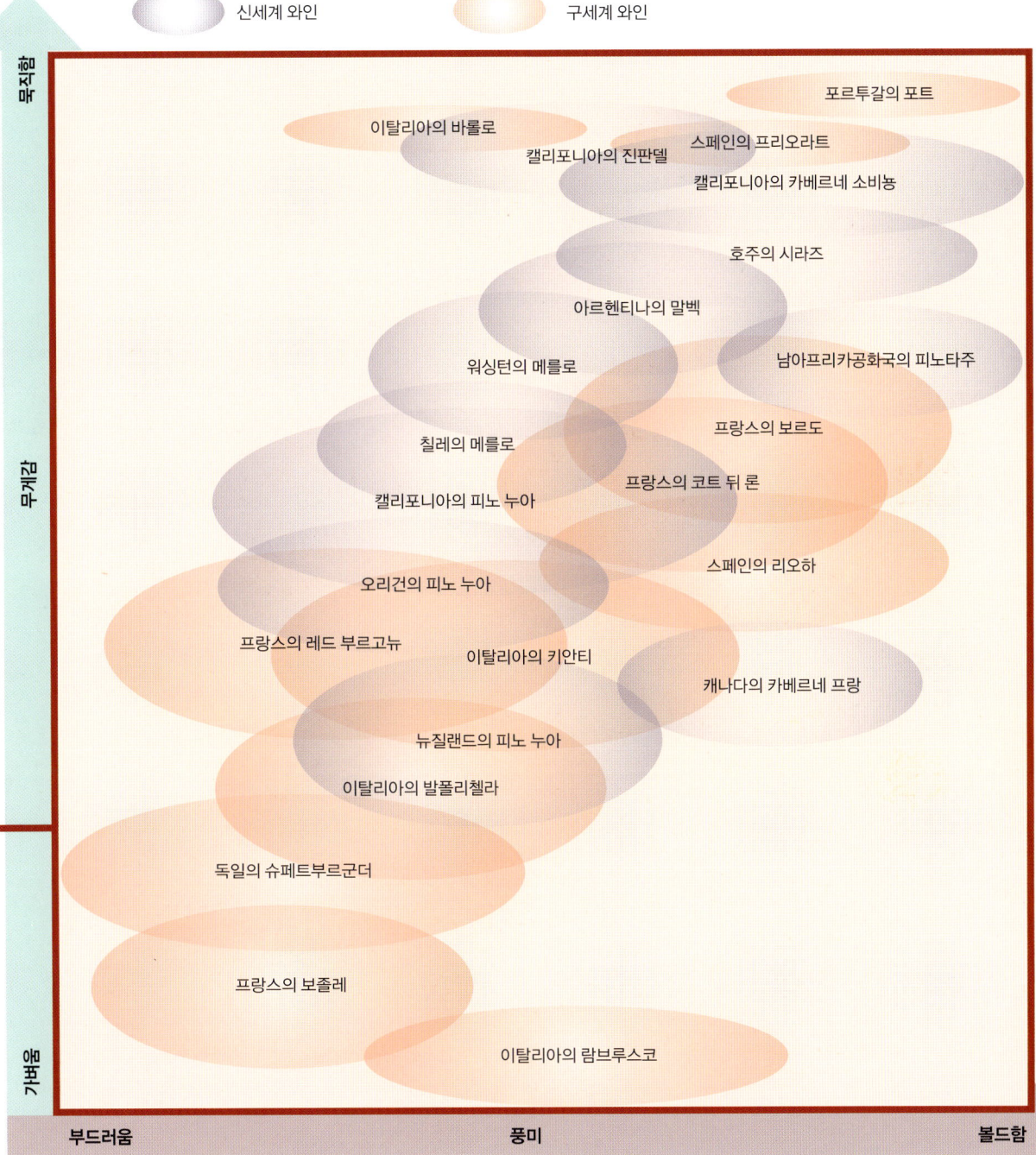

레드 와인의 풍미 진전

'큰 그림'에서 보면 레드 와인은 바디나 풍미 강도 같은 특성들에서의 공통성이 화이트 와인에 비해 더 많다. 하지만 아로마의 독특함도 더 많다. 포도의 풍미 성분 대다수가 껍질에 함유되어 있는데 레드 와인만이 껍질과 함께 발효되기 때문이다(142~143쪽 참조).

똑똑한 추측을 도와주는 대변자

화이트 와인과 비교할 때 레드 와인의 알코올 함량은, 포도의 숙성이나 연관 특성을 귀띔해주는 측면에서 더 훌륭한 대변자가 된다. 레드 와인의 경우 드라이하게 발효될 신뢰성이 더 확실하기 때문이다. 표준 패턴, 즉 저숙성 와인에서는 시큼한 과일이나 녹색 풀 계열의 향이 더 미묘하게 감돌고 고숙성 와인에서는 익힌 과일과 디저트용 향신료 계열의 향이 더 강하게 풍기는 패턴 또한 보다 명확한데, 이는 레드 와인이 전반적으로 더 강한 맛을 띠어 따뜻한 온도에서 서빙될 경우 아로마가 증폭되기 때문이다. 레드 와인은 빛깔의 채도 역시 숙성의 지표여서 알코올 함량에만 의존해 추측할 필요성도 덜하다.

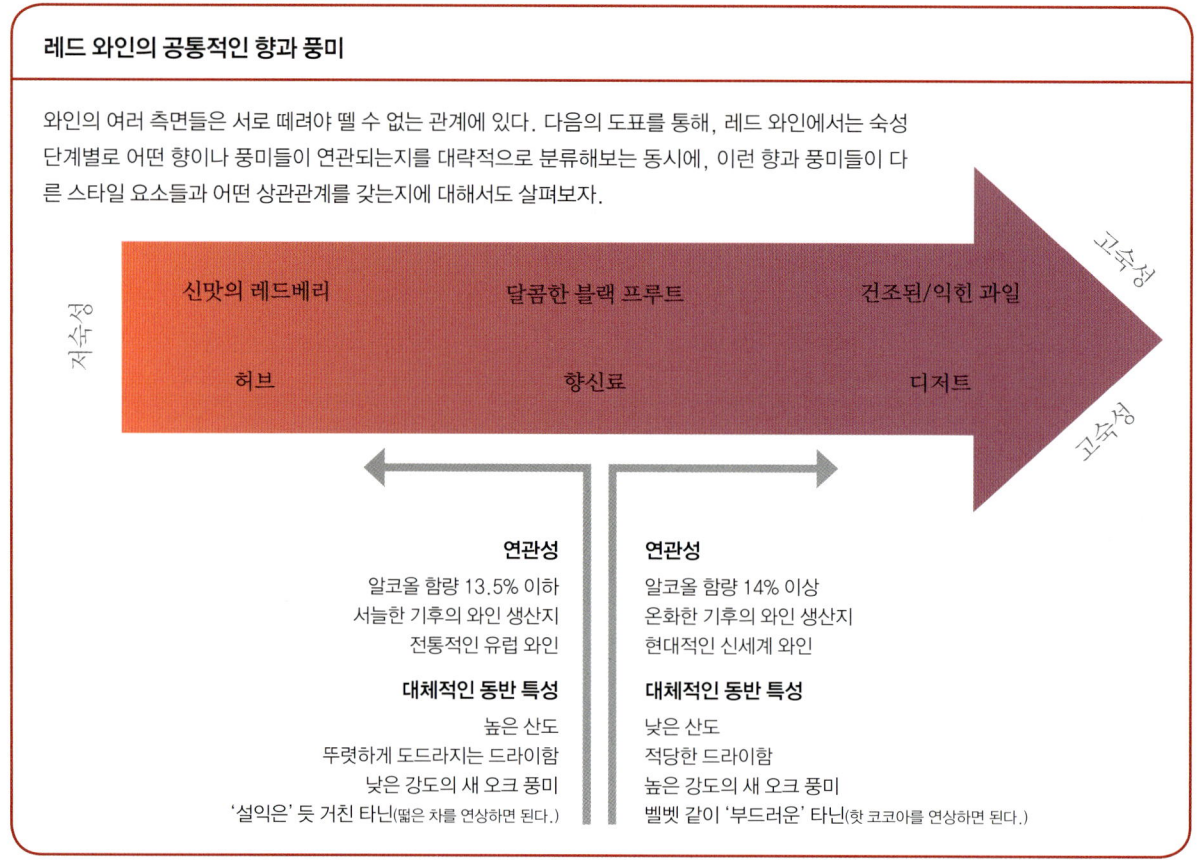

레드 와인의 공통적인 향과 풍미

와인의 여러 측면들은 서로 떼려야 뗄 수 없는 관계에 있다. 다음의 도표를 통해, 레드 와인에서는 숙성 단계별로 어떤 향이나 풍미들이 연관되는지를 대략적으로 분류해보는 동시에, 이런 향과 풍미들이 다른 스타일 요소들과 어떤 상관관계를 갖는지에 대해서도 살펴보자.

저숙성 — 신맛의 레드베리 / 달콤한 블랙 프루트 / 건조된/익힌 과일 — 고숙성
허브 / 향신료 / 디저트

연관성
알코올 함량 13.5% 이하
서늘한 기후의 와인 생산지
전통적인 유럽 와인

대체적인 동반 특성
높은 산도
뚜렷하게 도드라지는 드라이함
낮은 강도의 새 오크 풍미
'설익은' 듯 거친 타닌(떫은 차를 연상하면 된다.)

연관성
알코올 함량 14% 이상
온화한 기후의 와인 생산지
현대적인 신세계 와인

대체적인 동반 특성
낮은 산도
적당한 드라이함
높은 강도의 새 오크 풍미
벨벳 같이 '부드러운' 타닌(핫 코코아를 연상하면 된다.)

한 가족

레드 와인의 풍미에서 공통점이 가장 확실히 나타나는 경우는, 보르도의 3대 품종 같이 서로 밀접한 관계에 있는 포도들 사이의 공통점이다. 최근의 유전학적 연구에 따르면 메를로와 카베르네 프랑은 서로 친자관계에 있으며 카베르네 소비뇽의 부모는 카베르네 프랑과 소비뇽 블랑이다.

이 포도로 빚은 와인들은 서늘한 지역에서 수확기에 비가 많이 내린 경우엔 공통적으로 잎이나 채소 계열의 풍미 프로필을 지니지만, 포도가 햇빛을 많이 받고 자라 더 숙성된 경우엔 뚜렷한 차이를 띤다.

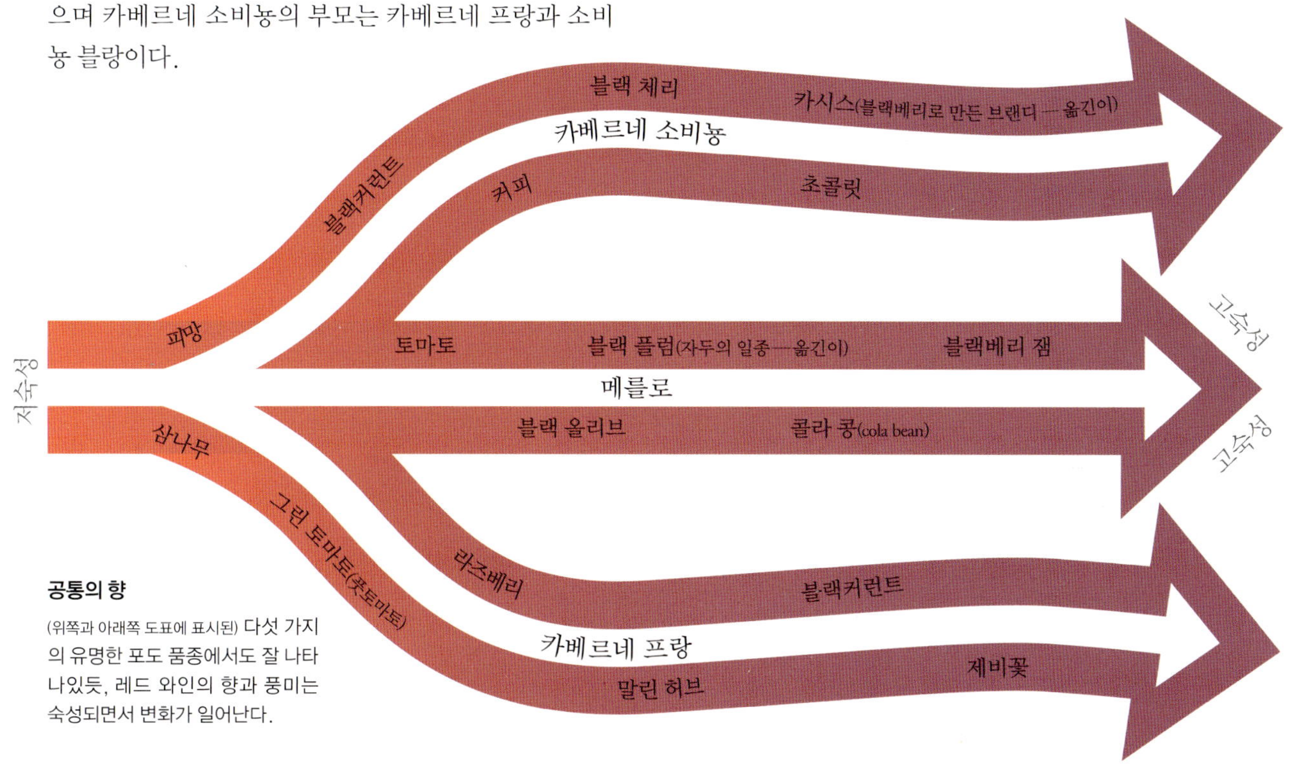

공통의 향

(위쪽과 아래쪽 도표에 표시된) 다섯 가지의 유명한 포도 품종에서도 잘 나타나있듯, 레드 와인의 향과 풍미는 숙성되면서 변화가 일어난다.

불규칙한 숙성

모든 포도가 똑같이 숙성되는 것은 아니다. 피노 누아 같이 서늘한 기후대의 품종은 최고도의 숙성에서조차 여간해서는 풍미의 진전이 시라즈 같은 온화한 기후대의 품종이 보편적으로 이르는 단계에도 이르지 못한다.

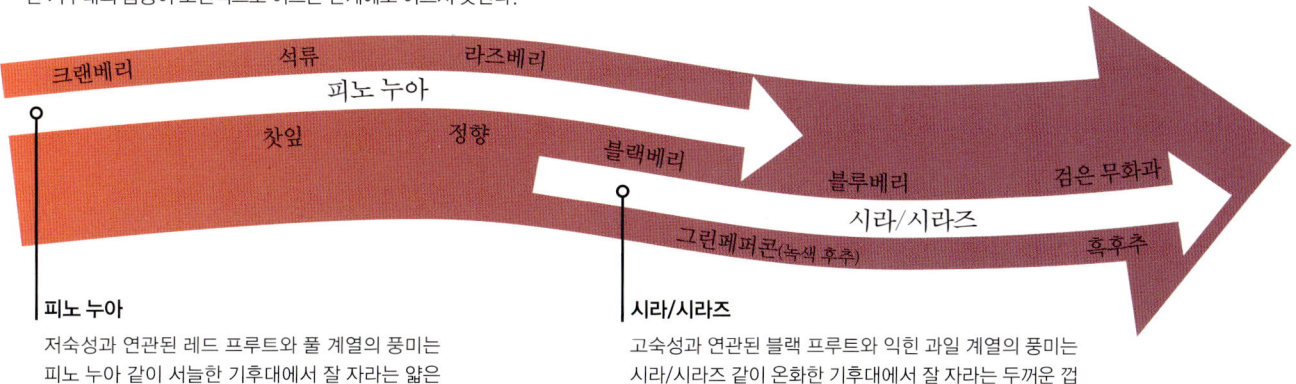

피노 누아

저숙성과 연관된 레드 프루트와 풀 계열의 풍미는 피노 누아 같이 서늘한 기후대에서 잘 자라는 얇은 껍질의 포도에서 가장 많이 나타난다.

시라/시라즈

고숙성과 연관된 블랙 프루트와 익힌 과일 계열의 풍미는 시라/시라즈 같이 온화한 기후대에서 잘 자라는 두꺼운 껍질의 포도에서 가장 많이 나타난다.

카베르네 소비뇽의 다양한 스타일

카베르네 소비뇽으로 빚어진 와인은, 많은 와인메이커들이 여러 품종의 포도를 섞어 쓰는 이유와 그 방식을 이해하는 데 훌륭한 사례가 되어준다. 카베르네 소비뇽은 다른 대다수 품종보다 짙고 풍미가 풍부한 와인을 만들기 때문에 블렌딩에 많이 사용되는 품종이다. 또한 와인의 무게감, 풍미 강도, 빛깔의 깊이, 숙성가능성을 확실하게 끌어올려주어 빈트너들이 보다 창의적으로 와인 양조를 통제할 수 있도록 해준다.

보르도 블렌딩

보르도 지역에서는 포도의 블렌딩이 전통적으로 행해진다. 이곳에서는 토착종인 카베르네 소비뇽이 가장 높이 평가되지만, 더 부드러운 메를로가 더 많이 재배된다. 카베르네 소비뇽은 서늘한 기후대에서는 고군분투 끝에 숙성되면서, 빛깔이 짙고 강렬하지만 태닉한 와인을 만들어낸다. 또한 보르도의 좌안처럼 숙성 잠재성이 더 높은 지역에서는 잘 자라나, 훨씬 더 짙고 강렬하지만 과일 맛이 더 풍부하고 덜 거친 와인을 만든다. 빈트너들은 수세기에 걸쳐 이런 환경에 적응하면서 서늘한 기후대에서 비싸지 않은 가격대의 와인을 만들 때는 소량의 카베르네 소비뇽을 사용해 비교적 가벼운 편인 메를로 베이스의 와인에 강도를 더하고, 온화한 기후대에서 고가의 와인을 만들 때는 소량의 메를로로 카베르네 소비뇽의 야수 같은 기세를 길들인다.

블렌딩 와인에서의 카베르네 소비뇽의 함량

와인 라벨 표기법에서 규정하는 표기 포도 품종의 의무 함량이 75~85%에 불과하기 때문에, 이 품종은 아주 따뜻하고 햇빛이 많은 지역이 아니면 블렌딩을 하지 않아도 좋을 만큼 완전히 숙성되지 않는다.

전통적 보르도 블렌(적당한 가격대)
카베르네 소비뇽의 블렌딩 비율이 소량일 경우, 압도적인 존재감을 드러내지 않으면서도 빛깔, 바디, 풍미를 더해준다. 메를로 베이스의 보르도 와인뿐만 이탈리아 토스카나와 스페인의 레드 와인 다수가 그러한 예다.

전통적 보르도 블렌딩(고가의 와인)
카베르네 소비뇽이 주원료이지만 그 거친 특성을 부드럽게 길들여 줄 만한 포도를 짝지워주는 방식이다. 세계 최상급 레드 와인 가운데 상당수가 이 방식을 모델로 삼고 있으나 라벨에 카베르네 소비뇽을 표기하지는 못한다.

신세계 카베르네 소비뇽 블렌딩
이 포도는 완전히 숙성될수록 강렬함은 더해지고 거친 특성은 줄어드는데, 아메리카 대륙과 남반구 지역에서는 흔히 이런 식의 숙성이 이루어진다. 블렌딩 비율은 표기 적합 기준에 미치지만 그렇다고 라벨에 항상 표기되는 것은 아니다.

블렌딩되지 않은 순수 카베르네 소비뇽
카베르네 소비뇽은 그 자체로 균형 잡힌 맛을 내려면 고도로 숙성되어야 한다. 실제로 그 고유의 강렬함에 고도의 숙성이 더해지면 농축미가 세계 최상급에 이를 만한 와인이 빚어지기도 한다.

테이스팅

카베르네 소비뇽의 특성 구별해보기

집에서 세 가지 블렌딩 레드 와인의 비교 시음

다음의 와인들을 나란히 시음해보며 와인별 특징 변화에 주의해본다. 카베르네 소비뇽의 비율은 제각각 다를 테지만, 온화한 지역, 즉 포도의 완숙도가 더 높은 지역에서 생산된 묵직한 와인에서 그 비율은 더 높은 편이다.

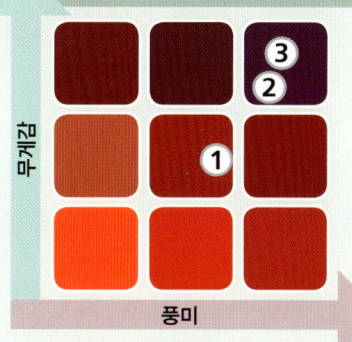

무게감 제어를 위한 블렌딩

카베르네 소비뇽은 원산지인 보르도처럼 서늘한 지역에서는 대체로 중간대 무게감의 와인을 강화하는 용도로 소량만 사용되는가 하면, 칠레나 캘리포니아 같이 비교적 햇빛이 풍부한 지역에서는 대개 그 반대의 역할을 맡는다.

카베르네 소비뇽 비율 최대 75%

① 프랑스 좌안 지역의 보르도

예
그라브(Graves), 오메독(Haut-Médoc), 리스트락(Listrac), 물리(Moulis) 같은 아펠라시옹의 샤토 와인

감지될 만한 특징
중간 정도의 빛깔, 아주 낮은 당도/아주 드라이함, 높은 산도/톡 쏘는 느낌, 중간대의 과일 풍미, 가벼운 오크 풍미, 중간대의 알코올/중간대의 무게감, 태닉의 거친 마우스필

카베르네 소비뇽 비율 최대 75%

② 칠레의 보르도 스타일 블렌딩

예
앞면 라벨에 포도 품종명이 표기되지는 않지만 뒷면 라벨에 카베르네 소비뇽이 기재되는 블렌딩

감지될 만한 특징
짙은 빛깔, 낮은 당도/드라이한 맛, 중간대의 산도/새콤함, 높은 과일 풍미, 가벼운 오크 풍미, 높은 알코올/묵직한 무게감, 벨벳처럼 부드러운 마우스필

카베르네 소비뇽 비율 75% 이상

③ 미국 소노마의 카베르네 소비뇽

예
알렉산더 밸리나 나이츠 밸리 같은 소노마의 상급 아펠라시옹, 또는 내퍼 밸리 같은 그 외의 캘리포니아 와인 생산지에서 만들어진 와인

감지될 만한 특징
아주 짙은 빛깔, 낮은 당도/드라이한 맛, 중간대의 산도/새콤함, 아주 높은 과일 풍미, 강한 오크 풍미, 높은 알코올/묵직한 무게감, 벨벳처럼 부드러운 마우스필

가벼운 스타일의 레드 와인 탐험

레드 와인은 정말로 라이트한 바디에 해당될 만한 경우가 아주 드물기 때문에 우리가 '비교적 가벼운' 스타일이라고 여기는 레드 와인은 대체로 알코올 함량이 13.5% 이하. 즉 라이트 바디의 화이트 와인과 비교하면 알코올의 느낌이 더 강한 편이다. 와인 입문자들을 위한 몇몇 틈새 와인을 제외하면, 빈트너들은 레드 와인을 빚을 때 드라이한 단계에 이를 때까지 극도로 발효시킨다. 그 결과, 레드 와인과 예외적인 소수의 달콤한 와인에서는 알코올 함량과 숙성도 사이에 상당히 일관된 관계를 이룬다.

이런 가벼운 스타일의 레드 와인을 즐긴다면…

**가벼운 무게감
부드러운 풍미**

① 프랑스의 보졸레 빌라쥬

특징
부르고뉴의 보졸레 지역은 가메 포도로 만든 아주 가벼운 레드 와인의 생산지로 유명하다. 가메는 타닌 함량이 상당히 낮아서, 이 가메를 원료로 쓰면 레드 와인치고는 드물게도 차갑게 마셔도 기분 좋은 맛을 선사해주는 와인이 빚어진다.

**가벼운 무게감
중간대의 풍미**

② 이탈리아의 키안티

특징
이탈리아의 인기 레드 와인으로 산지오베제를 주원료로 만들어지며 높은 강도의 산도와 타닌으로 유명하다. 평상시 와인용 키안티는 숙성의 자취가 희박하거나 전무하기도 하지만 최상급 키안티는 보다 강렬하며 대체로 장기 숙성된 와인들이다.

**가벼운 무게감
볼드한 풍미**

③ 미국 오리건의 피노 누아

특징
피노 누아로 빚은 와인은 평균적인 레드 와인보다 더 가볍고 더 옅은 빛깔을 띠지만 세계 최고의 수요를 과시하는 와인으로 꼽힌다. 또한 레드 부르고뉴의 원료로도 쓰이는 우수한 품종으로, 매혹적인 아로마와 실크처럼 부드러운 질감으로 유명하며 연안에 위치한 오리건 주 같은 서늘한 지역에서 잘 자란다.

가벼운 스타일의 레드 와인 탐험

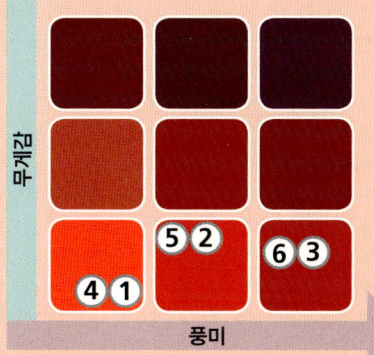

긍정적인 면

무게감이 가벼운 레드 와인은 거의 모두가 서늘한 기후의 지역, 즉 전형적으로 포도의 숙성도가 평균보다 낮은 지역에서 생산된다. 이런 와인들은 대체적으로 높은 산도와 산뜻한 풍미, 레드베리와 허브 계열의 아로마가 특징이다. 또한 대다수가 품질보다 가격을 중시하는 어린 와인들로, 과일의 신선함을 지키기 위해 양조 중 통에 담겨 보내는 시간이 거의 없거나 아예 없다. 하지만 고가 와인의 경우엔 묵직한 와인의 경우와 똑같이 오크 숙성을 거치기 마련이다. 한편 단맛을 살짝 지키고 싶다거나 낮은 강도의 알코올을 얻고 싶을 때는 레드 와인 대신 로제 와인을 빚는다.

감각적 프로필이 유사한 다음의 와인을 권한다.

**가벼운 무게감
부드러운 풍미**

④ 프랑스의 타블 로제

특징
보졸레처럼 마시기에 부담 없는 와인을 찾는다면 프랑스 남부 지역에서 만들어진 로제 와인이 제격이다. 이 지역의 로제 와인은 중간 정도의 바디를 가진 그르나슈 베이스의 블렌딩으로, 드라이한 편이며 풍미 프로필이 화이트 와인보다는 레드 와인에 더 가깝다.

**가벼운 무게감
중간대의 풍미**

⑤ 포르투갈의 도우루

특징
이탈리아의 레드 와인에 맞먹을 만큼 충분한 산도와 타닌을 갖춘 레드 와인을 생산하는 곳은 소수에 불과하지만 포르투갈 북부 지역은 눈여겨볼 만한 지역이다. 드라이한 레드 와인 도우루(Douro)는 포트와 같은 지역에서 생산되며 포트와 똑같이 토착종 포도들을 섞어서 만든다.

**가벼운 무게감
볼드한 풍미**

⑥ 스페인의 리오하

특징
스페인의 템프라니요 포도는 대개 농후하고 짙은 빛깔의 와인을 빚어내지만, 서늘한 리오하 지역에서는 더 밝은 빛깔의 와인으로 빚어져서 피노 누아와 같은 매력을 발산한다. 이 지역의 통 숙성 전통의 결과로, 가벼운 레드 와인 가운데 오크 풍미가 가장 강한 편에 드는 특징을 띠기도 한다.

가볍지도 묵직하지도 않은
중간 스타일의 레드 와인 탐험

대다수의 레드 와인을 아우르는 이 중간지대는 화이트 와인에 비해 좀 더 강렬한 경향을 띠어 알코올 함량이 대체로 13.5~14.5%대다. 요즘 들어 소비자들이 풍부하고 풍미 가득한 레드 와인을 선호함에 따라 빈트너들이 그 추세에 발맞추면서, 이 중간대의 무게감이 최근에야 '새로운 표준'으로 자리 잡게 되었다. 사실 100년 전만 해도 레드 와인의 표준은 현재에 비해 아주 낮은 편이었다.

중간 정도 무게감을 지닌 이런 레드 와인을 즐긴다면…

**중간대의 무게감
부드러운 풍미**

① 칠레의 메를로

특징
메를로는 유명한 사촌인 카베르네 소비뇽의 그늘에 가려져 두각을 드러내지 못하는 편이지만, 그럼에도 불구하고 더 부드럽고 과일 풍미가 높은 메를로로도 더러 세계 최상급의 레드 와인이 빚어지기도 한다. 메를로는 햇빛이 풍부한 기후대의 칠레에서 잘 자라서 원산지인 보르도보다 숙성도가 높다.

**중간대의 무게감
중간대의 풍미**

② 프랑스의 코트 뒤 론

특징
이런 류의 풍미 가득한 지중해 와인에서는 그르나슈 품종이 블렌딩의 주된 원료로 쓰이면서 딸기와 백후추 계열의 풍미를 부여해준다. 이 지역에서 생산되는 더 강렬한 풍미의 고급 와인들은 샤토네프 뒤 파프 같은 마을 이름을 와인명으로 사용한다.

**중간대의 무게감
볼드한 풍미**

③ 프랑스의 보르도

특징
아주 강렬한 레드 보르도를 제외하면 모든 보르도 와인은 무게감에서 중간대에 해당된다. 메를로와 카베르네 소비뇽 중 어떤 품종이 더 많이 함유되어 있는지를 구분하기는 힘들지만, 하나같이 과일 향이 약간 부족하고 드라이하며 풍미가 좋고 허브 계열의 아로마 감도는 특징으로 유명하다.

가볍지도 묵직하지도 않은 중간 스타일의 레드 와인 탐험

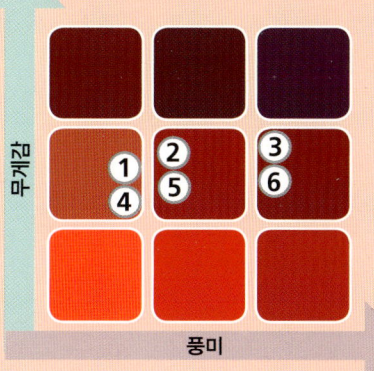

다양성의 세계

중간대 무게감의 레드 와인은 포도 품종과 아펠라시옹이 그만큼 많기 때문에 다양성이 가장 높은 세계다. 이 영역에 드는 와인은 대다수가 드라이한 편이지만 아로마의 특성, 빛깔의 깊이, 오크 풍미의 강도 면에서는 상당히 다양하다. 전반적으로 볼 때, 거칠고 흙내음이 나며 신맛이 나는 아주 드라이한 와인들은 대개 유럽이 생산지인 반면, 그 외의 지역에서 생산된 와인들은 숙성도가 높고 디저트 같은 풍미가 짙을 뿐만 아니라 오크 풍미가 더 뚜렷한 편이다.

감각적 프로필이 유사한 다음의 와인을 권한다.

**중간대의 무게감
부드러운 풍미**

④ 이탈리아의 바르베라

특징
피에몬테의 바르베라는 한때 가볍고 톡 쏘며 생선요리와 잘 어울리는 레드 와인으로 유명했다. 여전히 전통적인 방식으로 빚어지는 경우도 있지만, 현재는 대부분의 와인이 포도를 더 오래 익히고 통 숙성 시간도 늘리면서 블랙베리향의 더 풍부하고 강렬한 특징을 띤다.

**중간대의 무게감
중간대의 풍미**

⑤ 이탈리아의 몬테풀치아노 다브루초

특징
코트 뒤 론 애호가라면 이탈리아 아드리아 해 연안에서 생산된 이 와인에서 코트 뒤 론의 여러 가지 특성을 똑같이 느끼게 될 것이다. 적당한 가격대로, 풍부한 풍미와 질감, 전원적 정취를 선사하면서도 묵직한 느낌을 주지 않는 와인을 맛보고 싶다면 이 와인이 답이다.

**중간대의 무게감
볼드한 풍미**

⑥ 스페인의 리베라 델 두에로

특징
템프라니요는 스페인에서 가장 귀한 대접을 받는 포도다. 두에로 강을 따라 펼쳐진 카스티야 평원에서 훌륭하게 숙성되는 이 품종으로 빚어진 와인 가운데 일부는 숙성가치가 아주 뛰어난 레드 와인으로 꼽히며, 프랑스 스타일의 새 오크 통 숙성을 체험해볼 기회를 선사해준다.

묵직한 스타일의 레드 와인 탐험

레드 와인은 묵직한 무게감을 놓고 경쟁하려면 필히 화이트 와인보다 알코올 강도가 높아야 해서, 대체로 14.5% 이상이다. 표준적으로 이 정도의 알코올 함량을 얻으려면, 아주 따뜻한 기후의 포도원에서 포도를 재배하든가, 아니면 수확시기를 더 미루는 방식을 통해서 포도의 숙성도를 상당히 높은 수준으로 끌어올려야 한다. 하지만 브랜디 첨가로 알코올 강도를 강화시킨 주정강화 레드 와인, 즉 독하고 달콤한 포트 같은 와인도 이런 영역에 포함된다.

이런 묵직한 스타일의 레드 와인을 즐긴다면…

묵직한 무게감
볼드한 풍미

① 호주의 고급 바로사 시라즈

특징
껍질이 두꺼운 시라즈는 '시라'라고도 불리며, 호주 남부의 바로사나 맥라렌 베일 같은 지역에서는 이 시라즈로 아주 인상적인 강도의 와인을 빚기도 한다. 잉크빛을 띠는 이 와인들은 잼, 베이컨, 흑후추의 강한 아로마를 띤다.

묵직한 무게감
볼드한 풍미

② 미국 내퍼 밸리의 고급 카베르네 소비뇽

특징
카베르네 소비뇽은 세계적으로 가장 강렬하고 수명이 긴 레드 와인을 빚어내기도 한다. 특히 가장 묵직한 사례를 꼽는다면 캘리포니아처럼 햇빛이 쏟아지는 기후의 신세계 지역에서 생산된 와인들인데, 모카 커피와 카시스 같은 풍미가 특징이다.

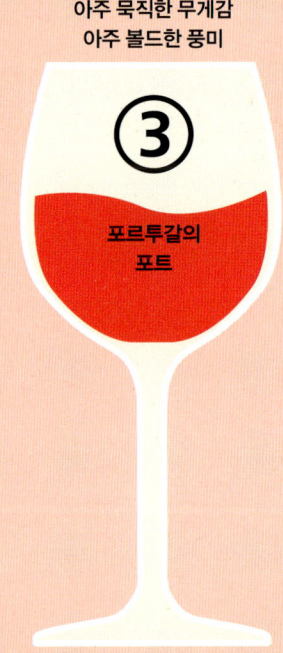

아주 묵직한 무게감
아주 볼드한 풍미

③ 포르투갈의 포트

특징
세계에서 가장 묵직한 레드 와인은 바로 포르투갈 도우루 밸리산의 주정강화 디저트 와인이다. 발효 중에 증류주를 첨가하는 이 와인들은 레드 와인, 생포도, 그랍파(이탈리아산의 비숙성 브랜디 — 옮긴이)를 맛있게 섞어놓은 듯한 맛이 난다.

숙성가치 높은 와인

묵직한 레드 와인은 본질적으로 농축된 풍미를 지니며 대다수가 고급 와인이다. 알코올 강도가 높은 레드 와인은 타닌과 풍미의 성분도 높은 편이므로 대개 통 숙성의 시간이 필요해서 대다수가 수확한 해로부터 몇 년 후에 출시된다. 이 영역에 속하는 와인의 풍미는 블랙 프루트 계열을 거쳐 구운 과일 계열까지 진전되는 경향을 띠면서, 극도로 숙성된 포도의 맛을 그대로 반영해준다. 아로마는 후추, 코코아, 정향 같은 향신료 계열이 많은데, 이런 아로마는 포도 자체에서 우러나기도 하고 새 오크 통에서의 숙성 과정에서 우러나기도 한다.

감각적 프로필이 유사한 다음의 와인을 권한다.

**묵직한 무게감
볼드한 풍미**

④ 아르헨티나의 고급 말벡

**묵직한 무게감
볼드한 풍미**

⑤ 스페인의 고급 프리오라트

**아주 묵직한 무게감
아주 볼드한 풍미**

⑥ 호주의 토니

특징
안데스 산맥을 끼고 있는, 아르헨티나의 건조한 고원지대 멘도사(Mendoza)는 프랑스의 말벡 품종으로 강렬한 레드 와인을 생산하는 지역이다. 이곳의 고급 와인은 아주 강렬한 인상을 주며, 블루베리와 오향(회향, 계피, 산초, 정향, 진피), 제비꽃의 풍미를 지닌다.

특징
이곳 카탈로니아 아펠라시옹은 꽤 오래된 고대 품종, 가르나차와 카리네나(Cariñena)의 보고다. 두 품종은 놀라울 만큼의 농축미와 힘을 가진 와인을 빚어내기도 하는데, 대체로 시라, 카베르네 소비뇽과 블렌딩되며 무화과와 아니스 풍미가 특징이다.

특징
호주는 영국의 식민지 시절에 주정강화 포트와 셰리에 영향을 받으면서, 맛좋은 '스티키(Stickies, 독하고 달콤한 디저트 와인)'를 만드는 뿌리 깊은 전통을 갖고 있다. 토니(Tawny)는 숙성 스타일 와인으로, 황갈색에 견과류와 캐러멜 풍미를 지니고 있다.

와인과 음식의 궁합

소믈리에의 비법

음식에 곁들여 나오는 특별 소스처럼, 와인도 음식의 훌륭한 파트너다. 대다수 음식은 다른 음료보다 와인을 곁들일 때 맛이 더 살아난다. 일상적인 식사의 경우라면 그때그때의 시간이나 시기에 따라 와인을 맞추는 정도로도 괜찮다. 하지만 와인과 음식이 정말로 제 짝을 제대로 만나게 해주려면, 소믈리에처럼 생각하는 것이 조리법에 따라 적절한 와인을 맞추는 데 유용하다. 전문가들은 요리의 양념과 조리 방식이 요리의 주재료보다 더 중요할 때가 많다는 점을 잘 안다. 이번 장을 통해 감각의 과학에서 발견되는 놀랍고도 별난 사실 몇 가지를 알고 나면 와인과 음식을 짝지어주는 것에 대한 생각이 달라질 것이다.

시간과 시기에 따라 짝맞추기

근사한 저녁이나 화려한 디너 파티를 빼면, 특별한 음식에 특별한 와인의 짝을 맞추는 문제로 고민할 필요는 별로 없다. 사실 그때가 하루 중 어느 시간인지, 또는 한해 중 어느 계절인지에 맞춰 와인을 선택하는 편이, 특별한 요리에 와인을 맞추려 고심하는 것보다 더 분별 있는 경우가 많다. 어쨌든 어떤 계절이냐에 따라 먹고 싶은 것이 달라지고, 점심이든 저녁이든 대다수의 식사에는 온갖 다양한 요리들이 차려지니 말이다.

> **날씨가 따뜻한 날에는 화이트 와인을**
> 기분을 상쾌하게 해주고 차갑게 서빙이 가능한 화이트 와인은 여름에 마시기에 제격이다. 우리가 반바지를 입고 샐러드를 먹는 이유와 똑같이, 시원하게 해주니까.

와인으로 날씨를 이겨내기

와인 스타일에 아주 극적인 영향을 미치는 요소는 와인에 대한 우리의 열망에도 큰 영향을 미친다. 우리는 본능적으로 태양이 쨍쨍 떠있거나 날씨가 더울 때는 (대체로 차갑게 한) 가볍고 어린 와인을 찾게 된다. 그리고 해가 지거나 기온이 떨어지면 더 독하고 복잡한 와인으로 따뜻함과 아늑함을 느낀다.

숙성된 풀 바디의 와인, 특히 실온으로 서빙된 레드 와인을 마시면 음료로 스웨터를 입은 듯한 효과를 얻는 셈이다. 본질적으로 따지자면, 온화한 기후에서 만들어진 볼드하고 강한 와인들은 겨울의 한기를 떨쳐낼 힘을 담고 있는 병속의 작은 태양인 셈이고, 서늘한 기후에서 만들어진 가볍고 상쾌한 와인들은 더위를 이기도록 도와준다.

태양이 쨍쨍 떠있거나 날씨가 더울 때

우리가 흔히 찾게 되는 와인 스타일

가벼운 느낌
낮은 알코올
어린 상태의 상쾌한 맛
낮은 오크 풍미
차가운 서빙 온도
옅은 빛깔

마시기에 부담 없는, 어린 스파클링 와인
(예: **이탈리아의 프로세코**)

상큼한 언오크드 화이트 와인
(예: **뉴질랜드의 소비뇽 블랑**)

가볍고 상쾌한, '냉장 가능한' 레드 와인
(예: **프랑스의 보졸레**)

옅은 빛깔의 상쾌한 주정강화 와인
[예: **스페인의 만자니야**(Manzanilla)]

해가 지거나 날씨가 추울 때

우리가 흔히 찾게 되는 와인 스타일

묵직한 느낌
높은 알코올
숙성되어 복잡한 맛
높은 오크 풍미
따뜻한 서빙 온도
짙은 빛깔

복잡한 풍미의 숙성 스파클링 와인
(예: **프랑스의 샴페인**)

풍부한 풍미의 통 발효 화이트 와인
(예: **캘리포니아의 샤르도네**)

강하고 풍미 가득한 '따뜻한 온도'의 레드 와인
(예: **호주의 시라즈**)

풍부한 풍미에 보석 같은 빛깔을 가진 주정강화 와인
(예: **포르투갈의 빈티지 스타일 포트**)

짝지어주기 비결

대다수의 와인은 어떤 음식에 곁들이든 대체로 좋은 맛을 내는 편이라 오히려 짝을 아주 형편없이 맞추기가 어렵다. 평상시 와인과 음식의 조화를 높이고 싶다면 그저 계절, 하루 중의 시간대, 격식의 정도만을 기준으로 삼으면 그만이다. 하지만 상황에 따라 뭔가 특별한 것이 필요할 때는 와인 전문가들의 몇 가지 전략을 차용해 보는 것이 유리하다.

어떤 타입의 와인이 비슷한 풍미나 질감을 부여해주어 식사의 주재료와 잘 어울릴지 생각해보라. 소믈리에 들은 양념과 조리법에 유의함으로써, 와인도 요리도 각각 따로 먹는 것보다 같이 먹을 때 맛이 더 살아나는 듯한 짝을 이끌어낼 수 있다. 그렇다고 백과사전 같은 와인 지식이 있어야만 이렇게 될 수 있는 것은 아니다. 단지 와인과 음식이 상호작용을 할 때 우리의 감각이 어떻게 작용하는지에 대한 약간의 통찰력만 있으면 된다.

짝지어주기의 묘미

바람직한 궁합
일상적인 경우
계절이나 시간대를 기준으로
그날의 분위기에 따라
적절하게

더 바람직한 궁합
가족끼리의 파티나 외식의 경우
주재료와
잘 어울리게

최상의 궁합
소믈리에 스타일로 치밀함을 기할 경우
음식 궁합을 기준으로
특별한 조리법에 맞는 제 짝으로

주재료에 맞춰 와인 짝지어주기

특정 식사에 어울리는 특별한 와인을 고르는 문제에 관한 한 대다수 사람들은 천성적으로 탁월한 직감을 갖고 있다. 사실 와인 짝짓기를 잘 하려면 우리가 여름 샐러드에 레모네이드를 곁들여 마시거나, 초콜릿 디저트에 에스프레소를 곁들여 마시는 것과 똑같은 원칙을 따르면 된다. 와인 짝짓기에서는, 나오는 요리와 감각적 특징이 서로 비슷한 와인을 짝지어주는 것이 서로의 맛을 돋워주는 데 아주 효과적인 방법이다. 가벼운 것은 가벼운 것끼리, 강렬한 것은 강렬한 것끼리 짝지어주는 식이다.

무게감과 질감의 조화

담백한 조개요리 같은 가벼운 음식에는 스파클링 화이트 와인같이 가벼운 와인을 곁들이는 것이 대체로 최고의 맛을 내주며, 붉은색 고기 같은 묵직한 음식에는 강렬한 레드 와인같이 강하고 묵직한 와인이 맛을 가장 잘 살려주는 편이다. 음식의 지방과 와인의 알코올 모두 입안에서는 질감의 느낌을 준다. 그래서 기름진 고기와 높은 알코올의 와인은 둘 다 저지방 해산물과 낮은 알코올의 와인보다 더 걸쭉하고 묵직하게 느껴진다.

바다 느낌인가, 풀밭 느낌인가

빈트너들은 그 지방의 요리를 돋워주도록 와인의 스타일을 맞추는 경우가 많다. 담백한 해산물 요리라면 목축 지역에서 생산된 볼드한 레드 와인과는 잘 어울릴 턱이 없으니 해안 지역에서 만든 섬세한 화이트 와인을 고려하는 편이 낫다.

와인이 제 짝을 만나야 맛이 돋워지는 이유는?

우리가 식사와 함께 와인을 마시는 순간, 음식과 와인 모두 우리의 주의를 끌기 위해 경쟁을 벌이게 된다. 따라서 비슷한 정도의 무게감과 풍미를 가진 음료로 상대를 맞춰주는 것이 대등한 경기 조건을 마련해주는 셈이다. 격투기 선수들을 체급별로 구성하는 것과 같은 이치다. 한쪽이 다른 쪽보다 묵직하거나 맛이 강하면 가벼운 쪽을 제대로 음미할 수 없게 되어 전반적으로 손해 보는 식사가 될 수도 있다. 말하자면 어느 쪽도 다른 쪽을 압도하지 않으며 두 풍미가 서로 대등한 조건에서 섞이고 어우러지도록 짝을 맞추는 것이 이상적이다.

풍미 강도의 조화

굴이나 오믈렛처럼 부드러운 풍미를 지닌 절제된 스타일의 음식은 대체로 뮈스카데나 피노 그리지오 같이 부드러운 화이트 와인과 어울릴 때 최고의 맛을 낸다. 또 훈제 연어나 블루 치즈처럼 풍미가 강한 음식은 게부르츠트라미너나 카베르네 소비뇽 같이 아로마 강도가 비슷한 와인을 곁들이면 맛이 더 좋아진다.

빛깔 깊이의 조화

무색이 낮은 풍미를 암시하는 신호라면 짙은 색은 높은 풍미와 일치하는 경향이 있다. 실제로 도다리와 참치, 닭고기와 오리고기, 송아지고기와 사슴고기 사이의 풍미 강도의 차이를 생각해보라. 염소젖 치즈나 가리비같이 미세한 색의 음식들은 투명한 색의 화이트 와인이나 스파클링 와인과 먹을 때 가장 맛이 좋은 편이다. 반면에 양고기나 초콜릿처럼 짙은 색을 띠는 음식들은 레드 와인과 만날 때 가장 맛이 좋다.

부드러운 풍미
회, 국수

옅은 색
염소젖 치즈, 가리비

볼드한 풍미
소시지, 카레

짙은 색
양고기, 초콜릿

풍미와 빛깔 따져보기
음식의 주재료를 감안하여 무게감, 풍미 강도, 빛깔의 관점에서 볼 때 대략적으로 어떤 스타일의 와인이 비슷할지 생각해보기 바란다.

와인 전문가들의 와인 짝짓기 비결

우리가 먹는 음식은 와인에 비해 백배 더 복잡하다. 재료와 레시피의 조합이 다양해서 그 가능성이 무궁무진해지니 말이다. 특정 요리에 맞는 와인을 고르고 싶다면 무게감과 풍미 강도 측면에서 음식들 간에 어떤 상관관계가 있는지 알아보는 것도 유용하다. 말하자면 와인 스타일을 판단하는 것과 똑같은 식이다.

음식들 사이의 상관관계

음식들이 서로 어떤 관계에 있는지 생각해보면 해당 요리에 어떤 와인이 가장 잘 맞을지 예측해볼 수 있다. 하지만 메인요리와 사이드요리(side dish), 소스와 고명 사이에서 어디에 중점을 맞춰야 할지 분간하기가 힘들 수 있다. 게다가 레스토랑에서는 같이 식사하는 사람들이 각자 다른 음식을 먹을 수도 있는데, 이때는 주된 특징과 요리 스타일의 측면에서 생각하면 도움이 된다.

가벼운 편인가, 묵직한 편인가

우리는 레스토랑에서 메뉴판을 보거나 요리책의 레시피를 볼 때 본능적으로 그 음식의 '무게감'을 따진다. 가령 샐러드같이 좀 가벼운 음식을 먹고 싶을 때가 있고, 스테이크 같은 묵직한 음식이 먹고 싶을 때도 있다. 1인분의 양이 어느 정도든 상관없이, 지방 함량은 음식에서 무게감으로 인식되는 주된 부분이다. 입안을 덮는 지방과 기름의 풍부함은 음식에 질감을 부여해주는데, 그 질감은 알코올이 와인에 묵직한 느낌을 부여하는 것과 같은 식의 질감이다.

부드러운 편인가, 볼드한 편인가

우리는 풍미의 강도에 대해서는 덜 신경 쓰는 편이지만 이 풍미의 강도는 개인적 기호에서 중요한 역할을 하고 있다. 음식 중에는 본래부터 유달리 풍미가 강한 것들이 있다. 예를 들어 토마토는 오이보다 맛이 더 강하고, 닭고기는 양고기보다 맛이 더 부드럽다.

음식과 와인을 무게감과 풍미 강도에 따라 도표로 표시해보면 비슷한 특성끼리 구분하는 데 유용하다.

가볍거나 묵직하거나
지방 함량과 단백질 밀도는 음식에 더 담백하거나 더 풍부한 느낌이 생기도록 해주는 주요 변수다.

레시피의 요소

조리법과 양념은 대체로 풍미를 끌어올리고 질감을 풍부하게 해주어, 아래 도표의 어떤 먹거리든 위쪽이나 오른쪽으로 더 옮겨놓을 수 있다. 닭고기의 경우 찜요리와 비교할 때 튀기면 더 묵직한 느낌을, 구우면 더 볼드한 느낌을 준다. 그런가 하면 태국 요리 계열의 양념, 소스, 매리네이드(재우기)는 주재료가 참새우든 쇠고기든 상관없이 매콤달콤한 풍미를 더해준다.

화이트 와인
예 : 샤르도네, 피노 그리지오

스파클링 와인
예 : 샴페인, 프로세코

로제 와인
예 : 앙주, 타블

레드 와인
예 : 시라즈, 키안티

주정강화 와인
예 : 포트, 셰리

부드럽거나 볼드하거나

풍미와 향이 섬세한 편인 부드러운 음식은 대체로 양념을 가볍게 해서 차게, 혹은 생(生)으로 서빙된다. 반면 풍미와 향이 강렬한 편인 볼드한 음식은 양념을 해서 익힌 상태로 서빙된다.

풍미 → 볼드함

특별한 레시피에 맞는 와인 짝짓기

요리의 주재료에 맞추는 것도 꽤 효과적인 방법이긴 하지만, 와인업계의 몇 가지 비법을 배우면 와인 짝짓기 기술을 더 높은 수준으로 끌어올릴 수 있다. 전문 소믈리에들은 거의 예외 없이 잘 맞는 짝을 추천해 줄 때 '비슷한 것끼리' 전략에 기대면서도 거기에서 한 단계 더 나아감으로써 더 좋은 결과를 끌어낸다.

가장 강한 풍미에 맞춰라

와인 애음가들은 와인을 고를 때 보통 요리의 주재료를 중심으로 삼는다. 예를 들면 가리비 요리에는 피노 그리지오를, 쇠고기에는 카베르네 소비뇽을 고르는 식이다. 소믈리에들은 전반적인 풍미에 더 관심을 기울인다. 즉 레시피가 새콤하거나 야채가 곁들여지거나 훈연향이 있거나 달콤하면 주재료와 상관없이 그와 비슷한 풍미 프로필의 와인을 골라준다. 메인요리의 주재료 그 이상을 생각하면서, 레시피가 그 요리에 어떤 모습과 맛, 향과 입안의 느낌을 부여해주는지 살핀다.

프로들의 짝짓기

소믈리에들은 와인과 음식의 짝을 맞출 때 각각의 요리가 어떤 식으로 조리되고, 또 어떤 소스와 양념이 쓰이는지 등을 비롯해 그 요리에서 경험하게 될 종합적인 감각을 평가하기도 한다.

재료를 기준으로 하는 일반적인 짝짓기

가리비는 섬세하고 색깔이 옅다.
따라서 이탈리아의 피노 그리지오 같은 섬세한 화이트 와인과 짝지어준다.

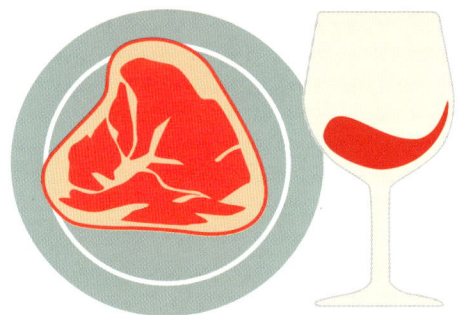

쇠고기는 더 강렬하고 짙은 적색이다.
따라서 캘리포니아의 카베르네 소비뇽 같은 묵직한 레드 와인과 짝지어준다.

조리 방식에 따라 맞춰주는 소믈리에 스타일의 짝짓기

가리비 세비체(ceviche)는 새콤하고 시트러스 풍미가 나며 야채가 곁들여진다. 따라서 뉴질랜드의 소비뇽 블랑 같은 새콤하고 시트러스와 허브 계열의 풍미가 담긴 화이트 와인과 짝지어준다.

송로를 가미한 가리비 구이는 맛이 진하고 흙냄새가 묻어나며 캐러멜라이즈된다. 따라서 프랑스의 뫼르소(샤르도네) 같은 진하고 토스티하며 흙내음이 풍기는 화이트 와인과 짝지어준다.

쇠고기 카르파초(carpaccio)는 날것이고 양념이 거의 들어가지 않는다. 따라서 스페인의 알바리뇨 같은 어리고 상쾌하며 미묘한 풍미를 지닌 화이트 와인과 짝지어준다.

스테이크 오프와브르(au poivre)는 짙은 색에 강렬하고 후추 풍미가 풍긴다. 따라서 호주의 시라즈 같은 잉크빛 도는 보라색에 흑후추 향이 나는 레드 와인과 짝지어준다.

노릇노릇 익혀진 음식에는 오크드 와인을

와인에서 느껴지는 새 오크의 풍미는 조리 중에 노릇하게 익힌 음식에서 느껴지는 풍미와 상당히 비슷하다. 닭가슴살을 볶거나 튀기거나 구우면 빛깔이 짙어지면서 찌거나 삶는 조리에서는 느낄 수 없는 그런 풍미가 강해진다. 새 오크 통에 와인을 숙성시키거나 발효시킬 때도 비슷한 풍미와 향이 생겨나는데, 이는 통 제작의 과정에서 나무가 '구워지기' 때문이다. 노릇노릇 익혀진 음식과 통 숙성이나 통 발효를 거친 와인은 서로 아로마가 유사해서 자연스럽게 잘 어울린다.

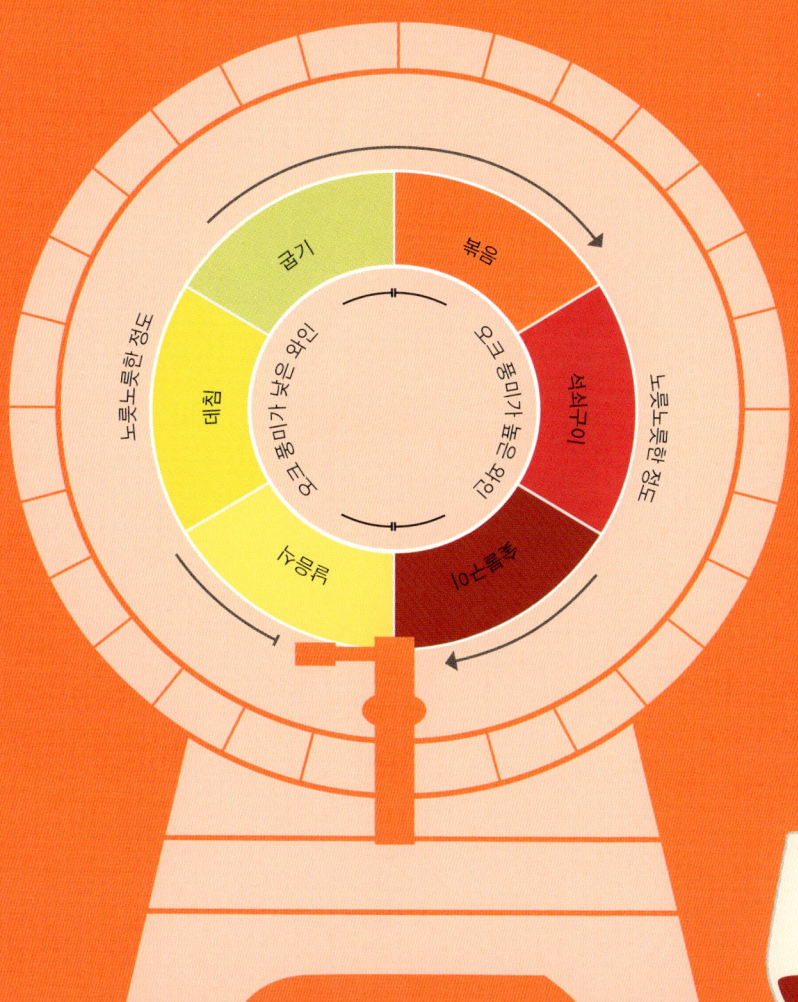

색깔 맞추기
대체적으로 날음식이거나 노릇하지 않을 정도로 익힌 음식은 언오크드의 어리고 싱싱한 와인이 가장 좋은 짝이다. 볶든 굽든 재빨리 튀기든, 어떤 식으로 익히든 간에 노릇하게 익힌 음식은 비교적 오크 풍미가 강한 와인과 더 잘 맞는 편이다.

조금은 가볍게

레스토랑에서는 와인이 쇼의 주인공 같은 존재가 아니다. 그보다는 음식을 빛내주는 보조 역할이 주어진다. 백그라운드 보컬이 리드 보컬의 멜로디를 가려서는 안 되는 것처럼, 와인은 손님들이 주방장의 작품을 음미하지 못하게 방해해서는 안 된다.

가볍고 부드러운 와인은 음식에게 더 너그러운 파트너다. 가볍고 부드러운 음식과 만나면 기분 좋은 짝을 이뤄줄 뿐만 아니라, 묵직한 요리와 잘못 짝지어진 경우조차 대조적인 효과로서 미각을 정화시켜주기 때문이다. 강렬하고 진한 와인은 단독으로 마시면 인상적인 맛을 선사하지만 음식과 짝을 이루면 그 힘찬 특성들이 음식에 방해가 될 수도 있다. 물론 요리가 똑같이 힘차고 풍미 강한 경우는 예외지만.

가볍고 부드러운 와인
어떤 음식과도 잘 어울리는 와인을 찾고 있다면 가볍고 부드러운 와인이 가장 안전한 선택이다. 소믈리에들의 경험상 법칙대로 '잘 모르겠을 땐 샴페인을 택하라.'

음식 궁합

소믈리에들은 음식의 양념이 와인에 대한 감각적 인식에 일정한 방식으로 영향을 미칠 수 있음을 알고 있다. 특히 소금과 설탕은 어떤 와인이든 간에 음식과 같이 나온 와인에서 신맛과 단맛을 인식하는 방식에 큰 변화를 일으키기도 한다.

소금: 드라이한 와인의 친구

소금은 우리가 먹는 거의 모든 먹거리에 들어 있으며, 다른 풍미를 더 살려주는 역할을 한다. 이러한 소금은 와인에서 신맛을 인식하지 못하게 막아주며, 또 와인은 전반적 풍미를 손상시키지 않으면서도 음식에서 짠맛을 인식하지 못하게 해준다.

거의 모든 음식에 곁들였을 때 딱 적당한 맛을 내는 와인이 되려면, 따로 마실 때 조금 과하다 싶을 만큼 신맛이 나야 한다. 사실 와인이 그렇게 시큼한 이유 중 하나는, 와인이 소금기 있는 음식에 곁들여져 마시게 된다는 점을 와인메이커들이 잘 알고 있기 때문이기도 하다. 그래서 이탈리아의 키안티나 프랑스의 상세르 등의 와인을 음식친화적 와인이라고 부르기도 한다.

설탕: 드라이한 와인의 적

또 하나의 풍미 증진 성분인 설탕은 소금에 비해 와인과 덜 친화적이다. 와인은 단 음식과 먹으면 따로 마실 때보다 훨씬 더 시큼하게 느껴진다. 와인이 본래부터 시큼한 탓에 이때의 느낌은 대체로 달갑지 않은 편이다.

이런 느낌을 피하려면 와인의 단맛이 최소한 음식만큼은 되어야 한다. 살짝 달달한 음식이라면 드라이한 스타일보다 과일 풍미가 있는 현대 스타일의 와인과 만날 때 훨씬 우호적이다. 또 과일 베이스의 소스처럼 단맛이 두드러지는 경우라면 리슬링 같이 약간 달콤한 와인이 잘 맞는다. 더없이 달콤한 디저트류는 입안에 착착 달라붙을 만큼 달콤한 디저트 와인이 제 짝이다.

와인의 신맛을 줄여주는 음식 속의 성분, 소금

와인의 신맛을 증대시키는 음식 속의 성분, 설탕

테이스팅

소금과 설탕의 효과 구별해보기

집에서 두 가지 와인의 비교 시음

1. 특히 단맛과 신맛에 대한 첫인상에 주의하며 다음의 와인들을 시음해본다.
2. 소금을 손가락으로 꼬집을 정도로 집어서 입에 넣고 그 소금이 다 녹으면 소비뇽 블랑을 맛본다. 이때 신맛의 느낌이 약해지면서 와인의 과일 풍미가 살아나고 더 부드러워진 정도에 주목한다.
3. 이번엔 소비뇽 블랑 대신 리슬링으로 2번의 단계처럼 똑같이 해본다. 이 경우엔 똑같은 신맛 차단의 효과로 신맛이 억제되면서 달콤함이 덜 느껴지는 정도에 주목한다.
4. 미뢰에 5분 정도의 회복 시간을 준 후 1번 단계를 반복한다.
5. 꿀을 아주 조금 먹은 후에 소비뇽 블랑을 다시 맛보되, 신맛이 증대되어 와인이 아주 시큼하고 단조롭게 느껴지는 정도에 주목한다.
6. 이번엔 리슬링으로 5번 단계를 반복한다. 5번 때처럼 똑같은 신맛 증대 효과가 일어났는데도, 단맛이 아주 약하게 느껴질 것이다. 꿀의 단맛이 와인의 단맛을 압도하여 훨씬 드라이한 맛으로 느껴지는 것이다.

프랑스의 소비뇽 블랑

예
보르도 블랑, 상세르, 푸이 퓌메, 투렌

자체적인 맛 가운데 주목할 부분
낮은 당도/아주 드라이한 맛, 높은 산도/아주 톡 쏘는 신맛

소금을 맛본 후에 주목할 부분
드라이한 맛이 조금 약해짐, 신맛이 극도로 약해짐

꿀을 맛본 후에 주목할 부분
단맛이 조금 약해짐, 신맛이 극도로 강해짐

미국의 리슬링

예
워싱턴 주 컬럼비아 밸리나 캘리포니아에서 생산된 스타일로, 라벨에 '드라이'라는 표시가 없는 와인들

자체적인 맛 가운데 주목할 부분
중간대의 당도/약간 달콤한 맛, 중간대의 산도/새콤한 맛

소금을 맛본 후에 주목할 부분
단맛이 조금 강해짐, 신맛이 극도로 약해짐

꿀을 맛본 후에 주목할 부분
드라이한 맛이 극도로 강해짐/단맛이 극도로 약해짐/신맛이 극도로 강해짐

소금과 설탕 외의 양념들

대다수의 감각작용은 동시에 발생하더라도 '한데 합해져서' 더 강하게 인식되지 않는다. 오히려 우리 감각의 조정 과정을 통해 균형 잡혀지고 상쇄된다. 시야와 소리의 경우만 보더라도 각각 별개로 발생할 때 가장 생생히 인식되며 어떠한 경우든 경쟁적 상황 하에서 발생되면 그 인지 강도가 떨어진다. 그런 이유 때문에 조용한 방에서는 속삭이는 소리까지도 들리지만 시끄러운 식당에서는 크게 소리쳐야만 들리는 것이다. 이는 맛, 냄새, 질감의 경우에도 대체로 해당되지만, 그 패턴의 감지가 상대적으로 쉽지 않다.

감각의 조정작용

와인과 음식이 서로 감각적 특징에서 유사하다면 우리의 감각은 이 둘을 따로 인식할 때보다 동시에 인식할 때 더 약하게 조정하여 받아들인다. 그 결과 대체적으로 기분 좋고 조화롭게 느껴지는데, 맛, 냄새, 질감의 전반에 '비슷한 것끼리' 전략을 적용할 수 있는 것도 이런 조정작용 덕분이다.

가벼운 것에는 가벼운 것으로, 묵직한 것에는 묵직한 것으로, 시큼한 것은 시큼한 것으로, 오크 풍미가 있는 것은 훈연향이 있는 것으로, 달콤한 것은 달콤한 것으로 짝을 지어주어도 환상적인 결과를 느낄 수 있다.

$1 + 1 \neq 2$, 이것이 감각적 인식의 공식이다.

우리는 TV를 더 잘 보기 위해 불을 켜지 않는다. 두 개의 빛이 서로 경쟁을 벌이게 되면 서로를 더 어둡게 만들 뿐이기 때문인데, 와인과 음식의 주특징이 같을 때도 이와 비슷한 상쇄효과가 일어난다.

시큼한 음식 : 토마토나 피클 같은 음식은 키안티나 소비뇽 블랑 같은 시큼한 와인과 함께 만나면 신맛이 강해지는 것이 아니라 약해진다.

달콤한 음식 : 과일 샐러드나 크렘 브륄레 같은 음식은 리슬링이나 소테른 같은 달콤한 와인과 만나면 더 달콤해지는 것이 아니라 단맛이 약해진다.

후각과 촉각의 인식에서도 비교적 덜 생생하게 느껴질 뿐, 이와 비슷한 패턴이 많은 편이다.

훈제 음식 : 훈제 연어, 그릴구이 고기 같은 음식은 샤르도네나 리오하 같이 오크 풍미가 있는 와인과 만나면 나무 향이 더 강해지는 것이 아니라 약해진다.

진한 음식 : 송로버섯 리조토, 초콜릿 무스 같이 진한 음식은 바롤로나 포트 같이 높은 알코올에 풀 바디의 와인과 만나면 더 묵직해지는 것이 아니라 더 가벼워진다.

훌륭한 식사는 익스트림 스포츠 같은 모험이 아니다

소믈리에들은 대개 와인을 추천할 때, 가장 두드러지는 특징 면에서 서빙되는 음식과 비슷한 와인을 권한다. 이런 강한 특징들이 서로를 부드럽게 해주도록, 즉 공통적인 특징을 더 부각시키는 것이 아니라 기분 좋을 만큼 부드럽게 누그러뜨려주도록 일부러 그런 조합을 추천해주는 것이다. 와인과 음식의 짝을 지어주는 것은 영화를 보거나 록 콘서트에 가는 것과는 다르다. 즉 감각작용을 개별적으로 분리해 증폭시켜서 극도의 스릴을 느끼게 해주는 그런 차원이 아니다. 와인과 음식의 조화는 거의 언제나 편안함과 균형을 찾는 문제다.

화끈화끈 매운 맛은 예외

'비슷한 것끼리'가 확실한 짝지어주기 전략이긴 하지만 스파이시(매운)한 음식과 '스파이시'한 와인의 경우에는 통하지 않는다. 둘 다 '스파이시'라는 똑같은 단어를 쓰지만 그 단어가 의미하는 특징은 사뭇 다르다. 스파이시한 음식이 매운 고추처럼 타는 듯 얼얼한 느낌을 유발하는 것이라면, 스파이시한 와인은 향신료나 조미료 계열의 강렬한 아로마를 가진 와인을 말한다. 가령 후추 향이 나는 시라가 여기에 해당된다. 와인의 아로마는 주로 포도껍질에서 우러나고 숙성될수록 강렬해지므로, 아주 스파이시한 풍미의 와인은 대다수가 레드 와인에 풀 바디다.

소믈리에들도 화끈거리도록 매운 음식의 짝으로는 묵직한 와인을 피한다. 그래서 대개는 낮은 알코올에 가볍고 달콤한 화이트나 로제 와인을 권하는데, 예를 들면 이탈리아의 모스카토나 독일의 리슬링 같은 와인들이다.

음식의 매운 맛과 와인의 높은 알코올이 만나면 균형을 맞추며 상쇄효과를 내주는 것이 아니라 서로의 주된 특징을 더 부각시킨다. 알코올은 자극제 같은 역할을 해서, 일시적으로 매운 음식의 얼얼함을 더 강렬하고 고통스럽게 느껴지도록 한다. 또한 풀 바디의 와인은 매운 음식과 먹으면 더 묵직하고 알코올이 강하게 느껴진다.

매운 맛을 얕보지 말라!
묵직한 와인의 높은 알코올은 얼얼하도록 톡 쏘는 음식과 함께 마시면 고통스러울 수도 있으니 아주 매운 음식에 곁들여 마시는 것은 피하는 것이 좋다.

불난 데 부채질 하는 격
낮은 알코올은 매운 음식의 '화기'를 꺾으면서 감각을 달래주는 반면, 묵직한 와인은 매운 맛을 더 맵게 느껴지게 한다.

음식의 화끈거리는 매운 맛

매운 맛에 불을 더 지피는, 와인의 높은 알코올

테이스팅

감각끼리의 경쟁관계 구별해보기

집에서 네 가지 와인과 음식을 비교해 맛보기
집에서 다음의 간단한 미각 테스트를 해보면서, 비슷한 느낌이 경쟁적으로 들어올 때 감각이 어떻게 작용하는지 이해해보기 바란다.

1. 먼저 모든 와인을 하나씩 시음해보며 그 단맛과 신맛, 과일 풍미와 오크 풍미, 바디와 타닌에 대한 첫인상에 유의해본다.
2. 생 토마토를 한 입 먹고 나서 1번 와인을 맛본다. 이때는 똑같이 새콤한 것과 먹으면 와인의 신맛이 덜 새콤하게 느껴지는 부분에 주목한다.
3. 2번 와인을 맛본 후에 훈제 아몬드를 한 입 먹고 나서 와인을 또 먹어본다. 주목할 부분은 똑같이 나무의 풍미를 가진 구이나 훈제 음식을 먹으면 와인의 오크 풍미가 더 약해진다는 점이다.
4. 버터를 조금 찍어먹어 보되, 그 전과 후에 3번 와인을 맛본다. 이때는 똑같이 진하고 묵직한 것을 먹으면 와인의 무게감이 더 가볍게 느껴지는 점에 주목한다.
5. 초콜릿을 한 입 먹기 전과 후에 4번 와인을 맛본다. 똑같이 달콤한 것을 먹으면 와인의 단맛이 더 약하게 느껴지는 점에 주목한다.
6. 5분간 쉬면서 지금까지의 자극으로부터 미뢰가 회복되도록 시간을 준다.
7. 와인과 음식을 어떤 조합으로든 위에서처럼 전후의 느낌을 비교하는 식으로 다시 맛보되, 다음의 두 가지에 주목한다.
   첫째, 단맛과 신맛같이 혀에서 느끼는 미각의 효과가 후각이나 촉각의 느낌에 비해 더 극적이라는 점.
   둘째, 대체로 음식들은 맛이나 냄새, 또는 질감에서 가장 비슷한 와인과 제일 잘 어울린다는 점.

1 이탈리아의 어린 산지오베제

예
키안티 클라시코, 또는 3년이 채 안 된 어리고 적당한 가격대의 토스카나의 산지오베제 베이스 와인

감지될 만한 특징
낮은 당도/아주 드라이한 맛, 높은 산도/아주 톡 쏘는 신맛, 중간대의 과일 풍미, 낮은 오크 풍미, 중간대의 무게감, 중간대의 타닌

2 스페인의 템프라니요 베이스 레세르바

예
리오하 레세르바, 또는 리베라 델 두에로나 토로 같은 스페인의 레세르바 등급의 템프라니요 베이스 와인

감지될 만한 특징
낮은 당도/드라이한 맛, 높은 산도/톡 쏘는 신맛, 중간대의 과일 풍미, 높은 오크 풍미, 중간대의 무게감, 중간대의 타닌

신맛의 감소
새콤한 토마토, 감귤류, 식초 같은 신맛의 음식들은 같이 마시는 와인의 신맛을 극도로 낮춘다.

오크 풍미의 감소
훈제 아몬드나 그 외 구이 특유의 풍미를 가진 음식들은 같이 마시는 와인의 오크 풍미를 크게 떨어뜨린다.

3

신세계의 고급 카베르네 소비뇽

예
칠레의 카베르네 소비뇽, 또는 아메리카 대륙이나 남반구 지역 산의 카베르소 소비뇽 베이스의 고급 와인

감지될 만한 특징
낮은 당도/드라이한 맛, 중간대의 산도/새콤한 맛, 높은 과일 풍미, 높은 오크 풍미, 묵직함, 높은 타닌

묵직함의 감소
유제품이나 고기 같은 지방질의 음식들은 같이 마시는 와인의 무게감을 현저히 낮춘다.

4

주정강화 레드 디저트 와인

예
포르투갈의 포트, 또는 호주의 토니나 프랑스의 바뉼(Banyuls) 같은 알코올 함량 15% 이상의 주정강화 레드 디저트 와인

감지될 만한 특징
아주 높은 당도, 가벼운 산도/부드러운 맛, 아주 높은 과일 풍미, 스타일에 따라 다양한 오크 풍미, 주정강화/아주 묵직한 질감, 중간대의 타닌

단맛의 감소
사탕, 디저트류, 과일 같은 단맛의 음식들은 같이 마시는 와인의 단맛은 크게 약화시키고 신맛은 크게 강화시킨다.

체크리스트

지금까지 배웠던 내용 가운데 가장 중요한 사항을 다시 한 번 짚고 넘어가보자.

✓ **특정 음식과 특정 와인을 짝 맞추려 애태우지 말라.** 그때그때의 시간이나 시기에 맞춰 선택하는 것이 더 바람직한 경우도 많다.

✓ **가볍고 어린 와인들이 뜨거운 날씨에 이상적인 와인이라면, 강렬하고 복잡한 와인들은 추운 계절과 찰떡 궁합이다.**

✓ 가장 기분 좋은 느낌을 주는 음식과 와인의 조합은, 나오는 음식과 **감각적 특징이 비슷한 와인**을 선택하는 것이다. 가벼운 음식에는 가벼운 와인으로, 진한 음식에는 진한 와인으로 맞추면 된다.

✓ **풍미의 강도나 빛깔의 깊이**에 따라 와인과 음식을 짝지으면 대체로 잘 맞는 궁합이 된다.

✓ 대개 **양념과 소스**는 음식의 풍미에 주재료보다 더 많은 영향을 미치는데, 소믈리에들은 바로 이 점을 토대로 삼아 최고 궁합의 와인을 찾기 위해 각 요리에서 **감각의 종합적 경험**을 살피면서 심지어 활용된 조리법까지 파악한다.

✓ 전반적으로 말하자면, 날음식과 노릇하지 않을 정도로 살짝 익힌 음식들은 **어리고 싱싱한 언오크드 와인**과 가장 잘 맞는다. 볶든 굽든 재빨리 튀기든 어떤 식으로든 조리해서 노릇노릇하게 익힌 음식들은 **오크 풍미가 있는 와인**과 더 잘 어울린다.

✓ 잘 모르겠을 땐 **샴페인**을 짝지어주면 된다.

✓ 음식 속의 **소금과 설탕**은 **어떤 와인과 짝지어지든** 신맛과 단맛의 인식에 변화를 준다. 즉 소금은 와인의 신맛을 더 약하게 하며, 설탕은 신맛을 더 강하게 느껴지도록 한다.

✓ '**비슷한 것끼리**'는 확실한 짝짓기 전략이지만 스파이시한(매운) 음식은 일명 스파이시한 와인과는 어울리지 않는다. 풀 바디의 볼드한 레드 와인들은 음식의 **불타는 듯 얼얼함**을 더 불붙이는 반면 낮은 알코올의 화이트 와인은 그런 느낌을 **달래준다.**

와인의 변수 정복하기

와인은 굉장히 복잡한 소비자 상품이다. 길라잡이 법칙이 몇 가지 있다 해도 복잡하긴 마찬가지다. 와인 라벨에는 포도 품종과 생산지, 브랜드와 빈티지가 뚜렷하게 표기되어 있지만 이 중 어떤 것도 와인의 맛에 대해서는 상세히 설명해주지 않는다. 그래서 암호를 읽는 기분이 들 수도 있다. 많은 와인 초보자들은 블렌딩의 비율, 통 속에서 숙성된 기간 등 각각의 와인에 대해 더 상세하게 알고 싶어 하지만 이는 그다지 유익한 정보가 못 된다. 생전 처음으로 어떤 복잡한 스포츠 경기를 구경한다고 상상해보자. 선수들의 이름, 포지션, 성적을 안다고 해서 경기장에서 일어나는 상황을 이해할 수는 없지 않겠는가. 먼저 경기의 법칙부터 배워야 한다는 얘기다.

전문가들은 포도원의 기후, 와인 양조 과정에서의 결정 등 몇 가지 변수들에 따라 와인의 풍미가 결정된다는 사실을 잘 알고 있다. 그리고 그런 지식을 통해 유익한 일반화를 세우게 된다. 와인 초보들로서도 브랜드와 같은 구체적인 세부 정보의 수렁에 빠져 허우적거리는 것보다 이런 풍미 결정 요소들의 작동 원리를 이해하는 편이 더 효과적이다. 물론 언제나 예외는 있기 마련이지만, 맛의 놀라운 세계를 발견하면 와인에 대한 흥미를 잃지 않게 될 것이다.

몇 가지 중요한
개념을 알면
와인 세계의 원리를
이해하는 데
유용하다.

와인 양조 과정에서의 결정사항들

달콤함, 빛깔, 오크 풍미

포도원의 기후는 포도의 숙성 잠재력을 좌우하고 포도는 품종마다 특유의 풍미 프로필을 가지고 있지만, 여기까지는 와인의 원료 차원의 문제에 불과하다. 와이너리에서의 인간의 결정 또한 와인의 풍미에 중요한 역할을 한다. 신선한 재료를 받은 요리사처럼, 와인메이커도 그 원료를 어떻게 다룰지 결정한다. 즉 달콤한 와인이냐 드라이한 와인이냐, 레드 와인이냐 화이트 와인이냐, 싱싱한 언오크드 스타일이냐 통 숙성의 정교한 스타일이냐 등을 결정한다. 또 와인메이커가 와인 양조 과정을 어떤 식으로 조종하느냐에 따라 포도가 뽀글뽀글 거품이 올라오는 스파클링 와인으로 거듭나거나 알코올을 더 높인 주정강화 와인으로 변모되기도 한다.

포도를 와인으로 거듭나게 해주는 발효

와인은 발효의 산물이다. 발효란 생효모가 당분을 알코올로 변화시키는 과정이다. 신선한 음식에서 이런 과정이 자연적으로 발생되면, 그것은 바로 부패로 이어지는 첫 단계가 된다. 하지만 인류는 수천 년 전부터 발효 과정을 통제해 왔다. 그것도 와인과 맥주의 생산 분야에서만이 아니어서, 발효를 통해 밀가루를 빵으로, 우유를 치즈로, 코코아 빈을 초콜릿으로 바꾸고 있다. 눈에 보이지도 않을 만큼 작은 효모가 단순한 생포도를 훨씬 더 복잡하고 풍미 가득한 와인으로 변모시킨다니, 정말 마법의 가루 같지 않은가.

당분 분해

우리 주변에서는 수많은 종류의 효모가 자연적으로 발생하여 제빵, 맥주 양조, 와인 양조에 활용되며, 당분을 먹는 사카로마이세스(Saccharomyces) 속(屬)의 효모들도 마찬가지다. 이 효모들은 당분을 먹고 알코올과 이산화탄소(CO_2)로 분해한다. 포도원과 와이너리에 서식하는 야생효모 덕분에 발효는 언제나 자연적으로 시작된다. 하지만 요즘의 현대적 빈트너들 가운데는 결과의 예측 가능성을 더 높이기 위해 배양 효모균주 주입을 선호하는 이들이 많다.

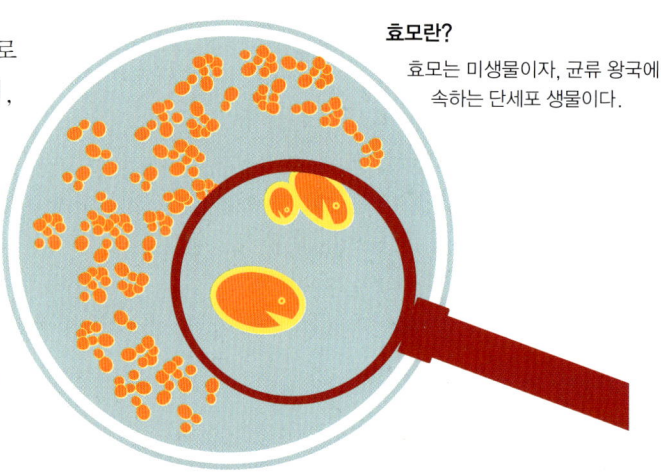

효모란?
효모는 미생물이자, 균류 왕국에 속하는 단세포 생물이다.

알코올 발효의 공식

알코올 음료는 발효, 즉 생효모가 당분을 먹고 대사시켜 알코올로 전환하는 과정에서부터 시작된다. 이 효모는 이산화탄소(탄산가스), 열 에너지, 풍미와 아로마를 생성시키기도 한다.

발효의 산물들 · 당분 + 원료 · 효모 배양 = 알코올(에탄올)

포도 이외에서 생겨나는 풍미

와인의 향과 맛은 포도의 차원을 훨씬 넘어선다. 발효 중에 작고 무수한 화학 반응이 일어나면서 포도에 들어 있지 않거나 포도에서는 감지될 수 없는 새로운 풍미와 향이 더해진다.

발효는 와인의 아로마를 아주 복잡하고 기분 좋게 만들어준다. 이는 치즈와 다르지 않다. 프랑스 브리 치즈, 위스콘신 체다 치즈, 이탈리아 고르곤졸라 치즈의 독특한 풍미는 발효와 숙성에서 비롯된 것이지 원료(우유)에서 생겨난 것이 아니다. 효모는 생포도에 함유된 풍미와 향도 크게 변화시킨다.

초콜릿 향 와인? 후추 향 와인?

와인에서 느껴지는 비포도 계열 아로마를 묘사할 때는 색다른 말을 쓰곤 하는데, 대체로 비슷한 아로마를 가진 다른 과일이나 음식, 향신료 명칭이 많다. 이런 명칭은 원료 성분은 아니며, 단지 와인의 다양한 향을 묘사하는 비유일 뿐이다.

배양의 중요성
치즈를 만드는 사람들이 그렇듯 빈트너들도 완성된 와인에서 나타날 맛과 향을 제어하기 위해 효모균주를 신중히 선택한다.

발효 매개체

이산화탄소 + 새로운 풍미와 향 + 열 에너지

단맛의 제어

포도는 달콤하지만 와인은 대다수가 달콤하지 않은데, 이렇게 된 역사적 내력은 순전히 실용적인 이유 때문이었다. 즉 초기의 와인메이커들이 부패를 막기 위해 알코올을 높이고 당분을 줄이면서 비롯된 결과다. 실제로 달콤한 와인과 낮은 알코올의 와인은 미생물에 의한 부패가 일어나기 쉬운 반면, 드라이한 높은 알코올의 와인, 다시 말해 덜 단 와인은 유통기한이 더 길다.

당분과 알코올의 균형

전통적으로 와인은 드라이하게 발효된다. 그것이 수천 년에 걸쳐 와인을 만드는 가장 쉬운 방법이었기 때문이다. 일단 발효가 시작되면 효모는 당분이 고갈될 때까지 먹이를 먹으며 번식을 이어가는데, 이 과정을 조기에 중단시키기가 어렵다.

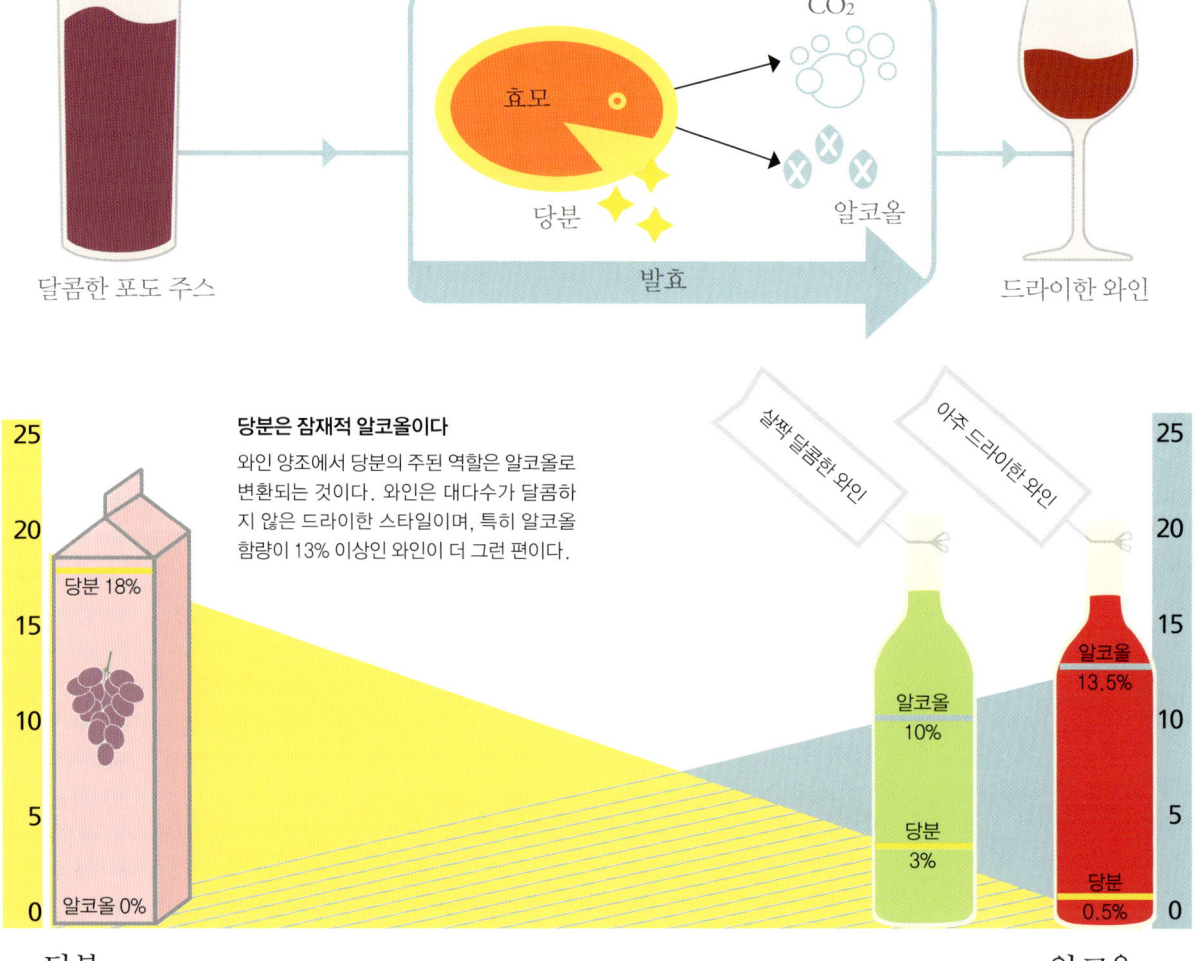

달콤한 와인 양조의 꿈

달콤한 와인은 생산량으로는 밀리지만, 맛이 좋기 때문에 예나 지금이나 매력적으로 여겨진다. 유럽의 대다수 와인 생산지들은 각 지역의 환경에 따라 달콤한 와인 양조법을 독자적으로 발전시켜왔다.

이제는 현대 기술에 힘입어 이런 와인들의 안정성도 그 어느 때보다 높아졌다. 달콤한 와인을 만드는 양조법은 다음의 세 가지 방법 가운데 하나를 따르는데, 각각의 방법 모두 약간 달콤한 오프드라이 와인부터 사탕처럼 달콤한 디저트 와인에 이르기까지 다양한 와인을 빚어낼 수 있다.

방법 1. 조기에 발효 중단

효모의 생명주기를 중단시키면 포도의 천연 당분을 어느 정도 지킬 수 있는데, 그러려면 대략 두 가지의 선택 방식이 있다.

온도 낮추기
효모는 빙점에 가까운 온도에서는 활동이 느려지다가 사망에 이른다. 이런 식으로 당분을 지킨다는 것은 잠재적 알코올을 희생시키는 셈이므로, 아주 달콤한 와인은 알코올 함량이 아주 낮기 마련이다.
- 예 가볍고 달콤한 리슬링 및 로제 와인, 아주 달콤한 이탈리아의 모스카토

증류주 첨가
효모는 알코올이 15% 이상인 환경에서는 견디지 못하므로, 브랜디를 넣어 주정강화 와인을 만들면 발효가 중단된다.
- 예 아주 달콤한 포르투갈의 포트, 프랑스의 뱅 두 나튀렐 뮈스카

방법 2. 발효 전에 포도즙 농축

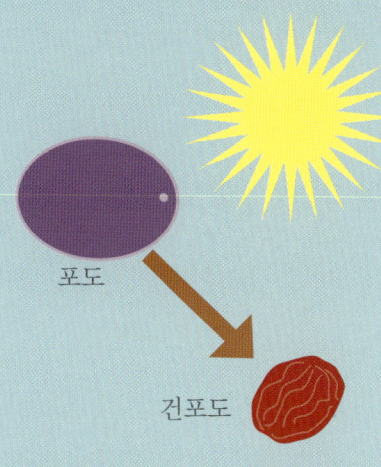

포도의 수분 함량을 줄여 그 외의 나머지 성분, 즉 당분, 산도, 풍미 성분들의 비율을 높이는 방법. 온화한 지역에서는 수확 후에 포도를 햇볕에 말리기도 하지만, 서늘한 지역에서는 수확 시기를 미루는 방식이 더 보편적이다. 쪼그라들면서 과즙이 농축될 때까지 따지 않고 놔두는, 일명 '레이트 하비스트(늦수확)' 방식의 포도로 와인을 빚으면 진하고 달콤한 와인이 탄생된다. 서늘한 기후에서는 레이트 하비트스 방식 외에, 온화한 겨울까지 포도의 수확을 미루며 남은 포도 과즙을 냉동 농축시키기도 한다.
- 예 햇볕에 말리는 방식인 이탈리아의 빈 산토(Vin Santo)와 스페인의 모스카텔(Moscatel), 레이트 하비스트 방식인 프랑스의 소테른 및 독일의 아우스레제(Auslese), 냉동 농축 방식인 호주의 아이스바인 및 캐나다의 아이스와인

방법 3. 발효 후의 가당 처리

아주 드라이한 편이 아닌 대다수의 저가 와인들은 소량의 포도즙(또는 농축액)을 드라이한 와인에 첨가하는 방식으로 만들어진다. 고급품에 드는 달콤한 와인들도 여기에 변형을 준 방식을 통해 만들어지기도 한다. 가당의 원료로는 대체로 포도를 사용하지만 데미섹(demi-sec) 샴페인 같은 일부 와인에는 사탕수수 설탕이 사용되기도 한다.
- 예 독일의 리브프라우밀히(Liebfraumilch)(포도즙), 프랑스의 샴페인(사탕수수 설탕), 스페인의 크림 셰리(건포도 시럽), 헝가리의 토카이 아추(Tokaji Aszú, 늦수확 포도)

테이스팅

발효의 단계 구별해보기

집에서 포도 주스와 와인의 비교 시음

모든 와인은 1번 샘플처럼 처음엔 달콤한 포도즙(포도 주스)으로 시작했다가, 대다수가 최종 단계에서는 4번 샘플처럼 당분은 느껴지지 않고 알코올 함량이 높은 드라이 와인이 된다. 하지만 와인메이커들은 발효 과정을 중단시켜서 더 단맛의 와인을 만들어낼 수도 있다. 2번과 3번 와인은 그렇게 발효를 중단시켜서 만든 와인이다.

1. 다음의 네 가지 샘플을 나란히 시음해본다. 맛을 볼 때는 효모를 통한 발효가 어떤 식으로 포도즙을 와인으로 변화시키는지에 대해 생각해본다.
2. 와인의 무게감이 점점 묵직해질수록 단맛과 바디에서 느껴지는 뚜렷한 변화에 주목한다.
3. 냄새를 맡았을 땐 당분과 알코올이 함유되어 있는지 없는지가 불분명하지만 한 모금 머금어보면서 미각에서 확실히 느껴지는 부분에 주목해본다.

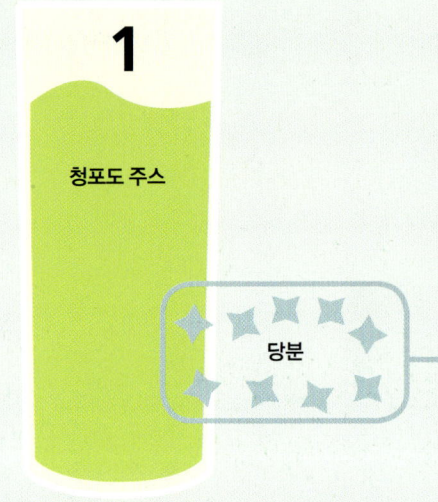

예
대량판매 상품의 주스 또는 직접 압착한 주스

함량
- 테이블 그레이프(table grape) 100%
  - 당분 18%(대략치)
  - 알코올 0%(대략치)

감지될 만한 특징
아주 단맛, 아주 톡 쏘는 신맛, 포도의 향과 풍미

참고사항
포도 주스는 과일 주스를 통틀어 가장 달콤한데, 포도가 주조용으로 이상적인 이유가 여기에 있다. 주스나 잼용으로 사용되는 테이블 그레이프로 와인이 빚어지는 경우는 거의 없지만, 단맛에서는 와인 주조용 포도와 비슷한 만큼 빈트너들이 화이트 와인의 원료로 사용하는 포도에 대해 상상해보는 데 유용할 것이다.

> 대다수 와인은
> 아주 드라이하게 발효되지만
> 빈트너들의 선택에 따라
> 포도의 달콤함을 지키기 위해
> 조기에 발효가 중단되기도 한다.

2
스파클링 모스카토

냉기를 이용한 발효의 중도정지

예
이탈리아의 아스티, 또는 알코올 함량 10% 미만인 달콤한 스파클링 모스카토

함량
모스카토(별칭 : 뮈스카) 100%
　당분 5%(대략치)
　알코올 7%(대략치)

감지될 만한 특징
높은 당도/아주 단맛, 높은 산도/톡 쏘는 신맛, 높은 과일 풍미, 오크 풍미 부재, 낮은 알코올/가벼운 무게감, 풍성한 탄산가스

참고사항
발포성의 달콤한 모스카토는 맛이 포도 주스와 와인의 중간대다. 이는 발효를 중간에 중단시켜 포도 당분을 발효시키지 않음으로써 잠재적 알코올을 희생시키는 방식으로 만들어진다. 뽀글뽀글 올라오는 거품은 발효의 자연 부산물이다.

3
주정강화 디저트 와인 뮈스카

브랜디 첨가를 통한 발효의 중도정지

예
뮈스카 드 봄 드 브니즈, 뮈스카 드 미네르부아, 뮈스카 드 프롱티냥(Muscat de Frontignan)

함량
모스카토(별칭 : 뮈스카) 100%
　당분 15%(대략치)
　알코올 15%(대략치)

감지될 만한 특징
높은 당분/아주 단맛, 낮은 산도/상쾌하지 않은 맛, 높은 과일 풍미, 오크 풍미 부재, 높은 알코올/묵직한 무게감, 탄산가스 부재

참고사항
포도당분이 고갈되기 전에 발효를 중단시킨 아주 달콤한 스타일의 와인이지만 발효 중단 방법은 앞의 경우와 다르다. 즉 발효 중간에 증류주를 첨가하여 효모를 사멸시켜서 만들어진 리큐어처럼 달콤하고 독한 디저트 와인이다.

4
드라이한 뮈스카

당분을 모두 고갈시킨 완전 발효

예
프랑스 알자스의 뮈스카, 또는 호주나 미국산 뮈스카로서 라벨에 '드라이'가 표기된 와인. 아르헨티나의 토론테스로 대신해도 된다(단, 'vendange tardive, sélection de grains noble'이나 'vin doux naturel'이 표기된 프랑스의 뮈스카는 피해야 한다).

함량
모스카토(별칭 : 뮈스카) 100%
　당분 0.5%(대략치)
　알코올 13%(대략치)

감지될 만한 특징
낮은 당분/드라이한 맛, 높은 산도/톡 쏘는 신맛, 높은 과일 풍미, 오크 풍미 부재, 중간대의 알코올/중간대의 무게감, 탄산가스 부재

참고사항
드라이한 정도까지 발효시켜 잔당이 별로 남지 않고, 대개 알코올 함량이 최소한 12%로서 부패 방지 효과를 띤다.

빛깔과 스타일의 결정

일반적으로 화이트 와인과 레드 와인은 다른 종류의 포도로 빚어지지만 맛에서 큰 차이가 생기는 이유는 포도 종류의 차이 때문이 아니라 완전히 다른 과정을 통해 빚어지기 때문이다.

두 가지 와인, 두 가지 양조법

토마토, 양파, 후추 같은 재료로 다음의 두 가지 레시피대로 요리를 한다고 가정해보자. 먼저 토마토 껍질을 벗긴 후 모든 재료를 섞어 담백한 가스파초를 만들어서, 토마토 껍질의 쌉싸래함이 없는 아주 신선한 맛의 요리를 만든다. 이번엔 토마토 껍질을 그대로 놔둔 채 모든 재료를 섞어 서서히 끓이면 그 결과가 극적으로 달라져서, 더 걸쭉하고 진한 맛의 파스타 소스가 된다. 포도도 이와 비슷하다. 화이트 와인을 만들 때는 포도껍질을 제거하고 냉장을 통해 포도즙의 신선한 맛을 지키는 과정이 뒤따르는 반면, 레드 와인을 만들 때는 포도껍질과 접촉시키고 빛깔과 풍미를 최대한 추출하기 위해 열을 제어하는 과정을 따른다.

레드 와인 양조법

레드 와인은 포도의 껍질처럼 맛이 강하고 더 쓰다.

레드 와인은 포도 전체, 즉 껍질, 씨, 과육 모두를 사용하기 때문이다. 레드 와인은 포도껍질이 빛깔과 풍미의 원천이기 때문에 짙은 색의 포도만을 원료로 쓸 수 있다.

레드 와인의 발효기간은 대체로 1~3주 정도

따뜻한 온도의 속성 발효를 통해 포도껍질에서 빛깔과 풍미를 추출

따뜻한 온도에서의 속성 발효

빈트너들은 발효 중에 발생되는 열을 이용해 포도껍질에서 빛깔과 풍미 성분을 비롯해 떫은 항산화 성분인 타닌이 추출되는 과정을 촉진시킨다. 따뜻한 온도는 효모의 생명주기를 가속시키고, 그에 따라 레드 와인이 빠르고 왕성하게 드라이한 상태로 발효되면서 더욱 더 활발한 화학반응이 일어나 포도에 들어 있지 않은 새로운 풍미와 향이 생겨난다.

화이트 와인 양조법

화이트 와인은 포도의 과육처럼 더 부드럽고 주스 같은 맛이 난다.

화이트 와인은 껍질, 씨, 과육을 모두 제거한 포도즙만을 원료로 쓰기 때문이다. 화이트 와인은 맑은 즙만 사용해서 빚어지며, 빛깔이 있는 껍질을 비롯해 포도의 모든 고형물은 발효가 시작되기 전에 제거된다.

화이트 와인의 발효 기간은 대체로 2~8주 정도

차가운 온도의 느린 발효를 통해 맑은 포도즙의 신선한 맛을 유지

차가운 온도에서의 느린 발효

와인메이커들은 부드러운 포도즙의 섬세한 풍미를 지키기 위해 냉장기술을 활용한다. 또한 포도껍질의 항산화 성분이 없기 때문에 산화를 막기 위해 밀봉된 탱크나 통에 넣어 공기와의 접촉을 차단시키기도 해야 한다. 양조 과정에서 새로운 아로마 성분을 발생시키는 화학반응의 진전은 크게 줄어든다.

레드, 화이트… 그리고 둘 다 조금씩

와인 양조 시 스타일별로 결정적 차이가 비롯되는 것은 포도가 압착되며 고형물과 즙이 분리되는 시점이다.
화이트 와인은 발효 전에, 레드 와인은 발효 후에, 로제 와인은 발효 중에 압착이 이루어진다.

오크 발효 또는 오크 숙성

한때 와인은 나무 통 속에서 만들어져 통째로 팔렸지만 요즘엔 대다수가 생기 없는 스테인리스스틸 탱크에서 발효되어 병에 담겨 팔리고 있다. 하지만 현재도 와인메이커들은 고급 와인을 섬세하게 다듬기 위해 여전히 전통적인 오크 통을 사용하고 있다. 요리사가 버터와 향신료를 써서 맛과 풍미를 돋우듯 빈트너들도 오크 통을 사용해 와인에 질감과 풍미를 더한다.

통의 효과
오크 통에 담겨 있는 동안 와인에는 세 가지 변화가 일어난다.

모든 통은 와인에 강렬함을 더한다
오크 통 속에서 물과 알코올은 나무의 숨구멍에 흡수되었다가 표면에 닿으면서 증발한다. 그에 따라 타닌, 풍미 성분, 산(酸)은 더 농축되면서 와인의 품질과 숙성 잠재력이 높아진다.

모든 통은 와인의 질감을 부드럽게 향상시켜 준다
나무의 숨구멍 틈으로 공기가 들어와 와인을 아주 서서히, 그리고 지속적으로 산화시키는데, 이는 소규모의 화학반응을 유발하여 거칠고 어린 와인을 부드럽게 가다듬으며 미각에서 더 부드럽게 느껴지도록 해준다.

새 통만이 와인에 오크 풍미와 타닌을 더해 준다
오크에는 미묘한 풍미 성분과 타닌이 들어 있어서 서서히 와인으로 우러나온다. 특히 새 오크 통은 와인에 강한 토스트 풍미를 부여하며, 그 풍미가 코냑이나 버번 위스키에서 느껴지는 그런 풍미와 비슷하다. 하지만 티백처럼 통도 한 번씩 사용할 때마다 점점 풍미를 잃어 4년쯤 되면 특성이 없는 중성상태에 가까워진다. 대다수의 경우 100% 새 오크 통으로 사용하면 와인이 너무 강해지기 때문에 빈트너들은 대체로 매 빈티지마다 20~50% 정도만 새 통으로 교체한다.

오크 통이 안 되면 오크 조각으로?
많은 와인 애음가들이 오크의 맛을 높게 평가하는 편이라 저가 브랜드에서는 곧잘 손쉬운 방법을 활용하기도 하는데, 바로 나무 조각으로 와인에 오크 풍미를 우려내는 방법이다.

오크 통이 와인에 해주는 일들
- 물과 알코올 증발시키기
- 공기와 산소가 안으로 들어오게 해주기
- 오크 풍미 전해주기

오크 통 vs. 스테인리스스틸 탱크

농축된 풍미, 풍부한 마우스필, 오크 풍미 이 세 가지를 모두 갖추려면 나무 통만이 그 목적을 충족시켜준다. 하지만 통 숙성은 고유의 감수 대가가 따르기 때문에 모든 와인에 적절한 것은 아니다.

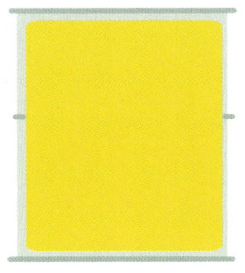

생기 없는 용기 : 오크 효과 부재

언오크드 와인은 스테인리스스틸 탱크처럼 풍미를 부여해주지 않는 용기에서 발효된다. 대다수 화이트 와인과 로제 와인은 언오크드 와인이지만, 레드 와인의 경우엔 아주 가볍고 어리며 지극히 낮은 야심에 따라 빚어진 와인들만 이런 식으로 만들어진다.

- 풍미 강화
- 질감 향상
- 오크 풍미 부여

오크 통 : 종합적 오크 효과

고급 레드 와인들은 먼저 스테인리스스틸 탱크에서 발효되다가 병입 전에 오크 통에서 숙성을 거친다. 레드 와인은 어릴 때 더 거칠기 때문에, 와인의 스타일과 양조에 깃들여진 야망에 따라 3개월에서 3년까지의 기간 동안 통 속에서 부드럽게 가다듬어져야 한다. 어쨌든 화이트 와인도 아주 묵직한 스타일에 한해 오크 풍미가 느껴지긴 하지만, 이런 와인들은 대체로 샤르도네의 경우처럼 처음부터 통에서 발효된다. 레드 와인과 화이트 와인 모두 통이 새것이고 숙성 기간이 길수록 오크 풍미가 강렬해진다. 하지만 오래된 '중성' 상태의 통은 오크의 맛을 뚜렷하게 부여해주지 못한다.

오크 처리 : 오크 풍미만 부여

많은 사람들이 와인에서 코냑과 같은 오크 풍미가 느껴지는 것을 즐기지만, 이런 오크 풍미를 얻으려면 전통적인 방식으로는 많은 시간과 비용이 든다. 그래서 현대의 와인메이커들은 나무 조각이나 널빤지로 오크의 맛을 가미하기도 한다. 다만 이 방법은 통기성 있는 통에서 와인을 숙성할 때 얻어지는 그 외의 효과, 즉 와인을 향상시키고 농축시키는 효과는 흉내 내지 못해서 저가 와인의 경우 외에는 거의 활용되지 않는다.

새 오크 : 바닐라, 캐러멜, 디저트용 향신료, 코코넛…

새 오크에는 자연적으로 디저트 계열의 아로마 성분이 많이 함유되어 있으며, 그중에서도 특히 바닐린(바닐라의 주성분)의 함량이 높다. 나무를 둥그스름한 모양으로 구부리기 위해 거치는 굽기 과정에서는 견과 맛이 나는 락톤(lactone)이 생성되고 표면을 캐러멜화시키기도 한다. 와인메이커들은 오크를 와인에 풍미를 더하는 용도로 활용하면서 사용하는 오크의 종류나 오크를 굽는 방법에 세심한 관심을 쏟는다.

빈트너들에게는 프랑스의 오크와 미국의 오크가 에티오피아의 커피와 콜롬비아의 커피처럼 서로 전혀 다른 종류로 인식된다. 또한 나무의 '구워진' 정도에 따른 효과도 커피 원두의 로스팅 타입에 따른 효과와 비슷하다. 그런가 하면 미세한 에스프레소 가루가 커피의 강렬함을 더 높여주는 것과 똑같은 이유로, 통이 작을수록 더 강한 오크 풍미가 보장되기도 한다. 한편 와인과 오크의 표면접촉이 길수록 더 많은 풍미가 부여된다.

테이스팅

포도껍질과 오크 통의 영향 구별해보기

집에서 네 가지 와인의 비교 시음

다음의 네 가지 와인은 짙은 색 껍질의 품종인 피노 계열로 만들어진 와인이지만 포도즙과 포도껍질의 접촉 기간에 따라 각각 빛깔의 정도가 다르다. 적색과 보라색 포도도 발효 시작 전에 껍질을 제거하면 화이트 와인으로 빚어질 수 있다. 껍질과의 접촉을 단시간으로 제어하면 와인에 붉은 빛깔과 풍미만 더해지며, 오크 통 처리를 거치는 와인은 레드 와인뿐이다.

1. 1번 와인(화이트)과 2번 와인(로제)을 맛보되, 상쾌한 맛의 정도에 주목한다. 이런 맛이 나는 이유는 껍질과의 접촉을 최소화하여 차가운 온도에서 발효된 후에 오크 숙성 없이 병입하여 어릴 때 출시되기 때문이다.

2. 이번엔 3번과 4번 레드 와인을 맛보며 껍질과 함께 따뜻한 온도에서 발효시킬 때의 풍미 변화에 주목해본다. 모두 고급 레드 와인인 두 와인은 오크 통에서의 숙성을 거치며 부드러워지고 마우스필이 풍성해진 특징을 띠고 있다. 다만 4번 와인은 새 오크로부터 강한 풍미가 우려진 와인이라 강렬한 맛이 확연히 느껴질 것이다.

> 껍질과 함께 발효시킬 경우
> 빛깔과 풍미만이 아니라
> 거칠고 쓴맛의 성분들도 추출되는데,
> 이 성분들은 오크 통에서 숙성시키면
> 부드럽게 가다듬어진다.

적색 포도로 빚어진 언오크드 화이트 와인

1 피노 그리지오

바로 즙을 압착한 후 고형물 제거

예
이탈리아의 피노 그리지오, 독일의 그라우부르군더(Grauburgunder), 미국의 피노 그리, 캐나다의 피노 그리

감지될 만한 특징
낮은 당분/드라이한 맛, 높은 산도/톡 쏘는 신맛, 낮은 과일 풍미, 오크 풍미 부재, 낮은 알코올/가벼운 무게감, 타닌 부재

참고사항
피노 그리지오는 피노 누아의 변종으로 색이 더 옅다. 피노 누아가 짙은 보라색인 반면 피노 그리지오는 붉은빛이 도는 핑크색이다. 뛰어난 레드 와인을 빚을 정도로 빛깔이 짙지 못하기 때문에 바로 압착한 후 맑은 즙만을 저온 발효시켜 화이트 와인으로 빚어진다.

포도껍질과 오크 통의 영향 구별해보기

보라색 포도로 빚어진 핑크색 언오크드 와인	보라색 포도로 빚어져 오래된 통에서 숙성된 레드 와인	보라색 포도로 빚어져 새 통에서 숙성된 레드 와인
2 피노 누아 로제	**3** 프랑스의 피노 누아	**4** 고급 피노 누아

발효 초기에 압착한 후 고형물 제거

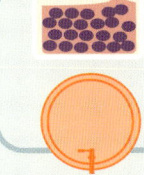
고형물과 함께 발효 후 '중성'의 오크에서 숙성

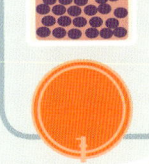
고형물과 함께 발효 후 새 통에서 숙성

예
호주의 피노 누아 로제, 또는 프랑스의 부르고뉴 로제나 뉴질랜드의 피노 누아 로제 같은 그 외의 핑크색 피노 누아

감지될 만한 특징
다소 낮은 당분/중간대의 드라이한 맛, 높은 산도/톡 쏘는 신맛, 적당한 과일 풍미, 오크 풍미 부재, 낮은 알코올/가벼운 무게감, 무시해도 될 정도의 미약한 타닌

참고사항
핑크색 와인의 양조에는 레드 와인과 화이트 와인의 양조 과정이 결합된다. 즉 짙은 색 포도를 압착하여 6~48시간 정도 껍질과 함께 담가놓고, 충분한 정도의 빛깔과 풍미가 우려지면 그 핑크색 즙을 포도 고형물과 분리시켜 저온 발효시키는 방식이다.

예
적당한 가격대의 부르고뉴 피노 누아, 또는 메르퀴레나 상트네 같이 어리고 크게 부담 없는 가격의 프랑스 부르고뉴

감지될 만한 특징
아주 낮은 당분/아주 드라이한 맛, 높은 산도/톡 쏘는 신맛, 적당한 과일 풍미, 가벼운 오크 풍미, 중간대의 알코올/중간대의 무게감, 가벼운 타닌

참고사항
레드 와인은 짙은 색의 포도껍질에서 빛깔과 풍미는 물론 거칠고 떫은 타닌을 함께 우려낸다. 빈트너들은 대체로 저가 와인만 제외하고 모든 레드 와인을 통 숙성시켜 병입 전에 부드러워지게 가다듬는다. 아주 부드럽고 가격대도 꽤 적당한 편인 유럽의 레드 와인들은 대개 새 오크의 맛을 크게 잃은 오래된 통에서 숙성된다.

예
소노마 카운티나 몬터레이 같은 캘리포니아 아펠라시옹의 피노 누아, 아니면 오리건, 뉴질랜드, 캐나다산의 피노 누아로 대신 맛봐도 된다.

감지될 만한 특징
낮은 당분/드라이한 맛, 적당한 산도/새콤한 맛, 높은 과일 풍미, 강한 오크 풍미, 중간대의 알코올/중간대의 무게감, 적당한 타닌

참고사항
신세계의 고급 와인들은 대체로 더 숙성된 포도로 빚어지며 빈트너들은 빛깔과 풍미를 최대한 우려내려 한다. 레드 와인은 강렬하게 만들면 더 거칠어지기도 해서, 부드럽게 가다듬으려면 오랜 시간의 통 숙성이 필요하다. 더 볼드한 편인 포도 풍미는, 새 통으로 더 강하게 풍미를 돋우는 공을 들인 결과다.

지역 특산품 스타일: 주정강화 와인

대다수 와인의 알코올은 자연 발효의 결과물이다. 하지만 증류주를 섞어 담은 '주정강화' 와인도 몇 가지 있는데, 대체로 순수 알코올에 가까운 그랍파와 비슷한 식의 비숙성 포도 브랜디를 섞어 넣는다. 주정강화 와인은 알코올 함량이 보통 와인의 15~20%대보다 높다. 그래서 향이 강하고 무게감도 더 묵직한 편이라 적은 분량씩 서빙된다. 이런 주정강화 와인은 화이트와 레드 모두 있지만, 달콤한 스타일이 가장 인기 있다.

주정강화 와인에 얽힌 역사 한 토막

주정강화 와인은 사람들이 그 맛을 좋아하는 덕분에 지금까지 살아남은 역사적 유물이다. 그런데 원래 와인 통 안에 증류주를 넣었던 것은 와인메이커들이 아니라 와인 상인들과 선장들이었다. 배에 싣기 전에 방부제를 넣었던 것이다. 생선을 소금에 절이거나 야채를 피클로 만드는 것처럼 당시엔 부패를 막기 위한 조치들이 장거리 운송을 위해, 특히 더운 기후에서 일상적으로 행해지던 일이었다. 이 점으로 미루어 보면 포트와 셰리에서부터 마데이라와 마르살라(Marsala)에 이르기까지 최고 인기 주정강화 와인들 모두가, 따뜻한 기후의 항구들을 거점으로 삼아 세계적 해상제국에 와인을 공급하는 과업을 맡았던 영국 상인들의 혁신이 빚어낸 결과였음이 이해가 된다. 당시 알코올을 첨가해 와인을 안정화시키는 관행을 품질 향상을 위해 와인 양조술에 접목시켰던 곳은 이들이 소유하거나 감독하던 와이너리들이었다. 그 후 포르투갈, 스페인, 이탈리아의 빈트너들도 이 선례를 따랐다.

뜨거운 기후의 특산품
주정강화 와인은 유난히 뜨거운 와인 생산지들의 특산품이다. 이런 지역에서는 풍부한 햇빛 덕분에 포도의 당분과 알코올을 얻어내기가 쉽다.

필요에 따라 탄생된 스타일

역사적 관행
멀리 떨어진 시장까지 운송하는 동안의 부패 방지를 위해 최종 와인에 브랜디를 넣어 주정을 강화시키는 방법

와인 양조에의 적응
와인 보존을 위해 발효 후 숙성에 들어가기 전에 주정을 강화시키는 전통적 '셰리 양조법'의 방식

달콤한 와인의 양조를 위한 개선책
효모를 사멸시켜 포도 당분을 지키고 와인을 보존하기 위해 발효 중에 주정을 강화시키는 '포트 양조법'의 방식

셰리 양조법: 발효 후에 주정강화

이 오래된 와인 양조 방식에서는, 거의 예외 없이 첫 단계로 드라이할 정도로 발효시킨 화이트 와인부터 빚는다. 그리고 이렇게 만들어진 베이스 와인에 증류주를 넣어 주정을 강화시킨 후에 숙성시킨다. 이런 셰리 와인은 나중에 가당을 할 수도 있고, 안 할 수도 있어서 피노 셰리(Fino Sherry)같이 지극히 드라이한 와인에서부터 크림 셰리처럼 아주 달콤한 와인까지 맛이 다양하다.

셰리 스타일 와인은 대개 강한 알코올과의 균형을 위해 풍미를 증진시킨다. 셰리 양조법으로 만들어지는 와인들로는 다음의 예가 있다.

포트 양조법: 발효 중에 주정강화

일명 뮈타지(mutage)라고도 불리는 이 기술은 보다 최근에 이루어진 혁신으로, 화이트와 레드 모두 가능하지만 달콤한 와인만을 빚어낸다. 증류주의 첨가 시기가 훨씬 빨라서 발효 중에 넣는데, 효모는 알코올이 15% 이상인 상태에서는 견디지 못하기 때문에 브랜디를 첨가하면 발효 과정이 갑자기 중단되면서 달콤한 디저트 와인의 맛이 보장된다. 이 포트 양조법으로 만들어진 와인으로는 다음과 같은 것들이 있다.

스페인의 셰리
강렬한 편인 갈색 셰리의 경우엔 산화 숙성을 통해, 또는 라이트 바디에 옅은 색의 피노 셰리의 경우엔 플로르(flor)라는 특별한 효모로 숙성시키는 방식을 통해 풍미를 증진시킨다[아몬티야도(Amontillado)의 경우엔 두 가지 방식 모두 활용].

포르투갈의 드라이한 마데이라
드라이한 세르시알(Sercial) 마데이라와 베르델료(Verdelho) 마데이라의 경우, 일명 마데라이제이션(maderization)이라는 높은 온도에서의 산화 숙성을 통해 풍미를 증진시킨다.

이탈리아의 드라이한 베르무트 (Vermouth)
사실 와인 상품보다는 거의 혼성주로 팔리는 베르무트는 허브를 비롯한 여러 식물을 우려내 풍미를 가미하는 주정강화 와인이다.

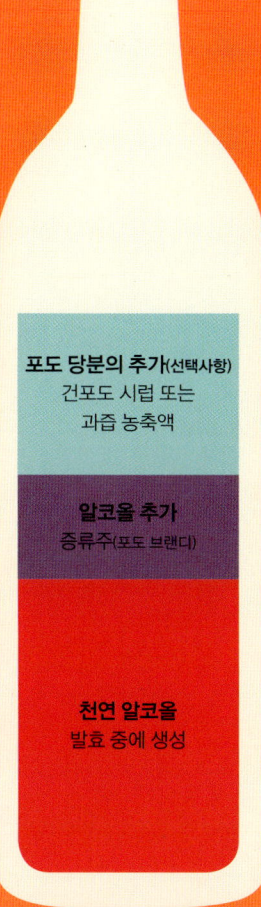

포도 당분의 추가(선택사항)
건포도 시럽 또는 과즙 농축액

알코올 추가
증류주(포도 브랜디)

천연 알코올
발효 중에 생성

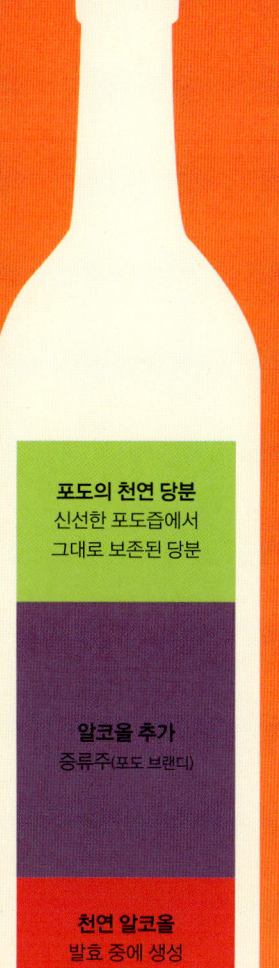

포도의 천연 당분
신선한 포도즙에서 그대로 보존된 당분

알코올 추가
증류주(포도 브랜디)

천연 알코올
발효 중에 생성

포르투갈의 포트
포트는 대다수가 레드 와인이며 주로 두 가지 스타일로 나뉜다. 우선 황갈색의 토니 포트는 통 숙성을 거치면서 견과류 풍미를 띠며, 보다 클래식 스타일인 자주색 포트는 산화로부터 보호되어 잼 같이 졸인 과일 향과 생생함이 간직된다.

프랑스의 뱅 두 나튀렐
화이트 뮈스카는 더 달콤한 맛이 나고 어릴 때 마시는 반면, 바뉼 같은 그르나슈 베이스의 레드는 더 드라이한 편이며 대개 통 숙성을 거친다.

스페인의 비노스 데 리코르(Vinos de Licor)
셰리의 나라에서 생산된 안달루시아의 모스카텔과 페드로 히메네스(Pedro Ximénez)는 햇볕에 바싹 말린 청포도를 원료로 사용하는 주정강화 와인이다.

이런 방법으로 양조되는 스타일은 이 외에도, 포르투갈의 달콤한 마데이라와 모스카텔, 이탈리아의 마르살라와 달콤한 베르무트, 스페인의 말라가(Malaga)와 몬티야-모릴레스(Montilla-Moriles)가 있다.

지역 특산품 스타일: 스파클링 와인

이산화탄소와 알코올은 발효의 부산물이라 모든 와인은 어느 한 단계에서 거품이 발생하게 마련이다. 이 거품은 사라지도록 방치하는 것이 보통이지만 약간의 '스파클(거품)'이 함유되어 더 좋은 맛을 내는 와인들도 있다. 빈트너들은 천연 탄산가스를 잡아두기 위해 표준적인 와인 양조 과정에 약간의 수정을 가해, 최종 발효 단계에서 와인의 거품을 가둬둘 수 있는 밀폐 용기를 사용한다.

전통적 방식

상파뉴에서 개척된 '전통적 방식'은 세계 곳곳에서 여전히 고급 와인의 양조에 활용되고 있는데, 이는 그 기분 좋은 결과 덕분이다. 다시 말해 미세하고 크림처럼 부드러운 거품과 가벼운 와인의 상쾌함, 깊고 진한 와인의 풍부함이 한데 어우러진 풍미를 선사해주기 때문이다. 하지만 저렴한 와인은 전통적 방식을 수정하거나 2차 발효를 생략하는 등 시간이 덜 드는 방식을 활용한다.

1. 베이스 와인 만들기
낮은 알코올의 드라이한 스틸 화이트 와인을 만들 때는 대개 덜 익은 적포도와 청포도를 섞어서 만든다.

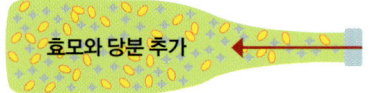

2. 병입 및 가당
베이스 와인을 병에 담아 일정량의 당분과 효모를 첨가한 후 단단히 밀봉한다.

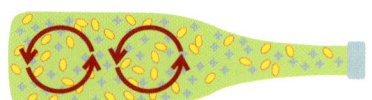

3. 2차 발효
효모가 당분을 먹으며 알코올과 이산화탄소를 발생시키고, 이때 이산화탄소는 빠져나오지 못해 탄산가스 형태로 병 속에 그대로 갇힌다.

4. 앙금(lee) 숙성
발효 후에는 용도를 다한 효모의 침전물이 생기는데, 이 '앙금'과 함께 와인을 숙성시키면 빵 반죽 풍미가 더해지면서 와인의 질감이 풍성해진다.

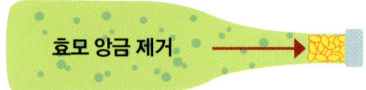

5. 침전물 제거
6개월에서 10년 사이의 숙성을 거친 후, 병의 위아래를 거꾸로 뒤집는 과정과 냉동 과정을 통해 침전물을 제거한다.

6. 와인 보충과 가당
침전물 제거로 잃은 양만큼 와인으로 보충해 채워주고, 와인의 극도로 드라이한 맛을 상쇄하기 위해 사탕수수 설탕을 첨가한다.

스파클링 와인의 스타일별 양조 방식 및 특성

	샴페인 스타일	프로세코 스타일	아스티 스타일
양조 방식	두 번의 발효, 두 차례의 병 밀봉	두 번의 발효, 두 차례의 병 밀봉	밀봉 탱크에서 한 번 발효
주요 특성	장기 앙금 숙성을 거치며 풍성해지는 풍미와 질감	상쾌함을 지키기 위해 어릴 때 병입	단맛을 지키기 위해 중간에 발효를 중지
탄산가스	미세한 거품, 여운이 길고 크림처럼 부드러운 무스(mousse, 거품)	중간대의 거품, 지속적으로 올라오는 무스	비교적 굵은 거품, 오래 못가 꺼지는 무스
달콤함	대체로 드라이한 맛에서부터 아주 드라이한 맛을 지님	대체로 드라이한 맛에서 살짝 달콤한 맛을 지님	예외 없이 달콤함

달콤한 맛을 지칭하는 용어

스파클링 와인에서 가장 헷갈리는 부분 한 가지를 꼽자면 바로 달콤한 맛을 지칭하는 라벨 용어들이다. 사실 프랑스의 샴페인은 처음 인기를 끌게 되었을 당시만 해도 요즘의 청량음료만큼이나 많은 당분이 가당되었다. 하지만 시간이 지나면서 사람들이 더 드라이한 스타일을 찾자 빈트너들이 당분을 덜 첨가하고, 병의 라벨에는 각각 '하프드라이(half-dry)'와 '드라이'의 의미로 '데미섹(demi-sec)'이나 '섹(sec)'이라는 명칭을 넣었다. 그러다 수출시장이 그보다 더 드라이한 와인을 찾자 '드라이보다 더 드라이한'을 의미하는 새 명칭을 만들어내야 했고, 그렇게 해서 달콤함이 거의 전무한 풍미를 알리기 위해 만들어진 용어가 '사납고 거칠다'는 뜻의 '브뤼(brut)'였다.

진정한 '브뤼'

단맛이 느껴지지 않을 정도여야 브뤼 와인에 해당되며 현대식 고급 스파클링 와인이 브뤼 와인의 주를 이룬다. 헷갈리게도 '엑스트라 드라이(extra-dry)'라는 용어는 글자 그대로 더 드라이한 와인을 지칭하는 것이 아니라, 브뤼의 기준보다 더 달콤한 정도를 가리킨다.

데미섹
아주 달콤한 맛

엑스트라 드라이
약간 달콤한 맛

브뤼
아주 드라이한 맛

브뤼 나투르(Brut Nature)
당분이 전혀 첨가되지 않은
극도로 드라이한 맛

체크리스트

지금까지 배웠던 내용 가운데 가장 중요한 사항을 다시 한 번 짚고 넘어가보자.

✓ 와인은 **발효**를 통해 빚어지는데, 이 발효 과정에서 생 효모가 포도의 당분을 먹고 그것을 **알코올**과 **이산화탄소**로 변환시킨다.

✓ 와인은 대체로 드라이하며 알코올 함량이 13%가 넘을 경우 특히 더 드라이한 편인데, 이는 발효 중에 자연적으로 **포도의 당분이 고갈**되기 때문이다.

✓ 빈트너들은 발효를 중단시키거나, 발효 전에 포도를 농축시키거나, 드라이한 와인에 가당을 하는 식으로 **달콤한 와인**을 만들어낼 수 있다.

✓ 화이트 와인의 경우엔 발효 전에 포도껍질을 제거하기 때문에 **어떤 색의 포도로도** 빚을 수 있지만 레드 와인과 로제 와인은 **짙은 색 포도만**을 원료로 쓸 수 있다.

✓ 화이트 와인은 포도 주스의 맛에 더 가까우며 **상쾌한 맛**을 보존하기 위해 저온 발효된다. 레드 와인은 포도껍질의 맛에 더 가까우며 빛깔, 풍미, 타닌 성분의 추출을 위해 따뜻한 온도에서 발효된다.

✓ 로제 와인은 처음엔 레드 와인처럼 **껍질과 함께** 발효되지만, 얼마쯤 후에 이 껍질을 제거하면 최종 발효는 화이트 와인처럼 이루어진다.

✓ 오크 통에서 발효나 숙성을 거친 와인은 **마우스필**이 농축되고 풍성해진다. 통의 일부를 새것으로 사용하면 그 와인에는 **오크 풍미**도 더해진다.

✓ 오크 숙성은 화이트 와인보다 레드 와인에 더 필요한 과정인데, 오크 숙성을 거치면 포도껍질의 거친 성분이 **부드럽게 다듬어지기** 때문이다.

✓ 일부 와인은 증류주 첨가로 주정을 **강화**시켜 알코올 함량을 15~20%까지 높이기도 한다. 이런 주정강화 와인은 대다수가 달콤한 디저트 와인이다.

✓ **탄산가스**는 발효의 천연 부산물이다. 대다수의 **스파클링 와인**은 거품을 가둬두기 위해 스틸 와인을 밀봉된 용기에 담아 재발효시키는 방식으로 빚어진다.

포도재배 시의 선택사항들

품질, 강도, 테루아

와인메이커라면 누구나 포도원에서 일어나는 일이 와이너리에서 일어나는 일보다 더 중요하다고 말할 것이다. 와인은 포도만을 원료로 삼아 만들어지기 때문에 포도의 풍미나 품질에 영향을 미치는 모든 요소가 최종 와인에 그대로 반영되기 마련이다. 포도의 풍미 잠재성은, 광역 지역의 대기후(大氣候)에서부터 지형의 상세한 변수에 이르기까지 땅의 지리적 요소에 따라 크게 좌우된다. 포도재배 시의 이런저런 결정 또한 포도의 풍미 잠재성에 직접적인 영향을 미치기 때문에, 단순히 포도를 언제 수확할지나 어디에 어떤 포도를 심을지의 문제뿐만 아니라 땅의 라이프 사이클을 어떻게 관리할지에 대한 중대한 문제까지 두루두루 신경 써야 한다.

위치의 중요성

와인의 풍미는 다른 대다수 농산물보다도 재배 장소에 큰 영향을 받는다. 포도원과 연관된 모든 요소 하나하나가 그곳에서 재배된 포도로 빚어질 와인의 맛을 특징짓는다. 게다가 이런 요소들이, 위도 같은 거시적 차원의 지리적 요소에서부터 토양 구성 같은 미시적 차원의 미묘한 차이까지, 또 지형 같은 불변의 특징들에서부터 수확 시의 날씨 같은 변하기 쉬운 조건들에 이르기까지 무수하다.

와인의 이해

토지의 중요성에 대한 몇 가지 주요 개념을 알고 나면 와인과 관련해서 아주 헷갈리는 측면 상당수가 차츰 이해된다.

인지도

캘리포니아나 토스카나 같은 최대 와인 생산지들은 아주 저렴한 평상시 와인을 생산하고 있지만 이름의 인지도 면에서 이익을 누리고 있다. 반면 최상급 아펠라시옹들은 대체로 작은 지역이며 그 이름도 루더포드(Rutherford)나 바롤로(Barolo) 같이 생소한 편이다.

> 어떤 와인의 라벨에 표기된 사항 중 가장 중요한 품질 요소는 와인의 아펠라시옹, 즉 공식적 원산지다.

탁월한 와인은 우수 포도원의 포도로만 빚어질 수 있다. 카베르네 소비뇽은 우수한 품종이지만 아주 특별한 재배 조건이 필요하다. 사하라나 시베리아에서 재배된다면 좋은 맛의 와인을 빚어낼 수 없다. 바로 이런 이유 때문에 유럽의 대다수 와인들은 그르나슈 같은 포도 품종명이 아니라 코트 뒤 론 같은 지역명을 와인명으로 삼는 것이다.

> 당연히, 소단위 아펠라시옹이 가장 명성이 높을 뿐만 아니라 거의 예외 없이 최상급 와인을 만들어낸다.

특정 포도재배지들은 뛰어난 품질의 잠재성과 결부되며, 따라서 가격이 고가에 형성된다. 사실 그 땅에서 더 뛰어나고 독특한 와인이 생산될 수 없다면, 굳이 광역구역 내에 따로 소단위 아펠라시옹을 인정할 만한 경제적 동기가 있을까? 유럽에서는 이런 소단위 아펠라시옹에 대해 가장 엄격한 품질 기준을 적용하고 있다.

더 작게, 더 작게

캘리포니아 같은 광역의 와인 생산지들은 별개의 소단위 아펠라시옹을 구축하여 독보적 품질의 와인으로 가치를 높여간다. 가령 캘리포니아 내의 내퍼 밸리가 이와 같은 하위 구역에 해당되며, 이런 하위 구역들은 시간이 지나면서 차츰 와인, 품질, 고가를 호가하는 지역으로서 평가받는다. 그러다 아펠라시옹이 꽤 유명해지면 그 아펠라시옹 내의 최상급 빈트너들이 또다시 그보다 더 작은 단위의 하위 구역을 개척해나가는데, 내퍼 밸리의 루더포드 아펠라시옹이나 하웰 마운틴(Howell Mountain) 아펠라시옹 같은 경우가 그 사례에 해당된다.

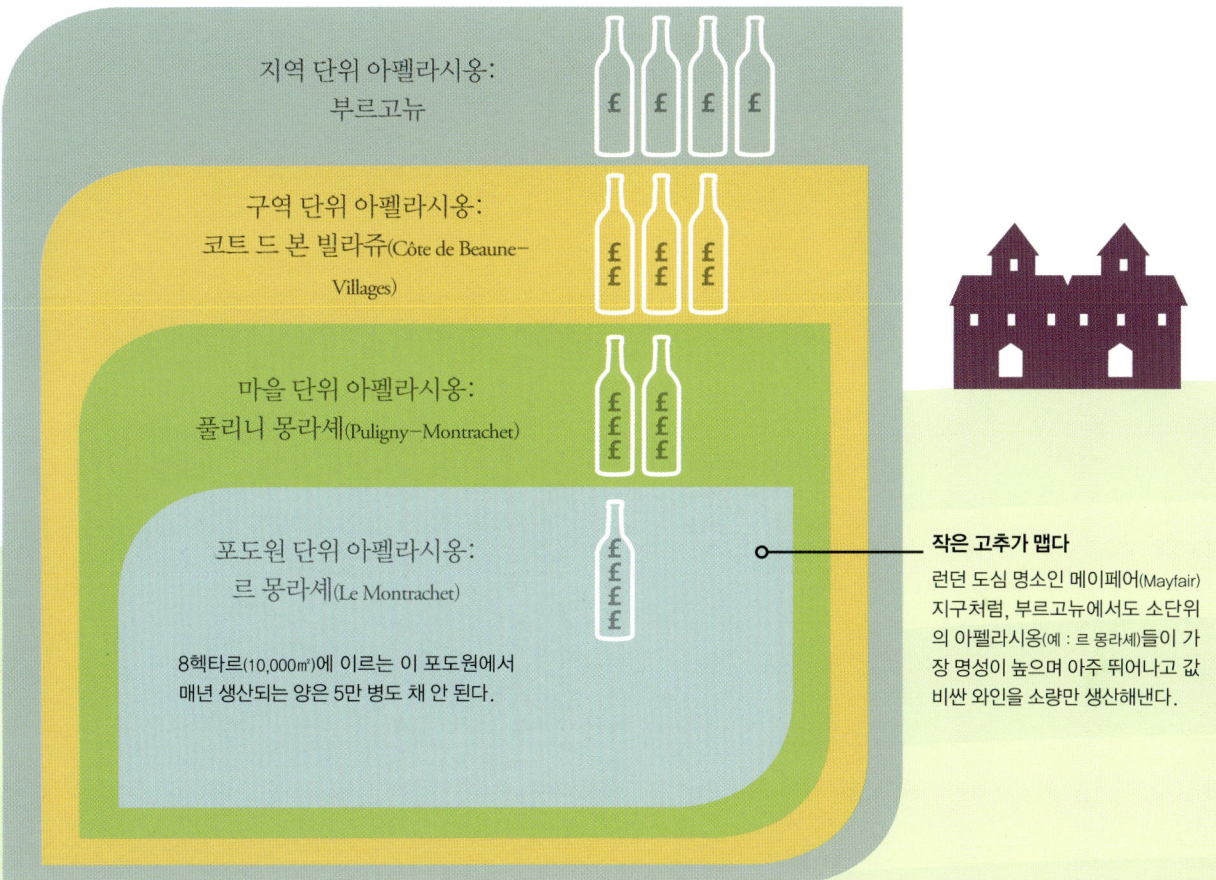

작은 고추가 맵다

런던 도심 명소인 메이페어(Mayfair) 지구처럼, 부르고뉴에서도 소단위의 아펠라시옹(예 : 르 몽라셰)들이 가장 명성이 높으며 아주 뛰어나고 값비싼 와인을 소량만 생산해낸다.

아펠라시옹과 오렌지

아펠라시옹은 공식적인 와인 원산지로서 그곳 포도원의 토지 가치를 암시해주는 신호다. 플로리다산 오렌지가 고가에 팔리는 것처럼 보르도산 와인도 마찬가지다. 하지만 보르도의 평판 높은 메독(Médoc) 반도(半島) 내의 전설적인 마을, 마고(Margaux)의 경우에서처럼 와인의 아펠라시옹은 우수한 토지의 인정 단계가 오렌지보다 훨씬 복잡하다. 유서 깊은 와인 생산지들은 전형적으로 아주 복잡한 아펠라시옹 구조를 갖고 있다. 가령, 부르고뉴의 최대 단위 아펠라시옹인 부르고뉴 내에 있는 별개의 아펠라시옹만 해도, 지역 단위, 구역 단위, 마을 단위 등등 모두 100개나 된다. 이중 가장 최소 단위에 드는 수십 곳은 최상급 브루고뉴 와인의 상징인 그랑 크뤼 등급, 즉 싱글 빈야드(single-vineyard) 아펠라시옹이다.

지리와 기후

포도나무는 특정 재배조건이 필요한 작물이기 때문에 모든 와인 생산지는 몇 가지 공통점을 갖는다. 예를 들면, 여름철에는 포도가 여물기에 충분할 만큼 따뜻하되 겨울에는 나무가 휴면기를 가질 만큼 서늘해지는 기후를 지닌, 적절한 위도대에 위치한다. 하지만 이런 위도대 내에서도 와인의 맛에 영향을 미치는 지역 특유의 변수들이 많다.

상대적 숙성도

포도원의 지리는 와인의 풍미에 여러 가지 방식으로 반영되며, 특히 포도의 숙성에 미치는 영향의 측면이 가장 두드러지게 반영된다. 가령, 호주 남부 지역에서는 포도가 뉴질랜드보다 더 빠르게 농익는데, 이는 호주 남부의 포도재배지가 적도에 가까운 지대인 데다 사방이 아주 차가운 바닷물로 둘러싸여 서늘한 기후를 이루지 않기 때문이다. 그런가 하면 해안가인 토스카나의 포도나무는 생육기에 때때로 구름에 드리워지고 비를 맞으며 자라지만, 아르헨티나의 포도나무는 안데스 산맥의 기슭에서 사막에 가까운 조건 속에 자란다.

지형의 영향

와인 생산지들은 때때로 지형의 후원이 필요하다. 예를 들어, 샤르도네 포도의 경우 샤블리에서는 숙성 조건이 불리해 쌀쌀한 프랑스 북부 지대에서는 가능한 한 햇볕을 많이 받아야 한다. 샤블리에서 최상급의 포도원이 되려면 남향에 위치해야 하며, 좋은 날씨가 필요하다. 실제로 샤블리의 최상급 와인들은 그랑 크뤼 등급으로 유명한 6개의 최상급 포도원에서 생산되는데, 이들 포도원은 유일하게 남쪽을 바라보는 경사지를 차지하고 있을 뿐만 아니라 유난히 옅은 색의 백악질 토양이 아래쪽에서 태양의 온기를 포도로 반사해 올려주는 특징을 띤다.

지역별 포도의 궁합

빈트너들은 어디에 어떤 포도를 심을지 결정할 때 수많은 사항들을 고려해야 한다. 가령, 부르고뉴가 원산지인 피노 누아와 샤르도네 포도는 서늘한 재배 조건에 잘 적응하는 반면 보르도가 원산지이며 껍질이 더 두꺼운 카베르네 소비뇽은 숙성이 잘 되려면 훨씬 더 따뜻한 기후 조건이 필요하다.

너무 높은 지대 : 건조하고 바람이 셈

지리와 기후

위치에 대한 자부심

와인에서는 포도의 재배 위치가 아주 중요하다. 그것도 국가나 기후 같은 광범위한 차원에서만이 아니라, 언덕의 어느 쪽 면에 심어지느냐의 세세한 문제에 이르기까지 모두 중요하다.

남향

피노 누아는 너무 뜨거우면 열에 익어 버리지만 강렬한 풍미를 발전시키려면 햇빛이 필요하기도 하다. 부르고뉴에서는 이 품종의 최상급 와인이 모두 코트 도르(Côte d'Or, 황금의 언덕)라는 급경사지에서 탄생된다. 태양이 비치는 이 경사지에서도 특히 중앙에 위치한 포도원들은 수세기 전부터 최상급 와인의 생산지로 인정받아 왔고 이 중 다수가 명성 높은 그랑 크뤼 자격을 부여받았다. 하지만 바로 위쪽이나 바로 아래쪽 경사면에서 재배되는 포도는 이에 필적하지 못해서, 두 구역의 포도원들은 차상급인 프리미에 크뤼 등급으로 인정받고 있거나 병 라벨에 마을명으로 표기되는 제너릭 와인(generic wine, 일반 와인)을 생산한다. 피노 누아는 세계적으로도 이 모델에 따라 재배되어, 캐나다에서부터 뉴질랜드에 이르기까지 서늘한 지역의 빈트너들 모두 태양이 비치는 경사지에 포도를 심음으로써 비슷한 효과를 얻는다.

적합 지대

보다 적합한 지대

최적 지대

보다 적합한 지대

적합 지대

너무 낮은 지대 : 습하고 눅눅함

보다 최적의 지대

부르고뉴의 코트 도르에서는, 피노 누아에 최적인 그랑 크뤼 등급 지대가 위의 그림에서처럼 경사지 중간에 위치하며, 그 양쪽으로는 빌라쥬 등급인 적합 지대와 프리미에 크뤼 등급인 보다 적합한 지대가 위치해 있다.

테루아의 영향

지리와 기후의 변수에 따라 같은 포도 품종으로 만든 와인이라도 지역별로 아주 다른 맛이 난다. 하지만 같은 지역 내에서도 지형과 토양 구성에서의 미세한 변수에 따라 숙성 잠재성에 영향을 받기도 해서, 그로 인한 와인의 풍미 차이 또한 생겨난다.

테루아란?

테루아(terroir)는 프랑스어로 흙이나 토양을 의미하지만, 와인계에서는 재배지 특유의 풍미를 뜻하는 용어로, '그 토지의 맛'을 지칭한다. 테루아는 흔히 '토양성' 향이나 '광물질' 향으로 묘사되지만 와인의 숙성, 질감, 여운 자체에서도 그 특징을 드러내기도 한다. 몇몇 전문가들은 맛만 보고도 와인이 빚어진 포도원을 구분할 수 있지만 일반 와인 애호가들에게 테루아는 알쏭달쏭하기 마련이다.

테루아에 대해 읽다보면 자연스럽게 이런 의문이 들지도 모른다. '와인에 진짜로 흙이 들어 있는 건 아닐까?' 아니, 그렇진 않다. 수세기 전부터 알려져 왔던 사실이다시피, 포도원의 토양은 와인의 풍미에 큰 역할을 한다. 또 보다 최근에 들어서면서 확실해진 사실이지만, 와인의 테루아는 재배 시의 선택에 따라 증폭되거나 억제될 수도 있다. 그 메커니즘이 밝혀지지는 않았으나 포도나무 주위환경의 라이프 사이클들 간의 상호작용에 그 답이 있는 듯하며, 토양의 회복이나 발효 같은 미생물적 활동과 연관되어 있으리라 추정된다. 확실히 제초제 등의 화학처리들은 와인 속 테루아의 특성을 약화시키는데, 이는 땅 아래 생명 그물과 와인의 연관성을 맛의 차이를 통해 암시해주는 듯도 하다. 실제로 고급 와인의 제조자들 다수가 유기농 농업이나 친자연 농업을 실행하고 있기도 하다.

맛으로 느껴지는 주위환경
포도원과 생태계는 포도의 재배에서 중요한 품질 요소이며, 그 영향력은 와인 잔 속에서 맛을 통해 느낄 수도 있다.

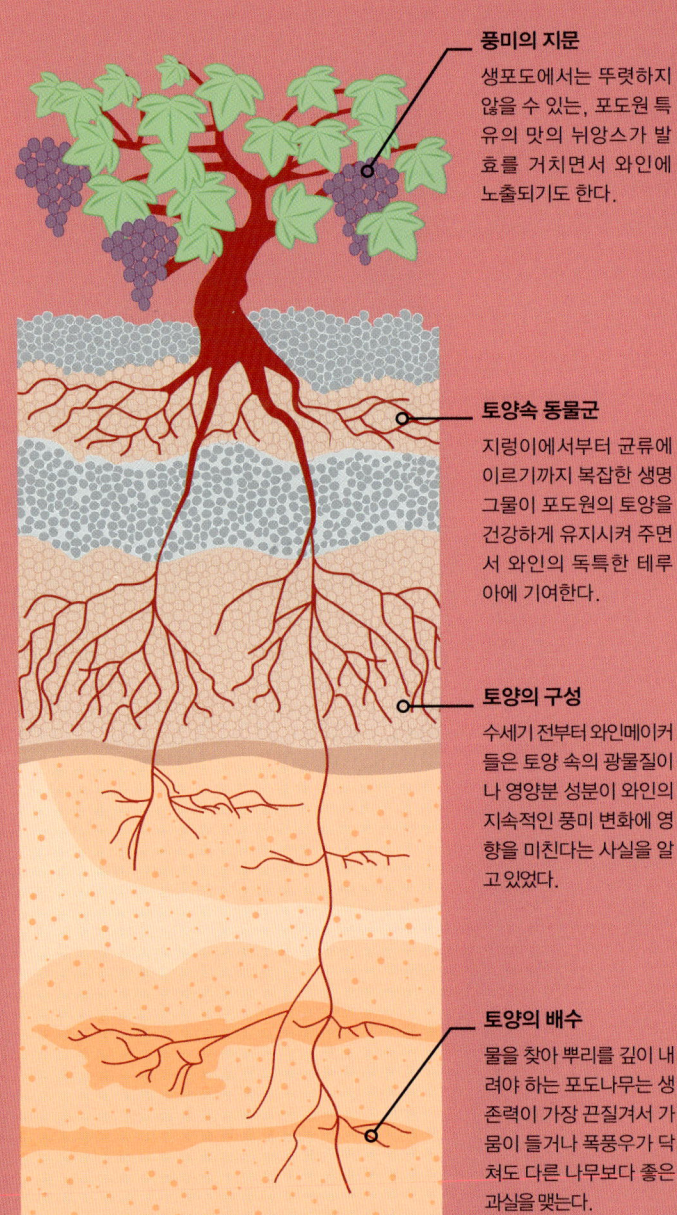

풍미의 지문
생포도에서는 뚜렷하지 않을 수 있는, 포도원 특유의 맛의 뉘앙스가 발효를 거치면서 와인에 노출되기도 한다.

토양속 동물군
지렁이에서부터 균류에 이르기까지 복잡한 생명 그물이 포도원의 토양을 건강하게 유지시켜 주면서 와인의 독특한 테루아에 기여한다.

토양의 구성
수세기 전부터 와인메이커들은 토양 속의 광물질이나 영양분 성분이 와인의 지속적인 풍미 변화에 영향을 미친다는 사실을 알고 있었다.

토양의 배수
물을 찾아 뿌리를 깊이 내려야 하는 포도나무는 생존력이 가장 끈질겨서 가뭄이 들거나 폭풍우가 닥쳐도 다른 나무보다 좋은 과실을 맺는다.

테루아의 영향　159

이제는 케케묵은…

로크로프나 그뤼에르 같은 생우유 치즈의 경우가 그렇듯, 미생물은 뛰어난 복잡성을 지닌 풍미를 탄생시키곤 한다. 전통을 이어온 (치즈와) 와인들로 인해 구세계는 조금은 케케묵은 개성을 포용하게 되었고, 그 결과 흙 같은 테루아의 특성은 대체로 유럽의 와인에서 칭송되는 부분이다. 신세계 사람들은 미생물을 무조건 전멸시켜야 할 위협으로 여겨서 이 지역 와인들은 청결한 과일 풍미를 더 강조하는 편이며, 특히 저가 와인의 경우에 더 그렇다.

토양의 중요성

'맛으로 느낄 수 있는 포도원 주위환경의 영향'이라는 테루아의 개념을 알면 우수 와인의 세계를 이해하는 데 효과적인 도구를 얻는 셈이다. 사실 그 복잡한 아펠라시옹 체계와 포도원 등급은 모두 테루아를 중심으로 와인들을 체계화하려는 시도이니 말이다.

토양의 중요성을 보여주는 확실한 예는 바로 보르도의 사례다. 카베르네 소비뇽은 이 지역 최고 와인의 원료로 쓰이지만 그 두꺼운 껍질의 특성상 충분한 숙성을 위해서는 풍부한 열을 받아야 하며, 따라서 축축한 점토지대보다는 강 좌안 쪽의 배수가 잘 되는 자갈지대에서 훨씬 잘 자란다. 1855년 세계박람회에서 최고의 레드 와인 에스테이트들로 뽑히고 그 후에는 보르도의 그랑 크뤼 등급으로 인정된 곳들 가운데 90%가 메독 반도의 자갈이 많은 인접 마을 네 곳에 몰려 있었던 것도 우연의 일치는 아니다.

한편 숙성이 빠른 메를로는 점토지대에서 더 신뢰성 높은 와인으로 만들어진다. 하지만 이곳 점토지대의 땅은 좌안 쪽 자갈지대보다 경작 조건이 덜 이상적인 편이라 와인에 대한 평가도 상대적으로 낮으며, 그에 따라 대다수가 보르도 지역단위 등급의 평상시 와인으로 팔리고 있다.

여러 의미

좁은 의미에서 보자면, 와인의 테루아란 포도원이 부여해주는 맛과 냄새의 개성이다. 또 보다 넓게 보자면, 어떤 지역의 테루아란 기후, 경치, 토양 등 풍미에 영향을 미치는 요소들의 독특한 조합이다.

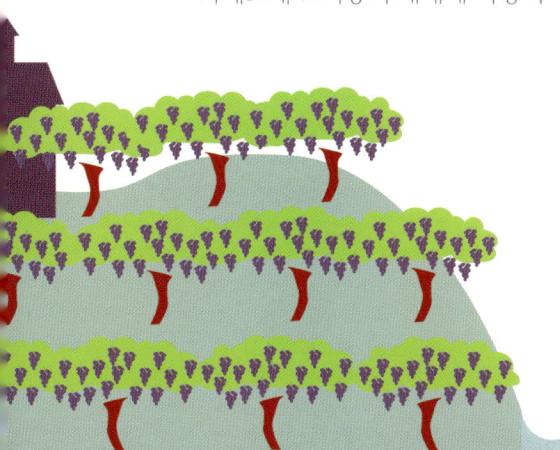

보르도 좌안, 메독 지구
숙성 잠재성을 끌어올려주는
따뜻하고 건조한 자갈지대
카베르네 소비뇽의 재배에 이상적

보르도 우안 지역
숙성 잠재성을 제한하는
서늘하고 축축한 점토지대
메를로의 재배에 더 적절

재배의 우선순위: 품질이냐, 생산량이냐?

부담 없이 마시기에 적당한 저가 와인용 포도는 똑같은 아펠라시옹에서 재배되더라도 최고급 명품 와인을 빚는 용도의 포도와는 그 재배 방식이 다르다. 또한 정원에서 조상 대대로 정성스레 키워온 토마토와 마트에서 산 토마토의 맛이 다르듯, 장인이 빚은 와인도 대량생산된 와인과는 그 맛이 다르다.

포도나무의 이상적 재배지

평평하고 비옥한 땅은 트랙터 사용이 용이하고 생산적이라 대량생산의 용도에 이상적이다. 그에 비해 가파르고 척박한 토지는 경작하기가 힘들고 과실 산출량도 적지만, 포도를 더 뛰어나게 숙성시켜 숙성가치 높은 와인을 탄생시킨다.

벌크 와인과 고급 와인

벌크 와인용 포도를 재배하는 포도원과 고급 와인용 포도를 재배하는 포도원은 생산성과 농경철학 측면에서 서로 다른 우선순위를 따른다. 품질보다 가격 중심의 빈트너들은, 대량판매 시장을 겨냥해 농사를 짓느라 어쩔 수 없이 작물 양을 늘리고, 낮은 가격을 유지하기 위해 비료를 주고 물을 관개해주고 기계식 살충제를 분무해주면서 재배된 포도를 사는 셈이다. 하지만 야심찬 빈트너들은 직접 농사에 나서며, 대체로 자신의 땅에서 포도를 재배한다. 게다가 대풍작은 풍미의 강도를 약화시키므로 수확량을 의도적으로 억제시키는가 하면, 화학적 개입을 거의 차단하면서 땅을 경작한다.

에스테이트인가, 에스테이트가 아닌가?

빈트너들은 직접 포도를 재배할 경우 품질 요소들에 대해 더 통제력을 갖게 된다. 신세계의 와인 라벨에는 '에스테이트 보틀드(estate bottled)' 같은 문구로 포도원 소유 사실을 넌지시 암시하기도 한다. 유럽의 경우엔 와인 에스테이트를 뜻하는 용어가 지역별로 달라서 부르고뉴에서는 도멘(domaine), 보르도에서는 샤토(château), 토스카나에서는 테누타(tenuta)를 쓴다는 차이가 있긴 하지만, 작은 글씨로 역시 빈트너의 역할에 대해 밝혀놓고 있다. 라벨에 포도원 소유나 포도재배 관련 표기가 없다면 그 와인은 구매한 포도로 만들어진 것이다.

생산량을 위한 농경

효율성 극대화를 위해 산출량 증대

화학 처리 활용(재래식 농법)

경작의 기계화 활용

여러 가지 농법

현재의 기준에서 보면 산업혁명 이전까지 모든 농경은 유기농이었다. 하지만 이제는 생산 증대를 위한 비료, 살균제, 제초제, 살충제의 활용이 농경의 기준으로 자리 잡았고, 이 모두는 포도재배에서도 일상적으로 활용된다. 하지만 포도원에서의 화학약품 사용을 줄이거나 배제하면 와인의 품질 잠재성이 높아진다.

고급 와인이라고 해서 모두가 유기농 포도를 원료로 쓰는 것은 아니다. 하지만 와인의 품질이 뛰어날수록 최대한 친자연적 농법을 활용했을 가능성이 높다. 일부 빈트너들은 고객들에게 이런 정성을 전달하기 위해 애써 유기농 포도 인증을 받기도 한다. 더러는 여기에서 더 나아가, 훨씬 엄격한 기준의 친자연적 농법을 채택해 재배 포도에 바이오다이내믹(biodynamic) 인증을 받기까지 한다. 실제로 이런 방식으로 생산된 와인에서는 개성과 테루아가 돋보이고 여운이 더 긴 일관성을 보여주며, 우수 와인을 수집하는 이들에게도 하나같이 그 품질을 인정받고 있다. 하지만 친자연 농법은 다소 비용이 많이 들어서 저가 와인보다는 주로 명품 가격대의 와인에서 보편적이다.

유기농 포도 사용

와인에 유기농 인증을 받으려면 와인을 양조할 때 그 어떤 첨가물도 사용할 수 없다. 하지만 발효 전에 미량의 황을 넣는 것은 수세기 전부터 해왔던 와인 양조의 필수 단계다. 이 단계를 생략할 경우, 오히려 와인의 안정성이 무너져 유통기간을 대폭 단축시킬 뿐이다. 바로 이러한 사정 때문에, 와인 라벨에 주로 '유기농 와인'이라는 문구보다 '유기농 포도 사용'이라는 문구가 쓰이는 것이다.

포도원의 수확량 관리

포도나무는 과실을 덜 맺을수록 포도의 숙성이 잘 이루어진다. 과실이 너무 많이 열리면 포도에 와인 양조를 위한 적절한 당분이 생성될 수는 있겠지만 대체로 풍미가 약하거나 산도 같은 성분의 균형이 제대로 잡히지 못한다. 따라서 빈트너들로선 와인의 품질 향상을 원할 경우 수확량을 희생시킬 수밖에 없으며, 바로 그런 이유로 고급 와인의 가격이 그렇게 높이 뛰는 것이기도 하다.

품질을 위한 농경
- 풍미 향상을 위한 수확량 감축
- 화학 처리의 기피(친자연 농법)
- 수작업 경작

테이스팅

포도원의 영향 구별해보기

집에서 아펠라시옹 및 품질등급별 네 가지 와인의 비교 시음

다음의 네 가지 와인을 나란히 시음해보면서 포도원의 위치와 와인 양조술이 와인의 스타일에 어떤 영향을 미치는지 느껴보자.

1. 두 쌍의 와인 모두 포도 품종과 와인 생산지가 똑같다는 사실을 명심하기 바란다. 하지만 두 경우 모두 첫 번째 와인은 제너릭 와인에 가까우며 대단위 아펠라시옹의 부담 없는 스타일인 반면, 두 번째 와인은 보다 야심차게 빚어진 고급 와인으로 소단위의 하위 아펠라시옹에서 빚어진 것이다.

2. 각 쌍의 와인들은 서로 기본적으로는 비슷하지만, 2번 와인과 4번 와인이 얼마나 더 숙성되고 강렬한 풍미인지에 주목한다. 아로마 프로필도 더 뚜렷하게 느껴질 것이다. 대단위 아펠라시옹의 부담 없는 제너릭 와인들은, 더 명성 높은 소단위 아펠라시옹에서 생산된 고급 와인들에 비해 비교적 풍미가 부드럽고 여운이 짧으며 개성이 덜한 편이다.

> 와인은 같은 포도를 원료로 쓰더라도 지리와 농법의 차이에 따라 맛이 달라진다.

1 부담 없는 가격의 화이트 와인

예
프랑스의 마콩 블랑, 또는 마콩 빌라쥬나 부르고뉴 블랑 같이 부드러운 풍미가 유사한 화이트 부르고뉴

감지될 만한 특징
낮은 당분/드라이한 맛, 높은 산도/톡 쏘는 신맛, 낮은 과일 풍미, 오크 풍미 부재, 중간대의 알코올/중간대의 무게감, 부담 없이 편하고 상쾌한 맛

참고사항
이 지역 단위 부르고뉴 와인처럼, 대단위 아펠라시옹의 이름으로 병입된 와인들은 더없이 맛이 좋고 상쾌한 편이다. 하지만 우수성보다는 실용성을 우선시하는 포도원에서 재배된 포도를 원료로 사용하며, 그 지역 여기저기에서 재배된 포도를 블렌딩한 와인일 소지도 있다.

2 고급 화이트 부르고뉴

예
프랑스의 푸이 퓌세(Pouilly-Fuissé), 뫼르소나 샤사뉴 몽라셰(Chassagne-Montrachet) 같은 유사한 고급 화이트 부르고뉴

감지될 만한 특징
낮은 당분/드라이한 맛, 중간대의 산도/새콤한 맛, 중간대의 과일 풍미, 가벼운 오크 풍미, 높은 알코올/묵직한 무게감, 보다 진하고 강렬한 풍미

참고사항
이 빌라쥬 등급의 부르고뉴처럼 소단위 하위 아펠라시옹의 이름으로 병입된 와인들은 품질의 잠재성이 높으며, 대체로 뚜렷하게 느껴질 만큼 더 강렬한 풍미를 지닌다. 이런 경향은 소단위 아펠라시옹에서의 품질 규정이 더 엄격한 유럽에서 특히 더 높다.

3

부담 없는 가격의
미국의 피노 누아

4

미국의
고급 피노 누아

예

캘리포니아의 피노 누아, 또는 호주 남동부 지역산의 저가 시라즈

감지될 만한 특징

옅은 빛깔, 낮은 당분/드라이한 맛, 적절한 산도/새콤한 맛, 중간대의 과일 풍미, 가벼운 오크 풍미, 중간대의 알코올/중간대의 무게감, 어리고 부담 없으며 기분 좋은 풍미

참고사항

신세계에서는 농경에 대한 규제가 덜한 편이긴 하지만, 캘리포니아 같은 대단위 아펠라시옹에서 만들어진 와인은 대체로 명성이 떨어지는 지역에서 재배된 포도들을 블렌딩하는 편이다. 이런 와인들은 기분 좋은 느낌은 내주겠지만, 대개 깊이나 복잡성은 별로 없는 채로 가벼운 즐거움만 준다.

예

카네로스(Carneros) 피노 누아, 또는 러시안 리버나 소노마 연안산의 피노 누아, 아니면 호주 바로사의 고급 시라즈로 대체해도 괜찮다.

감지될 만한 특징

짙은 빛깔, 낮은 당분/드라이한 맛, 적절한 산도/새콤한 맛, 높은 과일 풍미, 강한 오크 풍미, 높은 알코올/묵직한 무게감, 보다 짙고 아로마가 풍부하며 복잡한 풍미

참고사항

더 우수한 와인을 생산하기에 이상적인 조건이 갖추어진 지역에서는 하위 아펠라시옹들이 형성된다. 이런 아펠라시옹의 포도원들은 더 깊고 개성적인 와인을 빚어내며, 빈트너들로선 더 높은 가격에 판매함으로써 거리낌 없이 산출량을 낮추고 품질을 높일 수 있다.

체크리스트

지금까지 배웠던 내용 가운데 가장 중요한 사항을 다시 한 번 짚고 넘어가보자.

✓ 와인의 라벨에서 가장 중요한 **품질 요소**는 바로 **아펠라시옹**, 즉 공식적 원산지다.

✓ 소단위 아펠라시옹은 거의 예외 없이 대단위 아펠라시옹보다 **더 우수한** 와인을 빚어낸다.

✓ 부르고뉴나 캘리포니아 같은 대단위 와인 생산지에서는 최상급의 포도원 지대들이 다른 지대의 와인과 구별하기 위해 자체적인 **하위 아펠라시옹**을 세운다.

✓ 그 지역의 기후와 지형 같은 **포도원의 지리적 특징**은 포도의 숙성에 뚜렷한 영향을 미친다.

✓ 상식적인 얘기지만, 포도는 **잘 자라지 않는** 곳에는 거의 심어지지 않는다.

✓ 와인은 지리 및 기후의 변수에 따라 같은 포도 품종으로 만들어도 지역별로 **맛이 아주 다르다**.

✓ 프랑스어인 **테루아**는 와인 용어로 쓰일 때는 대략 '그 토지의 맛'으로 번역되며, 그곳 특유의 풍미를 의미한다.

✓ **벌크 와인용** 포도를 재배하는 포도원과 **고급 와인용** 포도를 재배하는 포도원은 생산성과 농경철학 측면에서 서로 다른 우선순위에 따라 운영된다.

✓ 와인의 품질이 뛰어날수록 그 포도는 화학 처리를 최소화하며 **최대한 친자연적으로** 경작되었을 가능성이 높다. 또한 여운이 더 길고 **풍미의 개성**도 강한 편이다.

✓ 대단위 **제너릭 아펠라시옹**에서 생산되는 와인은 대체로 고급 와인과 비교해서 풍미가 부드럽고 여운이 짧으며 개성이 약한 편이다. 또한 가격이 더 **부담 없기도** 하다.

문화적 우선순위

역사와 전통, 그리고 혁신

와인은 국가별로 맛이 다르지만 이는 단지 지리적인 이유 때문만은 아니다. 인간은 와인 양조의 결과를 좌우하는 측면에서 자연 못지않게 지대한 역할을 펼치며 바람직한 결과로 이어지도록 조정하고 있는데, 그 결과가 문화별로 다양하다. 식민지 시대에 유럽에서 와인이 개발되고 확산된 역사를 살펴보면 와인의 수많은 미스터리에 고개가 끄덕여질 것이다. 세계화가 최고조에 이르러 있다지만 구세계와 신세계의 와인들 사이에는 여전히 맛으로 느낄 수 있는 차이가 남아, 전통과 요리감각에서의 차이를 반영하고 있다.

구세계 와인인가, 신세계 와인인가

와인 전문가들이 믿고 활용하는 가장 유용한 도구 한 가지는, 유럽, 즉 구세계에서 만들어진 와인과 아메리카 대륙과 남반구, 즉 신세계에서 만들어진 와인 사이의 차이점이다.

스타일의 차이

'구세계'니 '신세계'니 하는 말이 구식으로 들릴 테지만 와인 업계에서는 여전히 이런 용어를 쓰고 있다. 유럽의 와인은 대체로 고유의 독특한 규칙에 따라 라벨이 표기될 뿐만 아니라(52~53쪽 참조), 와인들 사이의 맛 차이가 코르크를 따기 전부터 예상 가능한 방식이다. 똑같은 포도 품종으로 똑같은 양조 방식에 따라 만들더라도, 구세계와 신세계의 와인은 전반적으로 아래와 같이 맛을 통해 구별 가능한 패턴을 따른다.

구세계 와인의 풍미 프로필
- 보다 전통적임 : 음식에 곁들여 마실 때 최고의 맛을 내도록 설계
- 가벼운 무게감/알코올
- 낮은 당도(특히 드라이한 스타일에서 두드러진다.)
- 높은 산도
- 미묘하고 흙내음이 더 짙은 과일 풍미
- 가벼운 오크 풍미(양조 과정 중 오크가 사용된 경우에 한한다.)
- 거친 타닌(레드 와인만 해당)

신세계 와인의 풍미 프로필
- 보다 현대적임 : 따로 마실 때 최고의 맛을 내도록 설계
- 묵직한 무게감/알코올
- 높은 당도(특히 드라이한 스타일에서 두드러진다.)
- 낮은 산도
- 볼드하고 잼 같은 과일 풍미
- 강한 오크 풍미(양조 과정 중 오크가 사용된 경우에 한한다.)
- 부드러운 타닌(레드 와인만 해당)

와인 생산국
와인을 만드는 국가는 수십 곳에 달하지만 전 세계 와인 시장을 지배하는 국가는 구세계의 프랑스, 스페인, 독일, 포르투갈, 오스트리아를 비롯해 신세계의 미국, 호주, 아르헨티나, 칠레, 남아프리카공화국, 뉴질랜드, 캐나다 정도다.

와인의 세계

포도와 무관한 변수들

왼쪽에 나열된, 식별 가능한 차이들은 포도의 품종 차이에서 비롯되는 결과가 아니다. 사실, 와인용 우수 품종은 모두 유럽이 원산지이니 말이다. 이런 차이는 오히려 와인의 맛에 영향을 미치는 다른 두 변수, 즉 포도원의 주위환경과 와인 양조 과정에서 인간의 결정에 따른 차이에서 비롯된 결과다.

생산지의 지리와 기후

같은 품종을 재배해도 구세계의 와인 생산지들은 거의 예외 없이 신세계의 와인 생산지들에 비해 더 서늘하고 구름이 많다. 그 결과, 유럽의 포도는 전반적인 숙성도가 낮은 편이다. 반면 신세계의 대다수 와인 생산지들은 햇빛이 아주 풍부하고 따뜻하며 건조한 기후를 지녀, 포도의 숙성도를 높이기가 수월하다.

현지의 역사와 문화

구세계는 수세기에 걸쳐 이어온 와인 양조 유산에 영향을 받아, 충분한 숙성, 지역 특유의 요리와 잘 어울리는 특성 등 전통적 목표에 따르는 편이다. 신세계 와인들은 혁신 정신에 따르는 한편 기술 의존도가 높은 경향을 띠어, 전 세계인이 첫 모금부터 기분 좋게 맛볼 만한 맛이라든가 와인 비평가들을 감동시킬 만한 풍미 등 아주 다양한 우선순위에 따라 설계된다.

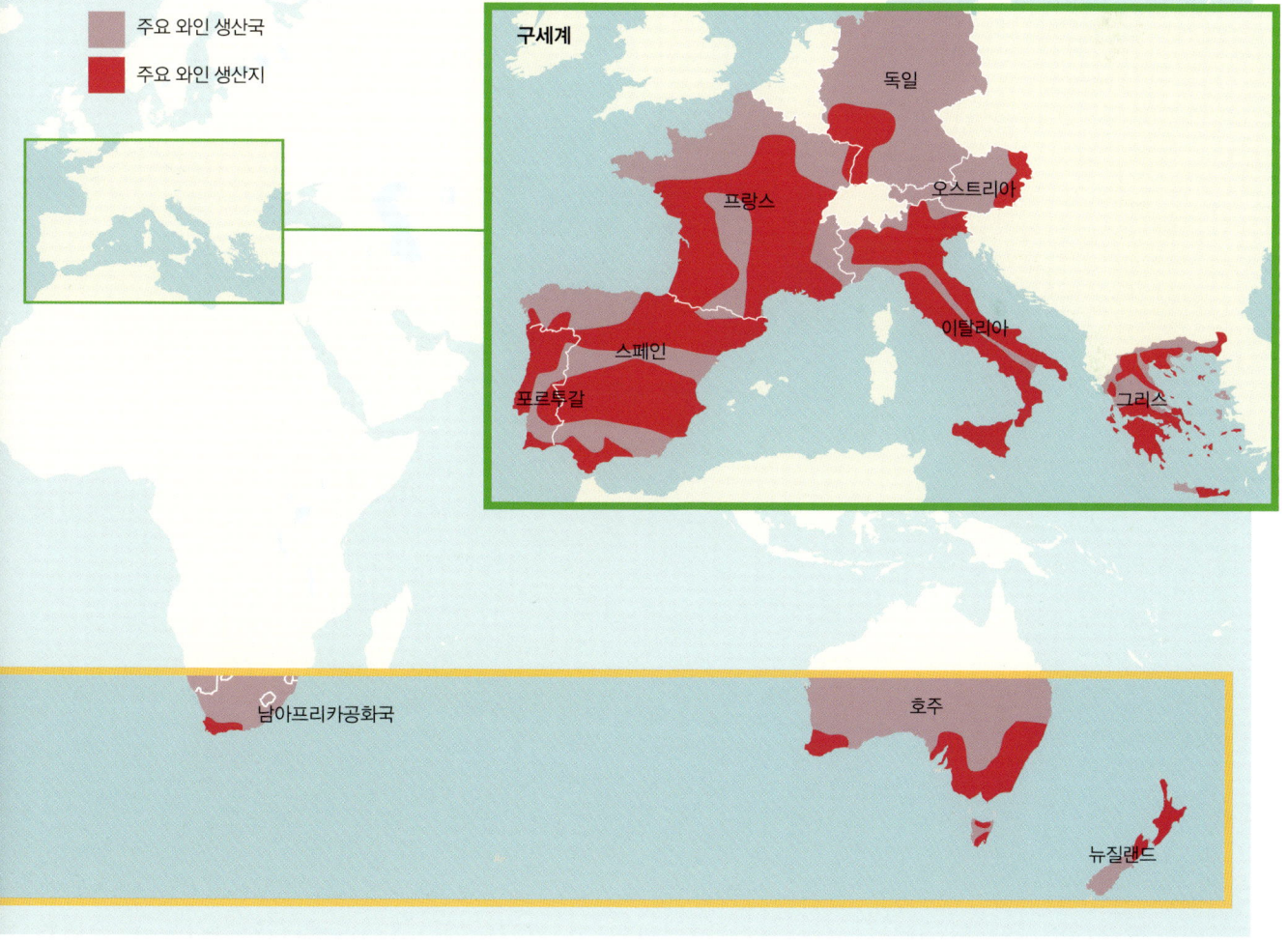

유럽의 와인사

우리가 현재 알고 있는 와인은 유럽에서 개발되었으며, 이는 오늘날 전 세계에서 사용되는 모든 포도 품종도 마찬가지다. 오늘날의 유럽 와인에 대한 알쏭달쏭한 측면들 대다수는 그 역사적 맥락을 따져보면 더 이해하기가 쉬워진다.

우수 품질의 와인을 이끈 요소

이탈리아와 스페인 같은 지중해 남부 지역들은 가장 긴 와인 양조 역사를 자랑하고 있으며 토착종 포도 품종들을 가장 많이 확산시켰고 현재도 여전히 양적 측면에서 최고를 점유하고 있다. 하지만 품질 면에서 볼 때 유럽 최고의 와인들은 프랑스, 독일 같은 더 북쪽의 서늘한 지역에서 나왔으며, 이 지역에서는 특정 포도 몇 종으로 상급의 와인을 소량 빚어냈다.

- 쌀쌀한 기후나 돌투성이 경사지 같은 만만치 않은 포도원의 환경에서는 포도나무 한 그루당 총 과실생산량이 줄어들면서 와인의 품질이 향상된다(160~161쪽 참조).
- 와인의 품질 향상에 시간, 토지, 노력을 투자한다는 것이 중세의 평범한 농부에게는 가치 있는 일이 아니었을 테지만 프랑스 중부의 유력한 수도회에게는 타당한 일이었다.

기술혁신 이전의 시대

유럽의 와인 양조 전통은 산업과 기술의 혁신이 일어나기 훨씬 전부터 굳건한 토대가 잡혀 있었다. 당연히 농사는 항상 유기농이었고, 발효의 복잡한 화학작용에 대한 이해가 아닌 수세대에 걸친 시행착오를 바탕으로 와인이 양조되었다. 냉장 기법이나 안정화 기법이 가능해지기 전까지 와인은 가능한 한 드라이하고 숙성 가치 있는 특성을 가져야 했다. 또한 와인은 음식에 곁들여 지지 않고 따로 서빙되는 경우가 드물었기 때문에 빈트너들은 당연히 그 지역의 요리와 잘 어울리는 스타일을 선호했다. 심지어 첫 모금에는 조금 시거나 씁쓸하게 느껴지더라도 말이다.

포도원 연대표

기원전 8000년경

포도가 처음 와인으로 빚어진 곳은 현재의 그루지야인 코카서스 지역이었다. 이런 와인 양조의 관습은 석기시대에 흑해에서 지중해 유역으로 건너왔고 페니키아에서부터 그리스에 이르기까지 고대 문명들이 와인 양조를 주변 연안지대로 전파시키면서, 대체로 올리브나무가 잘 자라는 곳에 포도가 심어졌다. 온화한 겨울 날씨와 건조하고 햇빛이 풍부한 여름 날씨를 가진 이 지역은 포도나무가 경작하기 가장 쉽고 생산성이 가장 높은 작물이었다. 오래 지나지 않아 와인은 올리브 오일과 함께 지중해 연안의 주요 식품으로 떠올랐다.

기원전 100년경~서기 200년경까지

기원전 1세기 중반에 로마인들이 북쪽으로 밀고 들어오면서 서늘한 지대에 처음으로 포도나무가 심어졌다. 올리브나무가 아닌 오크 숲이 무성하게 자라는 이런 곳에서는 와인용 포도를 경작하기가 더 험난해진다. 여름 날씨가 덜 따뜻해 포도가 잘 여물지 않으니 말이다. 품종을 선별해 가장 햇빛이 잘 드는 곳에 심어야만 쌀쌀한 기후에 잘 적응해 최고의 와인으로 빚어질 수 있었다. 차가운 북쪽의 포도원들은 나무 한 그루당 생산량이 낮은 편이었으나 시간이 지나면서 그 포도로 빚은 와인들이 더 농축되고 부패에 대한 내성도 더 강한 것으로 드러났다.

양 vs 품질의 역사

로마시대 이전까지 와인은, 포도나무의 재배가 쉽고 열매도 풍성하게 열리는 유럽 남부 지역에서만 빚어졌다. 그러다 이후에 포도나무 재배의 북방 한계선에 가까운, 더 서늘한 지역에서 뛰어난 품질의 와인이 생산되었는데, 이는 그런 환경에서 생존을 위해 몸부림치던 포도가 과실을 덜 맺으면서 더 뛰어난 와인으로 빚어진 덕분이었다.

- 로마시대 이전의 포도원 지대
- 포도나무 재배의 한계지대
- ★ 중요한 와인 생산지

5~11세기까지

와인을 만드는 이들 대다수에게는 모험적인 기후 조건에서 더 적은 양의 와인을 생산하기 위해 땀 흘려야 할 만한 동기가 없었다. 양보다 품질을 선택하는 것은 소수의 지배계층을 제외하면 어리석은 일로 치부되었을 것이다. 단, 유럽이 중세에 기독교화되지 않았다면 말이다. 성찬식에서 와인이 그리스도의 피를 상징한 덕분에 와인은 신분이 격상되었다. 중세시대에 가장 유력한 수도회 몇 곳이 프랑스의 부르고뉴 지역을 본거지로 삼고 있었고, 이곳의 금욕적 수도사들은 와인을 농촌의 주요 식품에서 고상한 사치품으로 변모시키는 데 일조했다.

12~15세기까지

현대의 포도재배와 와인 양조 방식은 대체로 중세의 부르고뉴 왕국에서 시토 수도회와 베니딕토 수도회 수사들이 실행했던 방식들에서 유래된 것이다. 이들의 기술이 현재까지 명맥을 이어온 이유는, 그들이 성공 사례와 실패 사례를 기록해 두었기 때문이다. 이 유력 단체들은 세력권을 넓히면서 양보다 품질을 중시하는 와인 전통도 함께 전했다. 그리고 이 전통은 포도나무가 생존할 수는 있으나 지중해 스타일의 대풍작이 되기가 힘든 곳에서 가장 번영했다. 중세시대 말엽에 부르고뉴나 보르도 같은 지역은 뛰어난 와인으로 명성이 드높았다.

프랑스, 우수 와인의 아이콘

프랑스는 처음 와인을 빚은 나라는 아니지만 대대적인 품질의 체계화를 추구한 최초의 나라였다. 우수 와인의 분야에서 몇백 년이나 앞서 출발했던 프랑스는, 화이트 와인에서 독일이 라이벌 상대를 이루었을 뿐 그 외에는 1800년대 전까지 거의 경쟁상대가 없었다. 그 결과 5세기가 넘도록, 세계 어느 곳의 누구든 와인의 품질을 향상시키고 싶어 하는 이들은 자연스레 프랑스로 눈길을 돌렸다.

세계의 기수(旗手)

유럽의 와인을 제외한 모든 우수 와인은 거의 다 프랑스가 원산지인 포도를 원료로, 부르고뉴 화이트 와인, 보르도 레드 와인, 샹파뉴 스파클링 와인 같은 유명 와인을 본떠서 빚어진다. 이탈리아, 스페인, 포르투갈, 그리스처럼 다수의 토착종 포도 품종을 보유한 국가들조차 최상급 와인의 경우엔 대체로 프랑스의 양조법에 따라 빚어지는가 하면, 상당수는 프랑스의 오크 통에서 숙성되기도 한다. 심지어 토스카나의 산지오베제나 카스티야의 템프라니요 같은 지역 토착 포도의 베이스에 카베르네 소비뇽 같은 프랑스의 유명한 포도를 섞어 블렌딩하는 방식으로 품질을 향상시키는 경우마저 있다. 게다가 EU를 통해 와인 양조 규정이 표준화되었을 당시, 원산지명으로 와인이름 짓기, 허용되는 포도 품종과 최대 수확량 기준의 규제, 와인 품질에 따른 공식적 서열화 등의 모든 면에서 품질 지향의 프랑스 체계가 채택되기까지 했다.

프랑스의 와인 생산지 가운데서도 여섯 지역은 다른 지역보다 그 영향력이 훨씬 높은데, 특히 우수 와인의 세계에서 독보적인 존재감을 과시하는 세 곳, 즉 부르고뉴, 보르도, 샹파뉴는 조금 더 공부해둘 만한 곳이다. 대다수 우수 와인의 원형으로서 중요한 의미를 갖는 지역들이기 때문이다. 가령 샤르도네와 피노 누아 와인은 모두가 프랑스의 부르고뉴를 본떠서 빚어진다. 카베르네 소비뇽과 메를로 와인도 하나같이 프랑스의 보르도를 모델로 삼고 있다.

나머지 세 곳의 와인 생산지인 론 밸리, 루아르 밸리, 알자스는 와인 애호가들 사이에서 비교적 덜 유명한 지역일 수도 있지만, 전 세계 빈트너들 사이에서 시라즈, 소비뇽 블랑, 피노 그리지오 같은 와인의 원형으로서 높이 우러르는 지역이다.

프랑스의 6대 와인 생산지와 각 생산지별 상징적 스타일

세계의 최우수 와인들 상당수는 프랑스의 몇 가지 와인으로부터 영감을 받아 빚어지고 있는데, 그 구체적인 생산지역과 포도 품종은 다음과 같다.

- **부르고뉴** : 샤르도네, 피노 누아
- **보르도** : 카베르네 소비뇽, 메를로, 말벡, 소비뇽 블랑
- **샹파뉴** : 스파클링 샤르도네 / 피노 누아 블렌딩
- **론 밸리** : 시라(시라즈), 비오니에, 그르나슈(가르나차) 블렌딩
- **알자스** : 피노 그리(피노 그리지오), 리슬링, 피노 블랑
- **루아르 밸리** : 소비뇽 블랑, 슈냉 블랑, 카베르네 프랑

프랑스의 6대 와인 생산지

프랑스에서는 여러 지역에서 와인을 생산하지만 특히 여섯 지역인 부르고뉴, 보르도, 상파뉴, 론 밸리, 루아르 밸리, 알자스가 세계 와인 시장에서 독보적인 위상을 점유하고 있다.

식민지에서의 와인 양조

와인양조 전통이 아메리카 대륙과 남반구로 들어온 것은 식민지화 시대 중에 유럽인들에 의해서였는데, 이 지역은 현재도 여전히 비교적 신흥주자로 남아있으며 특히 우수 와인 부문에서 그런 경향이 두드러진다. 신세계 와인은 1960년대나 1970년대 이후에야 품질 면에서 구세계의 와인과 경쟁 상대가 될 수 있었으나 그 과정에서 전 세계 와인 양조방식과 판매방식의 혁신적인 변화를 촉발시켰다.

보다 현대적이고 덜 전통적으로
전반적으로 볼 때 신세계 지역의 와인들은 공통적으로 '현대적' 감성을 지니는 점에서 더 '전통적'인 유럽의 와인과 차이를 보인다.

필요와 발명

신세계의 초창기 빈트너들은 새로운 땅의 개척자들이었다. 이들로선 유럽의 '레시피'를 따르는 것이 당연한 선택이었다. 하지만 기후, 기술, 상품의 시장 측면에서 지역적 환경이 달라도 너무 달랐던 탓에 와인의 맛도 너무 달랐다. 실제로 구세계의 전통적인 스타일이 비교적 가볍고 부드러우며 과일 향이 부족하고 흙의 풍미가 강한 편이라면, 신세계 와인은 비교적 볼드하고 묵직하며 더 숙성되고 과일 향이 강한 편이다. 이런 차이는 신세계의 대다수 와인이 더 따뜻한 지역에서 재배되고 즉각적인 만족을 위해 설계되는 반면, 더 서늘한 기후의 구세계 지역 와인들은 더 음식 지향적이며 여운이 오래 이어지도록 빚어지기 때문이다.

포도원 연대표

16~18세기까지

초기에 유럽에서 신세계 식민지로 들여온 포도들은 대다수가 워크호스 그레이프(workhorse grape) 품종들이었다. 북아메리카 같은 일부 지역에서는 비니페라종 포도가 그 지역 해충에 대한 저항력이 없었던 탓에 초기 실험이 실패로 돌아갔다. 그나마 포도나무가 잘 자라던 지역의 경우엔 한동안 대다수의 와인들이 미숙한 수준에 머물렀다. 하지만 지역이 번영하면서 야심찬 빈트너들이 와인의 품질 향상을 위해 보르도나 부르고뉴 같은 프랑스 지역의 보다 유명한 품종에 도전했다. 이런 초기 실험 가운데 일부는 이내 품질의 잠재성이 인정되었는데, 남아프리카공화국 콘스탄샤 지역의 스위트 와인들이 바로 그런 사례였다.

19~20세기 중반까지

신세계의 포도원들은 대체로 캘리포니아나 호주 남부 지역같이 따뜻하고 햇빛이 많은 지역에 포도를 심었는데, 포도재배에는 과숙성과 가뭄이 미숙성이나 강우보다 더 위험요소였다. 와인메이커들은 변통책을 세워야 했는데 딱히 기댈만한 지역 전통이 없던 터라 그 길잡이로서 과학과 기술에 관심을 돌렸다. 와인은 대체로 부담 없는 평상시 스타일이었고, 영리적 수익창출의 필요성이 다급한 상황에 따라 효율성이 향상되고 생산성이 높아졌다. 관개, 기계화, 화학적 농법에서 혁신이 개척되며 널리 채택되었다. 하지만 품질 지향 에스테이트의 우수 와인들 또한 이 시기에 비약적인 약진을 일구었다.

신세계 탐험

식민지 시대에는 유럽의 비티스 비니페라(Vitis vinifera) 종 포도나무들이 곳곳에 심어졌다. 하지만 이 나무들이 늘 잘 자랐던 것은 아니며, 대다수 지역의 경우 수세기가 지나서야 경쟁력을 가질 만한 우수 와인이 등장하게 되었다.

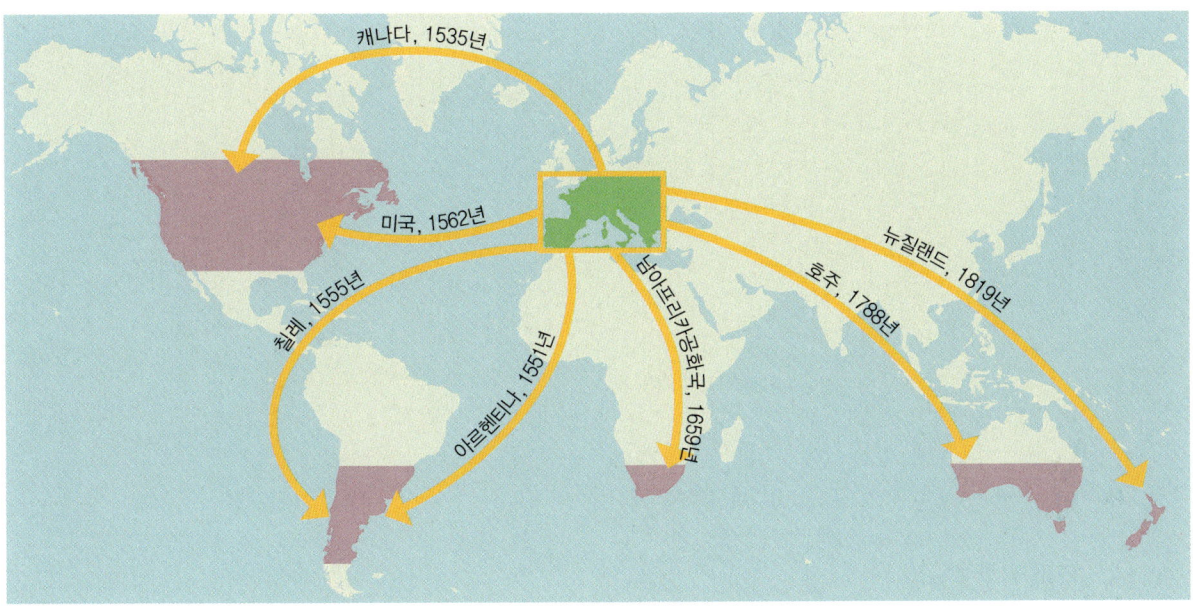

20세기 말

신세계 와인은 제2차 세계대전 이후에 급속도로 향상되는가 싶더니, 1980년대 무렵에는 최우수 와인들이 품질의 원형이던 프랑스 와인들에 맞먹을 수준까지 올라섰다. 하지만 맛은 구세계의 와인과 동일하지 않았다. 과일 풍미가 더 그윽했고, 포도의 숙성도가 높았던 까닭에 대체로 더 강하고 볼드한 편이었다. 물론 이는 지리적 차이에서 비롯된 결과였으나, 유럽의 전통적 와인 양조 관행과 식민지에서 활용되는 보다 현대적 기술 사이의 차이에서 기인된 것이기도 했다. 또한 신세계 와인은 전통적 계보가 부족한 만큼, 그 벌충을 위해 단지 음식과 잘 어울리는 정도만이 아니라, 첫 모금부터 감탄을 줘야 할 필요가 있었다.

21세기 초

오늘날의 경쟁적인 세계 시장은 여전히 와인의 맛을 변화시키고 있다. 한때 구세계와 신세계 와인 간에 차이가 뚜렷했던 스타일은, 시간이 지나면서 그 뚜렷함이 흐려지고 있다. 가령 유럽의 빈트너들은 갑자기 등장한 식민지의 신흥강자들과 경쟁하기 위해 더 숙성되어 바로 마셔도 될 만한 와인을 만들고 있다. 한편 아메리카 대륙과 남반구의 와인메이커들은 좋은 성과로 자신감이 붙게 되자, 더 상쾌하고 더 음식 친화적인 와인을 생산하고 있다. 하지만 근본적으로 보자면 즉각적인 만족감을 보다 강조하는 신세계의 경향과 보다 절제된 음식 지향적 감성을 띠는 구세계의 경향이 아직도 남아 있다.

테이스팅

구세계와 신세계 와인의 스타일 구별해보기

집에서의 신세계 와인과 구세계 와인의 비교 시음
다음의 와인들을 나란히 시음해보며, 같은 포도로 와인을 빚더라도 지리와 문화적 차이에 따라 맛이 얼마나 큰 차이를 보이는지 느껴보자.

중요한 차이
신세계 와인은 보다 현대적인 편으로 강한 첫인상을 주도록 설계되어 숙성도가 높고 과일풍미가 강하다. 유럽의 구세계 와인은 더 전통적인 편으로, 음식과 잘 어울리도록 설계되어 비교적 과일 향이 부족하고 드라이한 편이다.

구세계의 화이트 와인

예
상세르, 푸이 퓌메, 투렌, 캉시(Quincy) 같은 프랑스 루아르 밸리의 소비뇽 블랑, 또는 보르도의 언오크드 와인으로 대신해도 된다.

감지될 만한 특징
아주 낮은 당분/아주 드라이한 맛, 아주 높은 산도/아주 톡 쏘는 신맛, 중저대의 과일 풍미, 오크 풍미 부재, 낮은 알코올/가벼운 무게감, 젖은 잎사귀나 돌의 냄새 같은 '흙'의 향이 뚜렷

프랑스식
프랑스 북부 지역에서 재배되는 소비뇽 블랑은 거의 숙성이 이루어지지 않아서 이 포도로 빚은 와인들은 거칠고 음식 지향적이다.

신세계의 화이트 와인

예
뉴질랜드의 소비뇽 블랑, 또는 칠레의 소비뇽 블랑이나 미국 캘리포니아 워싱턴의 소비뇽 블랑으로 대신해도 된다.

감지될 만한 특징
낮은 당분/드라이한 맛, 높은 산도/톡 쏘는 신맛, 중고대의 과일 풍미, 오크 풍미 부재, 중간대의 알코올/중간대의 무게감, 열대 과일 계열의 아주 강한 '과일' 향

뉴질랜드식
뉴질랜드에서는 서늘한 기후의 언오크드 소비뇽 블랑도 만들지만, 숙성도가 높고 음식 없이 따로 즐기기에도 부담 없는 훨씬 현대적인 스타일의 와인도 빚는다.

구세계의 레드 와인

예
이탈리아 남부 풀리아 지역의 프리미티보(Primitivo, 진판델), 또는 프랑스의 부르고뉴/피노 누아로 대신해도 된다.

감지될 만한 특징
아주 낮은 당분/아주 드라이한 맛, 아주 높은 산도/아주 톡 쏘는 신맛, 중간대의 과일 풍미, 가벼운 오크 풍미, 중간대의 알코올/중간대의 무게감, 마른 잎사귀나 뿌리채소 계열의 '흙'의 향이 뚜렷

이탈리아 남부식
이탈리아 남부의 빈트너들은 와인의 양조에서 해산물과의 친화성을 우선시해서, 생생한 산도를 지키기 위해 포도를 조기에 수확한다.

과일 향 부족 vs 그윽한 향

두 쌍의 와인들은 같은 포도 품종을 원료로, 비슷한 방식을 통해 빚어진 것이다. 하지만 유럽의 와인은 더 전통적인 스타일을 띠어서, 비교적 가볍고 과일 향이 부족한 데다 당분이 낮고 산도가 높으며, 흙의 향은 높고 과일 향은 낮은 편이다. 신세계 와인은 더 묵직하고 숙성도가 높으며, 당분이 약간 높고 산도가 낮은 편이다. 또한 드라이한 데도 디저트 계열의 향이 보다 강하며, 오크 풍미가 확연히 느껴지는 경향이 더 높다.

신세계의 레드 와인

예
캘리포니아의 레드 진판델(프리미티보), 또는 캘리포니아의 피노 누아로 대신해도 된다.

감지될 만한 특징
다소 낮은 당분/드라이하거나 살짝 달콤한 맛, 적당한 산도/새콤한 맛, 높은 과일 풍미, 강한 오크 풍미, 높은 알코올/묵직한 무게감, 잼이나 말린 자두 계열의 강한 '과일' 향

미국식
캘리포니아에서는 진판델로 불리는 같은 품종이지만 미국에서는 다른 방식으로 다루어져서, 그 와인이 첫 모금에 바로 판단되며 대개 붉은색 고기나 달콤한 소스의 요리에 곁들여져 나온다.

체크리스트

지금까지 배웠던 내용 가운데 가장 중요한 사항을 다시 한 번 짚고 넘어가보자.

✓ 구세계 와인과 신세계 와인은 똑같은 **포도 품종**을 사용해 똑같은 **와인 양조법**으로 만들어도 대체로 다른 맛이 난다.

✓ 유럽(구세계)에서는 포도가 대개 **서늘한 지역**에서 재배되어 **전반적인 숙성도**가 낮은 편이다.

✓ 신세계의 와인 생산지는 대체로 아주 **햇빛이 풍부하고 따뜻하며 건조한** 편이라 포도의 숙성도를 높이기가 더 쉽다.

✓ 구세계에서 만들어진 와인은 대개 오랜 기간 동안 지켜온 전통적 이상에 따라 빚어져, **잘 숙성되고 지역의 요리에 어우러지는** 등의 특성을 띤다.

✓ **혁신적**이고 더 **기술 의존적**인 신세계 와인은 대개 **전 세계인**의 입맛을 만족시키고 **와인 비평가**들에게 첫 모금에 강렬한 인상을 주는 것에 중점을 맞추는 편이다.

✓ 지중해 연안 남부 지역은 긴 **와인 양조 역사**를 자랑한다. 또한 풍부한 토착종 포도 품종을 보유하고 있으며 **최다 와인 생산지**이기도 하다.

✓ 프랑스인들은 최초로 대대적인 와인 품질의 체계화를 추구하여, 500년이 넘도록 세계 어느 곳의 누구든 **와인의 품질을 향상**시키고 싶어 하는 이들에게 모델이 되어 주었다.

✓ **프랑스의 와인 생산지** 가운데 특히 영향력이 높은 여섯 지역은 바로 부르고뉴, 보르도, 상파뉴, 론 밸리, 루아르 밸리, 알자스다.

✓ 아메리카 대륙과 남반구에 와인 양조 전통이 전해진 것은 **유럽의 식민지**로 있던 시대였다. 이 지역들은 와인의 세계, 우수 와인 부문에서 비교적 신흥주자들에 든다.

와인용 포도와 와인 생산지의 발견

지금까지 큰 그림은 충분히 들여다봤으니 이번엔 구체적인 사항으로 들어가 와인 세계에서의 주요 주자들과 친해져보자. 와인 양조에 사용되는 포도 품종과 와인이 빚어지는 생산지는 와인의 맛을 결정하는 데 가장 중요한 변수다. 지금까지 포도의 풍미가 숙성도에 따라 어떻게 달라지는지, 또 지리와 문화가 와인 양조의 결과에 어떤 영향을 미치는지 이해했으니 포도 품종과 생산지를 공부하기가 훨씬 더 수월할 것이다.

와인 애음가들에게 의의가 있는 와인용 포도 품종과 와인 아펠라시옹은 각각 수십 개와 수백 개에 이른다. 그렇다고 해도 당신이 와인을 업으로 삼고 있는 경우가 아니라면 이 모두를 공부할 필요는 없다. 아니 쓸데없는 일이라고 할 수도 있다. 하지만 가장 중요한 몇 가지 포도 품종은 기억해둘 만하다. 아주 인기 있고 영향력 있는 품종들이기 때문이다. 그리고 와인 애호가라면 세계의 주요 와인 생산지들 정도는 대략적으로라도 알아두어야 마땅하다. 어쨌든 뛰어난 와인을 빚을 이상적인 조건을 축복받은, 아주 특별한 지역은 이삼십 곳에 불과하다. 이제는 나름 와인 전문가이니 이 모두를 탐험해보는 것도 좋지 않을까.

당신의 입맛에 가장 잘 맞을 만한 와인용 포도 품종과 와인 생산지를 체크해보는 시간이 되길 바란다.

꼭 알아둬야 할 와인용 포도 품종

10대 포도 품종

포도의 품종은 모두 수천 종에 이르지만 현대의 대다수 와인 양조에 사용되는 품종은 이삼십 종에 불과하다. 이 가운데서도 품질은 물론 와인 애호가들 사이에서도 명성 높은 지위를 획득한 품종은 소수의 몇 종뿐이다. 샤르도네, 리슬링, 카베르네 소비뇽, 피노 누아 등등. 알다시피 원래 우수 와인이 프랑스에서 개척된 유래상 이 스타급 품종들 대다수는 프랑스의 유산이지만 현재는 그야말로 국제적인 품종이 되어 곳곳에서 널리 재배되고 있다. 현대의 와인은 상당수가 포도 품종을 와인명으로 쓰고 있기도 해서, 세계의 10대 품종을 알아두면 유용하다.

포도 품종

전 세계적으로 수많은 종의 포도나무가 재배되고 있지만 와인의 원료로 쓰이는 종은 유라시아가 원산지인 '비티스 비니페라'라는 단 하나의 종이다. 샤르도네나 시라즈 같이, 와인 라벨에 찍히는 포도 품종들은 이 비티스 비니페라 종에 속하는 변종들이다. 포도의 변종들은, 모두가 한 종에 속하지만 고유의 특성에 따라 번식해온 개들의 번식과 유사하다. 포도의 경우엔, 지역의 혹독한 겨울이나 여름의 가뭄을 견디기 위해, 생식용이나 와인 양조용으로, 또는 적포도나 청포도로 번식해온 듯하다.

워크호스 그레이프

포도의 품종은 모두 수천 가지에 달하지만 와인 양조상 상업적 가치를 지닌 품종은 이삼십 개에 불과하다. 이 가운데서도 특히 10개의 품종이 라벨에서 와인 애음가들의 눈에 자주 띄게 될 만한 대표적 품종이다. 그렇다고 이 10개가 세계적으로 가장 많이 재배되는 품종들은 아니다. 최대 재배 품종은 대체로 아이렌(Airén), 생소(Cinsaut) 같이 벌크 와인이나 브랜디 양조에 사용되는 워크호스 그레이프들이다. 앞으로 소개할 10대 품종에는, 템프라니요나 슈냉 블랑 등 원산지에서는 정말로 뛰어난 명성을 자랑하며 인기를 끌고 있으나 다른 지역에서는 크게 주목을 못 받아온 와인의 원료로 쓰이는 상당수의 포도들은 제외되었다.

10대 포도 품종

특별한 순서 없이 소개될 이 10대 품종들은 명성이 가장 높은 포도들로서, 말하자면 와인계의 초특급 스타들이다. 이 포도들이 라벨에서 가장 많이 눈에 띄는 품종에 등극된 이유는, 본토에서뿐만 아니라 해외에서도 두루두루 인기를 끌며 세계 곳곳에서 재배되기 때문이다.

화이트 와인용 포도
- 샤르도네
- 소비뇽 블랑
- 리슬링
- 피노 그리지오/피노 그리
- 모스카토

레드 와인용 포도
- 카베르네 소비뇽
- 메를로
- 피노 누아
- 시라/시라즈
- 그르나슈/가르나차

해외로 가야 더 유명해지는…….

어째서 유럽의 포도들은 본토에서 재배될 때보다 신세계에서 재배될 때 더 높은 명성을 얻는 걸까? 유럽에서는 전통적으로 장소명을 와인명으로 사용하는 관례가 있다. 게다가 원료로 쓰인 포도의 종류가 늘 표기되는 것도 아니다. 하지만 아메리카 대륙과 남반구 지역에서는 라벨에 포도명을 표기하는 것이 표준이다. 실제로 산지오베제는 이탈리에서는 최고의 포도일지 몰라도 키안티나 브루넬로 디 몬탈치노(Brunello di Montalcino) 같은 이탈리아 최고의 유명 와인 이름만큼 그 이름이 귀에 익지 못하다. 반면에 말벡은 단지 이 품종이 가장 많이 재배되는 아르헨티나의 빈트너들 덕분에 친근한 이름이 되었다.

왜 포도일까

와인은 어떠한 과일로든 만들 수 있지만 그 많은 과일 중에서 포도가 선택받은 이유는, 포도의 즙이 가장 달콤하기 때문이다. 와인용 포도는 숙성되면 발효 가능한 당분 함량이 최소한 20%이며 70% 이상이 수분인데, 이는 알코올 음료를 만들기에 이상적인 조건이다.

줄기
포도의 줄기는 제거되어 버려지는 것이 보통이지만 일부 스타일의 레드 와인에서는 발효 과정에서 사용되기도 한다.

껍질
껍질은 착색 성분과 타닌이 함유되어 있어 레드 와인 양조에서는 꼭 필요한 존재다. 또한 포도의 풍미 성분은 대다수가 이 껍질과 바로 밑의 과육에 들어 있다.

씨
빈트너들은 압착 시에 씨가 으깨지지 않도록 신중을 기하는데, 이는 씨에서 쓴맛의 풍미가 나올 수 있기 때문이다.

즙이 풍부한 과육
투명한 과육에는 와인 양조의 주요 성분 세 가지, 즉 바로 발효 가능한 당분, 상큼한 신맛, 다량의 수분이 들어있다.

과즙 풍부한 과일
레드와 로제 와인에서는 포도의 모든 부분을 사용하지만, 화이트 와인의 경우엔 즙만 사용하고 고형물은 모두 폐기한다.

샤르도네

섬세함을 잃지 않으면서도 풍미가 풍부하고 강한 화이트 와인으로 빚어질 수 있는 샤르도네는 인기면에서 다른 어떤 포도도 상대가 되지 않는다. 샤르도네 와인은 스타일이 거의 예외 없이 드라이하며 대량판매용 브랜드들에서만 살짝 단맛이 돈다. 나무가 여러 기후에 잘 적응해서 와인을 생산하는 나라에서는 어느 곳이든 최소한 소량씩이라도 샤르도네를 재배한다.

화이트 와인용 포도

사과 계열 풍미

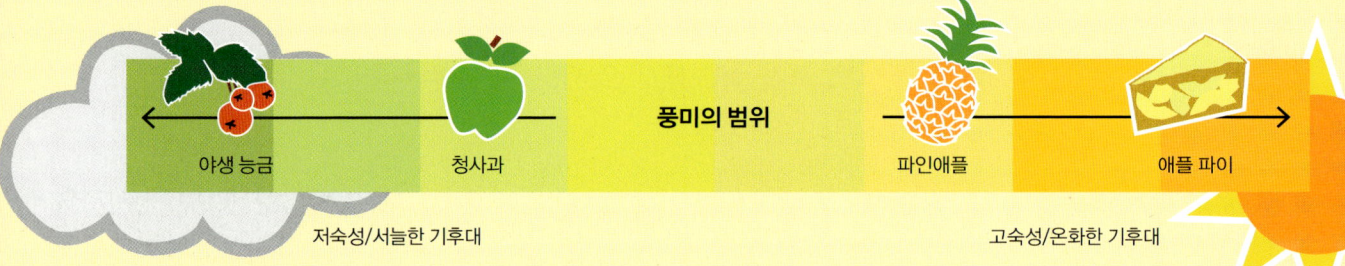

풍미의 범위

야생 능금 — 청사과 — 파인애플 — 애플 파이

저숙성/서늘한 기후대 　　　　　　　　　 고숙성/온화한 기후대

오크 풍미의 가미

샤르도네는 풍미가 아주 미묘해서 대체로 빈트너들이 새 통에서의 발효를 통해 아로마를 증폭시킨다. 하지만 오크 풍미가 기분 좋은 특색을 띠려면 포도가 충분히 숙성되어야 해서, 온화한 지역에서 만들어진 아주 묵직한 와인에서 특히 오크의 존재감이 가장 강렬한 편이다. 가령 신세계의 샤르도네는 대개 오크 풍미가 그윽한데, 상당수 와인 애음가들은 그 토스티한 코냑 같은 풍미가 포도의 고유 특성이라고 착각하곤 한다. 언오크드 샤르도네는 때때로 '언우디드'나 '네이키드'로 칭해지며 피노 그리지오처럼 상큼하고 부드러운 맛이 나기도 한다.

샤르도네 스타일의 범위

스타일과 생산지가 다양하긴 하지만 이 포도로 만들어지는 와인은 감각적 분류상 다음의 하이라이트된 부분에 해당된다.

	저	중	고
빛깔	화이트	해당 무	해당 무
빛깔의 깊이	옅음	적당함	짙음
당도	드라이	살짝 단맛	해당 무
산도	부드러운 신맛	새콤한 맛	톡 쏘는 맛
과일 풍미	부드러움	그윽함	해당 무
오크 풍미	전혀 없음	부드러움	강렬함
무게감/바디	가벼움	중간대	묵직함

레드 와인 같은 화이트 와인

대체적으로 화이트 와인은 묵직함과 오크 풍미에서 레드 와인에 미치지 못하지만, 샤르도네는 묵직함과 오크 풍미에서 레드 와인에 경쟁자가 될 수 있다. 샤르도네는 대개 오크 풍미가 있을 뿐만 아니라, 또 다른 이유로 인해 (대다수 화이트 와인과는 달리) 더 풍부한 느낌을 주기도 한다. 다시 말해 상쾌한 신맛을 잃지 않으면서도 다른 청포도보다 당분을 더 생산할 수 있는데, 그로 인해 와인의 알코올 함량을 끌어올려주는 것이다.

주요 생산지

샤르도네는 중세시대에 프랑스의 부르고뉴 지역이 원산지다. 현재까지도 부르고뉴의 화이트 와인은 모두 100% 샤르도네로 빚어진다. 세련되고 절제된 '화이트 부르고뉴'는 전 세계 빈트너들이 모델로 삼고 있다. 캘리포니아나 호주 같이 온화한 지역에서는 샤르도네를 비교적 더 숙성된 포도로 볼드하고 과일 풍미 그윽하며 풍부한 느낌의 와인으로 빚어내며, 이 와인들은 라벨에 포도명이 표기된다. 뉴질랜드나 캐나다 같은 서늘한 지역의 샤르도네는 더 가볍고 빛깔이 밝으며 부르고뉴 스타일에 가까운 편이다.

☆ 원형(原型)
프랑스의 화이트 부르고뉴

- 서늘한 지역과 소단위 아펠라시옹의 대체적인 언오크드 스타일. 부르고뉴 블랑, 마콩 빌라쥬, 샤블리, 생베랑(St-Véran), 비레 클레세(Viré-Clessé)
- 온화한 기후대 상급 아펠라시옹의 대체적인 통 발효 스타일. 뫼르소, 풀리뉘 몽라셰, 푸이 퓌세, 샤샤뉴 몽라셰
- 샤르도네는 인근의 상파뉴 지역에서 재배되는 세 가지 포도 가운데 하나. 블랑 드 블랑(Blanc de Blancs)은 샤르도네 100%로 만든 샴페인

그 외의 주요 샤르도네 생산지

① **미국** — 캘리포니아 주 : 소노마, 산타 바바라, 몬터레이
그 외의 주 : 워싱턴, 오리건, 뉴욕

② **호주** — 사우스 오스트레일리아 주 : 애들레이드, 패더웨이
그 외의 주 : 빅토리아, 뉴 사우스 웨일스
웨스턴 오스트레일리아

③ **칠레** — 카사블랑카 밸리, 마이포 밸리, 아콩카과

④ **남아프리카공화국** — 코스탈 리전, 스텔렌보스, 케이프 사우스 코스트

⑤ **뉴질랜드** — 호크스 베이, 기즈번, 말버러

⑥ **캐나다** — 나이아가라 반도, 오카나간 밸리

와인계의 귀염둥이

와인메이커들이 샤르도네를 사랑하는 이유는 여러 가지다. 우선 나무가 여러 가지 기후 조건에 잘 적응하고, 황금빛 감도는 그 포도로 다양한 스타일의 뛰어난 와인을 빚을 수 있으며, 샤르도네라는 이름이 세계의 와인 애호가들에게 신뢰받는 이름이기 때문이다.

소비뇽 블랑

소비뇽 블랑은 날카로운 산도, 그리고 풀이나 채소, 또는 심지어 라임에서부터 허니듀 멜론(honeydew melon)에 이르는 초록색 과일 같은 녹색 계열 음식을 연상시키는 코를 톡 쏘는 뚜렷한 향 덕분에 대다수 화이트 와인보다 더 인정받는다. 소비뇽 블랑이 인기가 높은 주된 이유는, 가격 대비 품질의 가치가 신뢰할 만하기 때문이다.

화이트 와인용 포도

허브 계열 풍미

풍미의 범위

야생 능금 — 그레이프프루트 — 패션프루트 — 키위

저숙성/서늘한 기후대   고숙성/온화한 기후대

쌍둥이 스타일

소비뇽 블랑 와인은 대부분이 중간대 바디에 드라이한 편이지만 두 가지 전혀 다른 스타일 가운데 하나를 띠기도 한다. 보편적인 스타일은 뉴질랜드에서 인기 좋은, 서늘한 기후 스타일의 루아르 모델로서 입에 침이 돌게 하는 산도를 지닌 날카롭고 시트러스 향을 지닌 언오크드 와인이다. 한편 캘리포니아처럼 아주 농익을 정도의 숙성이 가능한 곳에서는 때때로 화이트 보르도를 고급 와인의 모델로 따르곤 하는데, 오크의 사용과 세미용과의 블렌딩으로 '풋내'가 덜하며 산도의 공격성이 약해진 와인으로 빚어내는 스타일이다.

소비뇽 블랑의 스타일 범위

이 포도로 빚어진 와인은 다른 스타일로 다른 지역에서 만들어져도, 감각적 분류상 다음의 하이라이트된 부분에 해당된다.

	저	중	고
빛깔	화이트	해당 무	해당 무
빛깔의 깊이	옅음	해당 무	해당 무
당도	드라이	해당 무	해당 무
산도	해당 무	새콤한 맛	톡 쏘는 맛
과일 풍미	해당 무	그윽함	볼드함
오크 풍미	전혀 없음	부드러움	해당 무
무게감/바디	가벼움	중간대	해당 무

야생적인 포도

소비뇽이라는 이름은 프랑스 단어 'sauvage'(길들여지지 않은, 또는 야생의)에서 유래된 듯하다. 아마도 야생 포도와 비슷한 이 포도의 특성이나 그 향의 맹렬함과 연관지어진 이름이 아니었을까 싶다. 어느 쪽이든 간에 이 이름은 후손인 그 유명한 적포도 카베르네 소비뇽에게도 물려졌다.

주요 생산지

소비뇽 블랑은 프랑스 대서양 연안에 위치한 보르도가 원산지이며, 보르도에서는 이 청포도를 주원료로 드라이한 보르도 블랑과 그라브 와인을 빚고 있다. 하지만 소비뇽 블랑은 더 북쪽에 위치한 루아르 밸리에서도 수세기 전부터 재배되어 왔다. 이곳 루아르 밸리의 상세르, 푸이 퓌메 같은 아펠라시옹에서 빚어지는 날카롭고 톡 쏘는 화이트 와인은, 세계적으로 벤치마크 대상이 되고 있다. 소비뇽 블랑은 뉴질랜드와 미국에서 가장 뜨거운 사랑을 받아 왔다.

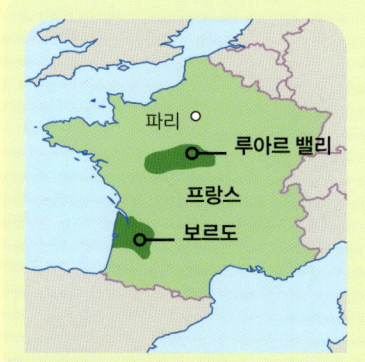

☆ **원형**
프랑스의 화이트 보르도 및 루아르의 화이트 와인

보르도 : 소비뇽 블랑을 베이스로 세미용을 블렌딩

- 대체로 중급 아펠라시옹에서 언오크드 스타일로 빚어져 어릴 때 병입. 앙트르 되 메르(Entre-Deux-Mers), 보르도
- 대체로 최상급 아펠라시옹에서 통 발효되고 숙성. 그라브, 페삭 레오냥(Pessac-Léognan)

루아르 밸리 : 100% 소비뇽 블랑

- 대체로 모든 아펠라시옹에서 언오크드 스타일로 빚어져 어릴 때 병입
- 상세르, 푸이 퓌메, 투렌

그 외의 주요 소비뇽 블랑 생산지

① **뉴질랜드** — 남쪽 섬 : 말버러, 캔터베리
북쪽 섬 : 호크스 베이, 기즈번

② **미국** — 캘리포니아 주 : 소노마, 내퍼, 중앙 연안지역
워싱턴 주 : 컬럼비아 밸리

③ **남아프리카공화국** — 코스탈 리전, 케이프 사우스 코스트

④ **칠레** — 카사블랑카 밸리, 마이포 밸리

⑤ **이탈리아** — 트렌티노, 알토 아디제, 프리울리

열매를 많이 맺고 풍미 그윽한

소비뇽 블랑은 열매를 아주 풍족하게 맺어도 풍미의 강렬함을 별로 잃지 않을 수 있는 별종의 포도나무다. 하지만 새싹과 잎을 피우는 방면에 에너지를 너무 많이 쏟게 되면 아로마가 채소 계열로 치우치기도 한다.

리슬링

리슬링의 강점이라면, 유별나게 낮은 알코올 강도에서도 풍미의 균형이 잘 잡힌 와인으로 빚어지는 능력이다. 그만큼 다른 품종에 비해 포도의 당분을 알코올로 변환시켜야 하는 압박감이 덜한 덕분에, 빈트너들은 대체로 리슬링으로 기분 좋은 스위트 와인을 만든다. 리슬링이 유명해진 이유도, 다른 포도들은 갖지 못한 이런 장점 덕분이다.

화이트 와인용 포도

사과 계열 풍미

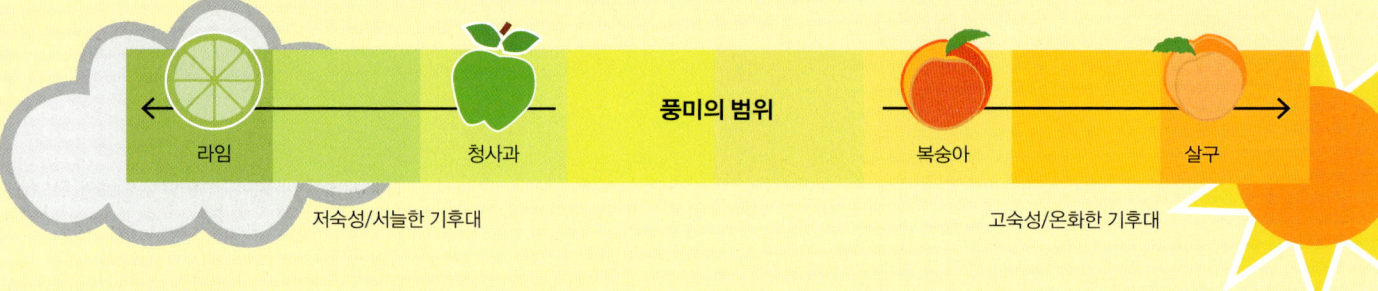

단맛의 정도

리슬링 와인 중 가장 인기 있고 가장 유명한 스타일은, 독일 모젤과 라인가우 지역의 살짝 달콤한 와인에서 영감을 따와 빚어지는 스타일이다. 즉 달콤함과 톡 쏘는 신맛의 균형이 잘 잡혀진 그런 와인이다. 하지만 리슬링 와인은 달콤함의 정도가 다양하다. 지극히 드라이한 맛에서부터 사탕처럼 달콤한 디저트 와인까지 두루두루 출시된다. 드라이한 스타일의 모델로 여겨지는 프랑스의 알자스 스타일에서는, 리슬링이 더 풀 바디에 단맛이 훨씬 낮은 우아한 와인으로 거듭난다.

리슬링의 스타일 범위

이 포도로 빚어진 와인은 다른 스타일로 다른 지역에서 만들어져도, 감각적 분류상 다음의 하이라이트된 부분에 해당된다.

	저	중	고
빛깔	화이트	해당 무	해당 무
빛깔의 깊이	옅음	적당함	해당 무
당도	드라이	살짝 단맛	아주 단맛
산도	해당 무	새콤한 맛	톡 쏘는 맛
과일 풍미	부드러움	그윽함	볼드함
오크 풍미	전혀 없음	해당 무	해당 무
무게감/바디	가벼움	중간대	묵직함

숙성을 위한 맞춤 품종

리슬링으로 만들어진 와인은 이례적인 숙성 잠재성을 띠고 있어서, 다른 대다수 화이트 와인보다 수십 년이나 더 오래 저장해둘 수도 있다. 사람들은 흔히 가벼운 화이트 와인은 어릴 때 마셔야 한다고 생각하지만 리슬링은 자연적으로 산화에 강한 저항성이 있는데, 여기에는 높은 산도도 한몫 한다.

주요 생산지

리슬링은 독일 남서부쪽의 라인 밸리, 그리고 프랑크푸르트와 트리어 사이의 라인 밸리 지류가 고향인데, 이 지역에서는 대개 천연의 포도 당분이 살짝 느껴지는 섬세한 와인을 빚는다. 국경 너머의 프랑스 알자스에서는 전통적으로 더 강하고 드라이한 와인을 만든다. 리슬링은 보다 서늘한 기후대에서도 세계 최상급의 와인으로 탄생되고 있다. 북미와 뉴질랜드의 빈트너들은 대체로 더 달콤한 편인 독일의 스타일을 따르는 반면, 오스트리아와 호주의 경우엔 더 드라이한 프랑스식을 선호하는 편이다.

그 외의 주요 리슬링 생산지

① **미국**
워싱턴 주 : 컬럼비아 밸리
뉴욕 주 : 핑거 레이크스
그 외의 주 : 캘리포니아, 오리건 주

② **오스트리아**
오스트리아 저지대, 빈, 부르겐란트

③ **호주**
사우스 오스트레일리아 주 : 클레어 밸리, 에덴 밸리
그 외의 주 : 빅토리아, 웨스턴 오스트레일리아, 태즈메이니아 주

④ **캐나다**
나이아가라 반도, 오카나간 밸리

⑤ **뉴질랜드**
남쪽 섬 : 말버러, 오타고, 넬슨

⭐ 원형
독일의 리슬링 및 프랑스 알자스의 리슬링

독일 : 100% 리슬링
- 전통적으로 최상급 아펠라시옹에서 빚어지는, 가볍고 톡 쏘며 살짝 단맛이 도는 스타일 (알코올 함량 11% 이하)
- 모젤, 라인가우, 팔츠, 라인헤센

프랑스 : 100% 리슬링
- 전통적으로 알자스에서 빚어지는, 중간대 무게감에 드라이하고 톡 쏘는 신맛의 스타일 (알코올 함량은 12.5% 이상)

작지만 강렬한

리슬링은 포도송이가 아주 작은 편인데, 이 작은 포도송이가 와인의 풍미 강도를 높여준다. 껍질과 아주 가까이 붙어있는 과육 속에 아로마 성분을 잔뜩 품고 있기 때문이다. 리슬링은 다른 상위급 와인용 포도와 비교할 때 숙성 시기도 아주 빠른 데다 수확량도 높은 편이다.

피노 그리지오/피노 그리

이 포도는 여러 면으로 별난 품종이다. 적포도 품종이면서 두 개의 이름을 달고 화이트 와인으로 만들어질 뿐만 아니라, 그렇게 만들어진 와인은 개성도 제각각이다. 프랑스식 이름인 피노 그리로는 풍성하고 풍미 짙은 와인으로 빚어지는가 하면, 이탈리아 북부의 피노 그리지오는 훨씬 가볍고 부드러운 스타일을 띠며 세계 최고급의 인기를 누리는 와인으로 거듭난다.

화이트 와인용 포도

사과 계열 풍미

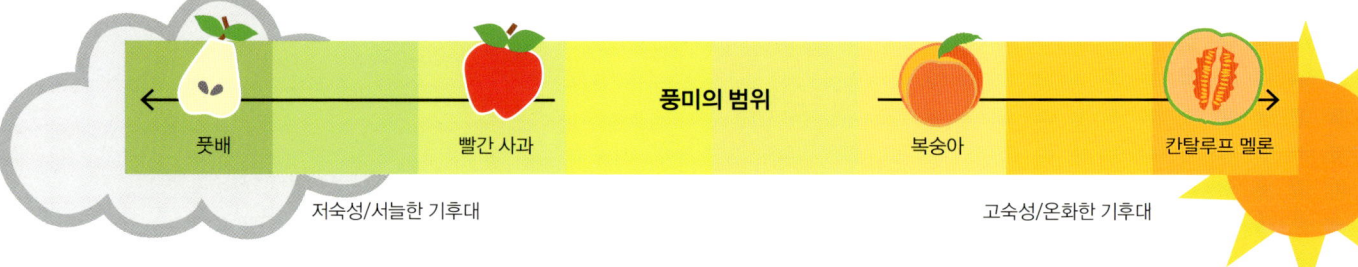

풍미의 범위

풋배 — 빨간 사과 — 복숭아 — 칸탈루프 멜론

저숙성/서늘한 기후대   고숙성/온화한 기후대

회색의 피노

이 포도는 부르고뉴의 적포도 피노 누아의 더 옅은 색 포도껍질 변종으로, 짙은 보라색보다는 핑크빛 도는 적색을 띤다. 그래서 이름도 피노 그리(회색의 피노)다. 하지만 오늘날 이탈리아에서는 라벨에 대개 피노 그리지오라는 이름으로 표기된다.

신세계에서는 와인의 스타일이 가벼운 이탈리아의 모델을 활용하는 빈트너들은 상큼함을 지키기 위해 포도를 조기에 수확한다. 반면 라벨에 피노 그리로 표기된 와인들은 포도를 더 숙성시켜 빚은 강렬하고 향도 더 그윽한 와인일 가능성이 높다.

피노 그리지오/피노 그리의 스타일 범위

이 포도로 빚어진 와인은 다른 스타일로 다른 지역에서 만들어져도, 감각적 분류상 다음의 하이라이트된 부분에 해당된다.

	저	중	고
빛깔	화이트	핑크	해당 무
빛깔의 깊이	옅음	적당함	짙음
당도	드라이	살짝 단맛	해당 무
산도	부드러운 신맛	새콤한 맛	톡 쏘는 맛
과일 풍미	부드러움	그윽함	해당 무
오크 풍미	전혀 없음	부드러움	해당 무
무게감/바디	가벼움	중간대	묵직함

놋쇠 빛깔의 로제

피노 그리지오 포도는 엄밀히 말해 적포도지만 레드 와인을 빚는 데 필요한 채도에 미치지 못해서, 통상적으로 레드 와인이 아닌 화이트 와인의 원료로 쓰인다. 하지만 발효 중에 껍질과 충분히 접촉시키면 구릿빛을 띤 핑크색 로제 와인으로 빚어질 수도 있다.

주요 생산지

원래는 프랑스 부르고뉴가 고향인 피노 그리는 동쪽으로 이주하여 알자스에서 잘 정착하면서 현재까지도 여전히 풍부하고 풍만한 와인으로 빚어지고 있다. 또 이곳 알자스에서 독일로 넘어갔다가 현재의 이탈리아 북부 지역인 돌로미테까지 진출했는데, 이 지역은 햇빛이 쏟아지는 알자스에 비하면 포도를 저숙성의 상태에서 조기 수확하는 것이 보편적인 관례였고, 그 결과 알코올이 낮고 풍미가 더 부드러운 와인으로 빚어졌다. 마시기에 편한 데다 생산비도 저렴한 편이어서 이탈리아 피노 그리지오의 표준이 되었다.

그 외의 주요 피노 그리지오/피노 그리 생산지

① **미국** 캘리포니아 주 : 소노마, 중앙 연안 지역
오리건 주 : 윌라메트 밸리
② **독일** 팔츠, 바덴
③ **캐나다** 나이아가라 반도, 오카나간 밸리
④ **오스트리아** 슈트리아, 부르겐란트
⑤ **뉴질랜드** 호크스 베이, 기즈번, 말버러
⑥ **호주** 사우스 오스트레일리아, 빅토리아 주

☆ **원형**
이탈리아의 피노 그리지오 및 프랑스 알자스의 피노 그리

이탈리아 : 100% 피노 그리지오
- 최상급 아펠라시옹에서 빚어지는, 가볍고 부드러우며 상큼한 '저숙성' 스타일(알코올 함량 13% 이하)
- 베네치에, 트렌티노, 프리울리

프랑스 : 100% 피노 그리
- 알자스에서 빚어지는, 아로마가 그윽하며 풍만하고 풍부한 '고숙성' 스타일(알코올 함량 13% 이상)

흐릿한 색의 포도

포도에서는 두 개의 유전자가 보라색 껍질을 띠게 해주는 착색 성분을 만들어낸다. 피노 누아의 변종인 피노 그리는 이 중 한 유전자가 비활성화되면서 별나게도 흐릿한 보라색으로 착색되는 것이다.

모스카토

모스카토는 다양한 스타일의 와인으로 빚어지지만, 상큼하고 과일 풍미가 풍부하든, 짙은 색의 청자색이든 간에 거의 예외 없이 달콤한 데다 꽃 향기를 지닌다. 이 그윽한 향의 근원은 바로 테르펜(terpene)인데, 모스카토 와인이 다른 와인 스타일보다 향이 더 뚜렷한 것은 이 아로마 성분 덕분이다(단, 비슷하게 테르펜이 풍부한 게부르츠트라미너는 모스카토에 견줄만한 정도다).

화이트 와인용 포도

꽃 계열 풍미

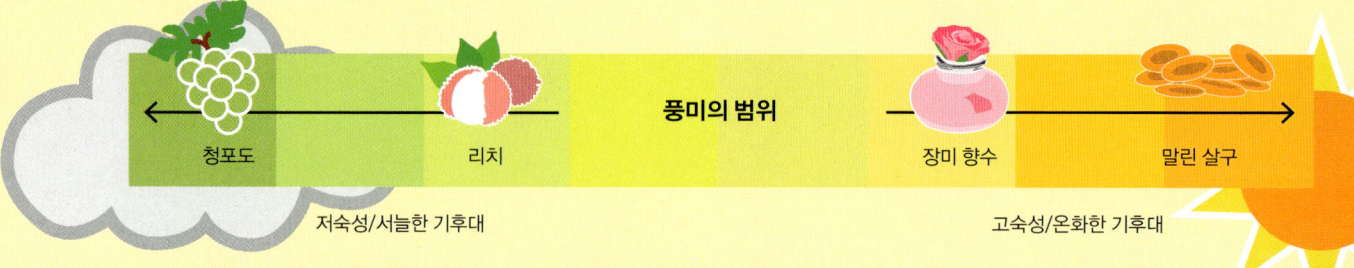

풍미의 범위

청포도 — 리치 — 장미 향수 — 말린 살구

저숙성/서늘한 기후대 — 고숙성/온화한 기후대

풍부한 즙에서부터 건포도까지

모스카토의 아로마 강도는 드라이한 와인에서는 균형이 흐트러진 듯한 느낌을 줄 수도 있어 아주 달콤한 스타일로 빚어지는 편이다. 특히 유명한 스타일은 온도 조절이나 증류주 첨가를 통해 발효를 중단시키는 방식으로 만들어지는 와인인데, 저알코올에 거품이 풍부한 아스티의 모스카토나 고알코올에 리큐어 같은 프랑스 남부의 뮈스카 등이 여기에 해당된다. 하지만 스페인, 포르투갈, 호주 같이 햇빛이 가득한 지역들에서는 대체로 건조시킨 포도를 원료로 짙은 색의 걸쭉하고 끈적끈적한 주정강화 디저트 와인을 만든다.

모스카토 스타일의 범위

이 포도로 빚어진 와인은 다른 스타일로 다른 지역에서 만들어져도, 감각적 분류상 다음의 하이라이트된 부분에 해당된다.

	저	중	고
빛깔	화이트	핑크	레드
빛깔의 깊이	옅음	적당함	짙음
당도	드라이	살짝 단맛	아주 단맛
산도	부드러운 신맛	새콤한 맛	톡 쏘는 맛
과일 풍미	해당 무	해당 무	볼드함
오크 풍미	전혀 없음	해당 무	해당 무
무게감/바디	가벼움	중간대	묵직함

사향 냄새가 연상되는 이름들

모스카토는 프랑스에서는 뮈스카, 스페인에서는 모스카텔로 불리는데, 이 이름들은 다른 변종 포도들이 꽃 계열의 향을 띨 경우 형용사처럼 붙일 수도 있다. 샤르도네 뮈스케(Chardonnay Musqué)가 그러한 사례다. 그런데 프랑스 북부 지역의 청포도 뮈스카데는 사람들을 헷갈리게 하는 경우다. 발음이 비슷하긴 하지만, 사실 이 포도와는 아무 상관이 없을뿐더러 아로마에서도 유사성이라곤 눈꼽만큼도 없다.

주요 생산지

모스카토의 잠재성은 이미 고대 그리스 시대부터 유명했으며, 모스카토는 여러 최상급 포도 품종들의 공통 조상일 수도 있다. 모스카토는 단일종이 아니라 100개 이상의 변종들이 하나의 일족을 이루는 품종이며, 이 가운데 다수는 지중해 연안에서 테이블 그레이프나 건포도용으로 재배된다. 모스카토의 변종들은 대부분이 청포도지만 레드 와인의 원료로 사용되는 보라색 계열도 일부 있다.

그 외의 주요 모스카토 생산지

① **프랑스** 론 지역, 랑그독 루시옹(스위트), 알자스(드라이)
② **포르투갈** 세투발, 도우루
③ **호주** 빅토리아 주 : 루더글렌
그 외의 주 : 뉴 사우스 웨일스, 사우스 오스트레일리아 주
④ **미국** 캘리포니아 주
⑤ **그리스** 사모스, 파트라스, 로도스

⭐ 원형
이탈리아의 모스카토 및 스페인의 모스카텔

이탈리아 피에몬테 : 100% 모스카토 비앙코(Moscato Bianco)
- 아스티에서 빚어지는, 알코올 함량 10% 미만의 저알코올에 달콤하고 상큼한 맛의 스파클링 스타일

스페인 안달루시아 : 100% 알렉산드리아 뮈스카
- 셰리와 말라가에서 건조된 포도로 빚은, 15% 이상의 고알코올에 달콤한 주정강화 스타일

초록바라기
모스카토는 초록색, 보라색, 핑크빛 도는 적색 등 포도의 보편적 빛깔 세 가지 종이 모두 있지만 뮈스카 블랑 아 프티 그랭(Muscat Blanc à Petits Grains)이나 모스카토 비앙코로 불리는 초록색 변종이 우수 와인용으로 가장 높게 평가받는다.

카베르네 소비뇽

카베르네 소비뇽은 레드 와인용 포도의 왕이다. 카베르네 소비뇽은 다른 경쟁 상대들에 비해 대체로 포도송이가 작고 껍질이 두꺼워서, 상대적으로 보라색 고형물이 더 많고 투명한 과즙은 적은 편이다. 레드 와인에서는 포도껍질의 색이 짙을수록 더 진한 빛깔, 풍미, 타닌을 우려내준다. 그런 이유로 카베르네 소비뇽 와인에서는 이런 특성이 아주 강렬하며, 이는 수확량이 낮은 최상급 포도원의 포도로 빚어진 와인에서 특히 더 강렬하게 느껴진다.

레드 와인용 포도

블랙 프루트 계열의 풍미

풍미의 범위

구운 피망 | 블랙커런트 | 블랙베리 | 브랜디에 담근 체리

저숙성/서늘한 기후대   고숙성/온화한 기후대

완벽한 블렌드용 포도

천연 방부제가 풍부한 카베르네 소비뇽은 어릴 때는 거칠게 느껴질 수 있지만, 산화에 대한 저항력이 높아서 숙성 가치를 지닌 고급 와인에겐 축복으로 작용한다. 카베르네 소비뇽은 블렌딩 없이 100%로 빚어질 경우 빛깔, 풍미, 타닌의 강도가 강렬해 과일 향이 부족하고 공격적인 와인이 될 수도 있지만, 이런 강렬한 특성은 부드러운 포도와의 블렌딩에 더없이 잘 맞는다. 가령 카베르네 소비뇽이 베이스 와인으로 쓰이면 메를로나 시라즈 같은 더 상큼한 포도로 만든 와인과의 블렌딩으로 과일 풍미를 더해 부드럽게 가다듬어진다.

카베르네 소비뇽의 스타일 범위

이 포도로 빚어진 와인은 다른 스타일로 다른 지역에서 만들어져도, 감각적 분류상 다음의 하이라이트된 부분에 해당된다.

	저	중	고
빛깔	해당 무	해당 무	레드
빛깔의 깊이	해당 무	적당함	짙음
당도	드라이	해당 무	해당 무
산도	해당 무	새콤한 맛	톡 쏘는 맛
과일 풍미	해당 무	해당 무	볼드함
오크 풍미	전혀 없음	부드러움	강렬함
무게감/바디	해당 무	중간대	묵직함

블렌딩의 미스터리

최상급 카베르네 소비뇽 와인들 가운데는 더러 정면 라벨에 그 포도명이 표기되어 있지 않은 경우가 있다. 이는 보르도나 볼게리(Bolgheri) 같은 유럽의 고전적 와인들이 사용된 포도의 이름을 좀처럼 표시하지 않는 데다, 세계적으로 블렌딩 와인은 최소한 75% 이상 함유된 품종에 한해서만 그 포도 이름의 명기가 허용되기 때문이다.

주요 생산지

카베르네 소비뇽은 보르도의 토착종으로서, 그 풍미 농도는 물론이요 와인을 우아하게 숙성시켜주는 능력 덕분에, 여러 지역에서도 최상급 레드 와인 양조에 한 역할을 맡아왔다. 가령 신세계의 경우엔 미국, 칠레, 남아프리카공화국에서 이 카베르네 소비뇽으로 아주 고가의 수집용 레드 와인을 빚어내고 있는데, 대체로 보르도로부터 영감을 따온 블렌딩이다.

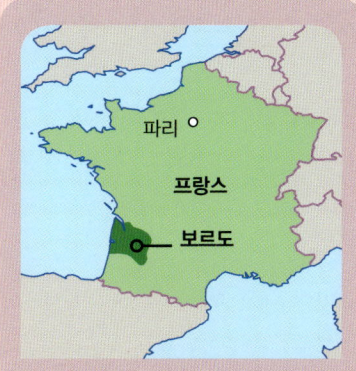

☆ 원형
프랑스의 레드 보르도

강한 오크 풍미와 높은 타닌의 구조를 지닌, 짙고 강렬한 블렌딩

- 대체로 아주 온화한 기후의 최상급 아펠라시옹의 블렌딩에서 주도적인 역할을 맡는다. 오메독, 마고, 포이약(Pauillac), 생테스테프(St-Estèphe), 생줄리앙(St-Julien), 물리
- 대체로 서늘한 기후의 중급 아펠라시옹에서 보조적 역할. 그라브, 생테밀리옹(St-Emilion), 보르도

그 외의 주요 카베르네 소비뇽 생산지

① 미국   캘리포니아 주 : 내퍼 밸리, 소노마, 파소 로블스
               워싱턴 주 : 컬럼비아 밸리
② 이탈리아   토스카나, 트렌티노
③ 칠레   마이포 밸리, 라펠 밸리, 아콩카과
④ 호주   사우스 오스트레일리아 주 : 쿠나와라
⑤ 남아프리카공화국   코스탈 리전, 스텔렌보스, 팔

태양을 사랑하는 품종

카베르네 소비뇽 포도나무는 보르도의 대다수 품종에 비해 봄에 싹을 틔우는 시기가 늦으며 가을에 열매가 여무는 데도 더 오랜 시간이 걸린다. 그 작고 껍질이 두꺼운 포도 알이 빛깔과 풍미의 잠재성을 최대한 진전시키려면 풍부한 태양이 필요하기 때문이다.

메를로

메를로로 만들어진 와인은 대체로 카베르네 소비뇽처럼 빛깔이 짙다거나, 타닌이 높다거나, 강렬한 편이 아니다. 오히려 더 부드럽고 순하며 관능적인 과일 풍미를 띠는데, 바로 이런 특성 때문에 메를로는 어릴 때 마시는 것이 더 매력적으로 느껴진다.

레드 와인용 포도

블랙 프루트 계열의 풍미

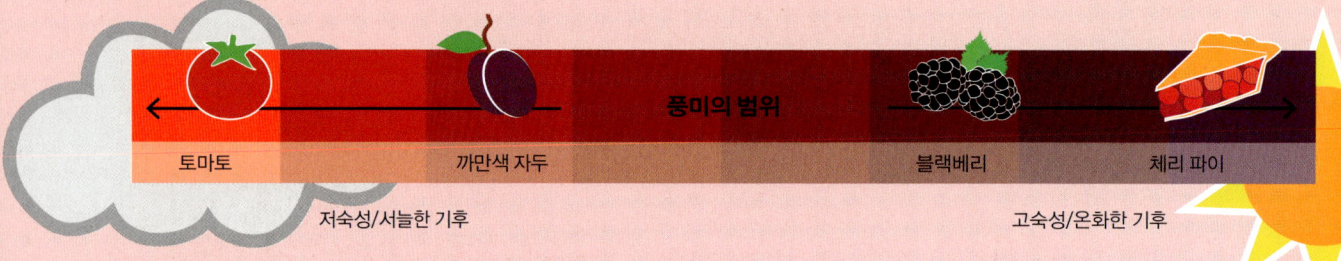

풍미의 범위

토마토 — 까만색 자두 — 블랙베리 — 체리 파이

저숙성/서늘한 기후   고숙성/온화한 기후

인기의 대가

메를로는 대중 만족도가 아주 높은 특성상 대체로 평상시 와인으로 출시되는데, 이로 인해 저렴하고 기분 좋은 와인으로 평가절하 받아 온 측면이 있다. 하지만 최상급 포도원에서 재배되어 엄격한 기준에 따라 빚어지면 아주 강렬하고 우아한 와인으로 거듭나기도 한다.

보르도에서는 이 포도가 통상적으로 한계지로 밀려나는 편이지만 전설적인 샤토 페트뤼스(Château Pétrus) 같이 100% 메를로로 빚어지는 컬트 와인들이 카베르네 소비뇽 베이스의 라이벌 와인들보다 호가하면서 이 품종이 세계 최상급의 적포도로 꼽히는 사실을 입증하고 있다.

메를로의 스타일 범위

이 포도로 빚어진 와인은 다른 스타일로 다른 지역에서 만들어져도, 감각적 분류상 다음의 하이라이트된 부분에 해당된다.

	저	중	고
빛깔	해당 무	해당 무	레드
빛깔의 깊이	해당 무	적당함	짙음
당도	드라이	해당 무	해당 무
산도	부드러운 신맛	새콤한 맛	톡 쏘는 맛
과일 풍미	해당 무	그윽함	볼드함
오크 풍미	전혀 없음	부드러움	강렬함
무게감/바디	해당 무	중간대	묵직함

지금 마셔주세요

메를로가 흔히 카베르네 소비뇽의 그늘에 가려져 과소평가받는 이유는, 메를로로 빚은 와인이 카베르네 소비뇽에 비해 가볍고 부드러운 데다 우아하게 숙성되지 못하기 때문이다. 하지만 즉각적인 만족이 핵심이라면, 메를로의 약점으로 여겨지던 점들이 오히려 강점이 된다.

주요 생산지

메를로와 카베르네 소비뇽은 보르도를 원산지로 공유하는 밀접한 관계의 품종으로서 같은 계열의 아로마를 띠지만, 힘, 빛깔, 타닌의 그립 면에서는 서로 다르다. 보르도에서는 두 품종 중 메를로가 단연코 최대 재배 품종인데, 그 이유는 메를로가 훨씬 빠르게 숙성되어 경제적으로 더 실용적인 품종이기 때문이다. 아메리카 지역에서 그 진가를 발휘하여 곳곳에서 자신의 이름을 내건 레드 와인으로 빚어지고 있다.

☆ **원형**
프랑스의 레드 보르도

부드러운 타닌과 가벼운 오크 풍미가 느껴지는, 중간대 무게감의 풍미 그윽한 블렌딩

- 대체로 서늘한 기후의 중급 아펠라시옹에서 빚어지는 블렌딩 와인에서 주도적 역할을 맡음. 보르도, 그라브, 생테밀리옹, 포므롤(Pomerol)
- 대체로 온화한 기후의 최상급 아펠라시옹에서 빚어지는 블렌딩 와인에서 보조적 역할을 맡음. 오메독, 마고, 포이약, 생테스테프, 생줄리앙, 물리

그 외의 주요 메를로 생산지

① **미국**　캘리포니아 주: 내퍼 밸리, 소노마
　　　　　 워싱턴 주: 컬럼비아 밸리
② **칠레**　마이포 밸리, 라펠 밸리, 아콩카과
③ **이탈리아**　이탈리아 북부, 토스카나
④ **뉴질랜드**　호크스 베이, 말버러
⑤ **캐나다**　오카나간 밸리, 나이아가라 반도

연약하지만 후한

메를로는 껍질이 얇고 포도 알이 성기게 달려서, 카베르네 소비뇽 같은 다른 보르도 품종에 비해 재배하기에 연약한 품종이지만, 이런 단점은 빨리 숙성되는 장점이나 나무 한 그루당의 생산량이 후한 장점으로 상쇄되고도 남는다.

피노 누아

피노 누아는 여러 면에서 카베르네 소비뇽과는 정반대다. 우선 껍질이 두껍지 않고 얇으며, 와인으로 빚으면 훨씬 가벼운 무게감에 옅은 색의 스타일이 되어 블렌딩이나 장기 숙성에 적합하지도 않다. 또한 피노 누아는 매혹적인 토양 계열의 풍미를 지키기 위해 더 서늘한 기후 조건이 필요해서 너무 숙성되어 과일 풍미가 농후해지면 실패가 된다.

레드 와인용 포도

레드베리 계열의 풍미

풍미의 범위

딸기 / 석류 / 라즈베리 / 체리

저숙성/서늘한 기후   고숙성/온화한 기후

매혹적인 섬세함

피노 누아는 카베르네 소비뇽에 가장 맞먹는 경쟁상대다. 카베르네 소비뇽이 여러 와인 생산지에서 신뢰할 만한 안정성을 보이며 순전히 그 힘으로 자신의 존재를 부각시킨다면, 피노 누아는 훨씬 불안정하고 그 섬세함으로 사람들을 유혹한다. 피노 누아가 훌륭한 조건을 만난 경우 쉬이 잊을 수 없는 탁월한 와인으로 거듭나, 카베르네 소비뇽에서는 기대할 수 없는 그런 영혼을 울리는 감동을 선사한다.

피노 누아의 스타일 범위

이 포도로 빚어진 와인은 다른 스타일로 다른 지역에서 만들어져도, 감각적 분류상 다음의 하이라이트된 부분에 해당된다.

	저	중	고
빛깔	해당 무	해당 무	레드
빛깔의 깊이	옅음	적당함	해당 무
당도	드라이	해당 무	해당 무
산도	부드러운 신맛	새콤한 맛	톡 쏘는 맛
과일 풍미	해당 무	그윽함	볼드함
오크 풍미	전혀 없음	부드러움	강렬함
무게감/바디	해당 무	중간대	묵직함

지문의 채취

테루아라는 용어는, 재배되는 장소별로 조금씩 맛이 다른 피노 누아의 신비로운 특성을 포착하기 위해 부르고뉴에서 만들어낸 말이다. 수세기 전부터 주목되었다시피, 토양의 종류에서부터 경사지의 방위에 이르는 포도원의 개별적 측면들은 인지 가능한 풍미, 즉 와인에서 포착되는 그 땅의 독특한 지문을 만들어내기도 한다.

주요 생산지

피노 누아는 어떤 의미에서 보면, 와인용 포도의 원조다. 피노 누아는 대다수 적포도들보다 더 서늘한 기후의 재배 조건을 선호하며 대규모 경작을 하기엔 너무 연약한 품종이다. 부르고뉴를 제외하면, 탁월한 와인으로 빚어지는 지역도 미국의 오리건이나 캘리포니아, 뉴질랜드, 호주 남동부, 독일, 이탈리아 북부 같은 몇몇 지역에 불과하다.

⭐ 원형
프랑스의 레드 부르고뉴

보졸레를 제외한 모든 부르고뉴 레드 와인은 100% 피노 누아로 빚어진다.

- 대체로 중급 아펠라시옹에서 빚어지는, 가벼운 무게감에 옅은 빛깔과 톡 쏘는 맛의 스타일. 부르고뉴, 메르퀴레, 그리고 쇼레 레 본(Chorey-lès-Beaune) 같은 코트 드 본 빌라쥬

- 최상급 아펠라시옹에서 빚어지는, 풍부한 질감에 더 짙은 빛깔과 그윽한 향기의 스타일. 쥬브레 샹베르탱(Gevrey-Chambertin)과 뉘 생 조르쥬(Nuits-St-Georges) 같은 대다수의 코트 드 뉘(Côte de Nuits), 볼네(Volnay)와 포마르(Pommard) 같은 최상품의 코트 드 본 빌라쥬

그 외의 주요 피노 누아 생산지

①	미국	캘리포니아 주 : 소노마, 산타 바바라, 몬터레이 오리건 주 : 윌라메트 밸리
②	독일	팔츠, 바덴, 라인가우
③	뉴질랜드	센트럴 오타고, 마틴버러, 말버러
④	이탈리아	트렌티노 알도 아디제
⑤	호주	야라 밸리, 애들레이드 힐, 태즈메이니아
⑥	남아프리카공화국	프랜스크호엑, 워커 베이, 케이프 사우스 코스트
⑦	캐나다	나이아가라 반도, 오카나간 밸리

노력은 보답받는다

피노 누아는 숙성이 빠른 품종이라, 숙성의 최종 활동이 느려지는 서늘한 기후의 지역에서 최상의 품질을 드러낸다. 특히 최상급 재배변종은 생산량이 적고 경작에 큰 노력을 요하지만, 그 노력이 헛되지 않을 만한 결과로 보답한다.

시라/시라즈

프랑스어의 본명인 시라로 불리든 남반구의 별칭인 시라즈로 불리든 간에, 이 론 지역의 포도는 그야말로 힘이 넘치는 품종이다. 강렬함, 농도, 숙성 능력에서 카베르네 소비뇽의 맞수가 될 수 있을 정도다. 그만큼 시라는 카베르네 소비뇽처럼 포도알이 작고 껍질도 두꺼우며 색이 짙은 품종이다. 또한 카베르네 소비뇽과 마찬가지로 충분히 숙성되려면 햇빛을 많이 받아야 하지만, 즙이 더 풍성한 특성을 지녀 쉽게 존재감을 부각시키기에 유리하다.

레드 와인용 포도

향신료 향 과일 계열의 풍미

풍미의 범위

라즈베리 — 까만색 자두 — 블랙베리 잼 — 블루베리 파이

저숙성/서늘한 기후 — 고숙성/온화한 기후

풍미와 빛깔의 부스터

시라는 그 독특한 향신료 계열의 향, 약간 푸른 기가 도는 빛깔, 방부제 효과를 내주는 타닌의 특성 덕분에, 더 부드럽거나 옅은 색의 포도에 풍미와 빛깔을 높여주는 블렌딩 파트너로서 환상적이다. 그 자체로도 맛좋고 균형 잡힌 풍미를 낼 수 있지만 상당수의 빈트너들이 다른 품종의 포도를 소량 섞어서 그 강렬함을 부드럽게 가다듬는 편이다. 한편 신세계에서는 시라가 블렌딩되지 않는 것이 더 일반적이며, 대개 시라즈로 표기된다.

시라/시라즈의 스타일 범위

이 포도로 빚어진 와인은 다른 스타일로 다른 지역에서 만들어져도, 감각적 분류상 다음의 하이라이트된 부분에 해당된다.

	저	중	고
빛깔	해당 무	해당 무	짙음
빛깔의 깊이	해당 무	적당함	해당 무
당도	드라이	살짝 단맛	해당 무
산도	부드러운 신맛	새콤한 맛	톡 쏘는 맛
과일 풍미	해당 무	그윽함	볼드함
오크 풍미	전혀 없음	부드러움	강렬함
무게감/바디	해당 무	중간대	묵직함

후춧가루 병을 연 듯한…….

대다수의 시라 와인은 후추를 연상시키는 묘한 향이 돈다. 쌀쌀한 지역에서 저숙성된 시라의 향이 말린 후추열매 피클 향과 비슷한 느낌이라면, 햇빛을 더 많이 받고 자란 시라는 흑후추 가루의 향으로 진전되어 재채기가 나올 만큼 코를 톡 쏠 수도 있다. 하지만 이런 아로마는 아주 고도로 숙성되면 누그러지게 된다.

주요 생산지

시라는 프랑스 남부 지역에서 환영받는 품종인데, 론 밸리 남부에서는 일명 뱅 메데생(vin médecin, 와인 치료사)으로서 풍미 강화용 블렌딩으로 주로 사용된다. 북쪽 지역의 몇몇 소규모 아펠라시옹에서는 블렌딩 없이 빚어지기도 하지만, 이런 와인들은 희귀한 데다 대체로 아주 비싼 편이다. 그 결과 시라는 잼 같은 풍미를 지닌 신세계의 와인들을 통해 각광받고 있으며, 특히 호주의 간판 품종인 시라즈로 유명세를 떨치고 있다.

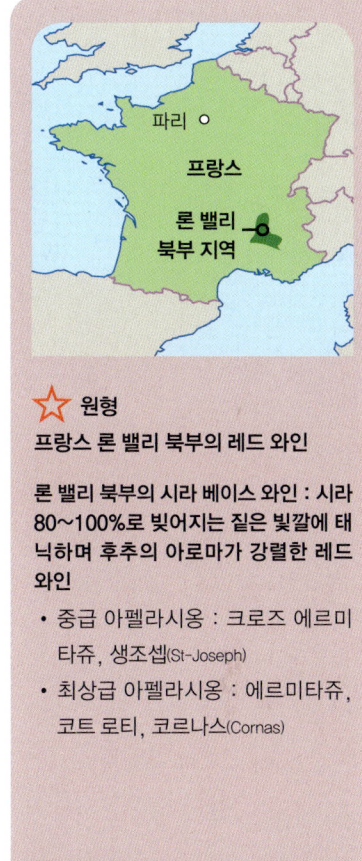

★ 원형
프랑스 론 밸리 북부의 레드 와인

론 밸리 북부의 시라 베이스 와인: 시라 80~100%로 빚어지는 짙은 빛깔에 태닉하며 후추의 아로마가 강렬한 레드 와인

- 중급 아펠라시옹 : 크로즈 에르미타쥬, 생조셉(St-Joseph)
- 최상급 아펠라시옹 : 에르미타쥬, 코트 로티, 코르나스(Cornas)

그 외의 주요 시라/시라즈 생산지

① **호주**　　사우스 오스트레일리아 주 : 바로사, 맥라렌 베일
　　　　　　그 외의 주 : 빅토리아, 뉴 사우스 웨일스, 웨스턴 오스트레일리아 주

② **미국**　　캘리포니아 주 : 내퍼 밸리, 소노마, 산타 바바라
　　　　　　워싱턴 주 : 컬럼비아 밸리

③ **남아프리카공화국**　코스탈 리전, 팔, 스텔렌보스

④ **칠레**　　마이포 밸리, 라펠 밸리, 아콩카과

⑤ **스페인**　카스티야 라 만차, 카탈로니아

⑥ **캐나다**　오카나간 밸리

두꺼운 껍질과 강렬함

시라 품종은 짙은 남색을 띠는 포도이며, 포도알은 카베르네 소비뇽처럼 작고 껍질이 두껍다. 하지만 그 강렬한 빛깔과 풍미 성분에도 불구하고 껍질에 함유된 방부제 역할의 타닌 성분 함량은 낮은 편이다.

그르나슈/가르나차

이 론 밸리의 워크호스 그레이프는 적당한 가격에 마시기에도 편안한 레드 와인 뿐만 아니라 벌컥벌컥 마시기 좋은 상쾌한 로제 와인으로도 빚어진다. 하지만 그 은은한 향신료 계열 아로마와 꽤 높은 알코올 도수를 가진 짙고 농후한 고급 레드 와인으로 거듭나기도 한다. 그르나슈는 쉽게 산화되어 금세 녹빛 오렌지색으로 변하기 때문에 빈트너들은 시라나 무르베드르(Mourvèdre) 같은 론 지역의 더 짙은 색 포도를 천연 방부제로 소량 섞어 넣는다.

레드 와인용 포도

향신료 향 과일 계열의 풍미

풍미의 범위

라즈베리 — 빨간색 체리 — 딸기잼 — 구운 무화과

저숙성/서늘한 기후   고숙성/온화한 기후

많이 재배되지만 라벨에서는 좀처럼 보기 힘든 이름

그르나슈 와인은 딸기잼 같은, 잘 익은 레드 프루트 계열 풍미가 특징이며 대체로 백후추나 절인 햄 특유의 향이 함께 어우러지기도 한다. 고향인 스페인에서는 가르나차로 불리기도 하는 이 포도는, 스페인 외에서는 좀처럼 라벨에 그 이름이 표기되지 않는다. 그르나슈 와인은 대다수가 블렌딩 와인이라 대개 론 지역의 파트너 품종들인 시라나 무르베드르와 섞어서 빚는데, 그르나슈 포도의 함량이 라벨에 포도명의 표기가 가능한 의무 함량인 75%에 못 미치는 경우가 많다.

그르나슈/가르나차의 스타일 범위

이 포도로 빚어진 와인은 다른 스타일로 다른 지역에서 만들어져도, 감각적 분류상 다음의 하이라이트된 부분에 해당된다.

	저	중	고
빛깔	해당 무	핑크	레드
빛깔의 깊이	옅음	적당함	해당 무
당도	드라이	살짝 단맛	해당 무
산도	부드러운 신맛	새콤한 맛	해당 무
과일 풍미	해당 무	그윽함	볼드함
오크 풍미	전혀 없음	부드러움	강렬함
무게감/바디	가벼움	중간대	묵직함

핑크 생각

그르나슈는 레드 와인에서 스타급 지위에 올라있을 뿐만 아니라, 상큼하고 싱싱한 딸기 풍미 덕분에 드라이한 핑크 와인용으로도 세계 최상급 품종에 든다. 드라이한 로제 와인이 스페인 북동부 지역뿐만 아니라 론이나 프로방스 같은 이 포도의 프랑스 남부 쪽 본거지 지역의 특산품이기도 한 것은, 그냥 우연의 일치가 아니다.

주요 생산지

이 포도의 뿌리는 스페인의 건조한 지역인 아라곤이며 이 지역에서는 가르나차로 불리지만, 프랑스 론 밸리 남부 지역의 그르나슈로 가장 위력을 떨치고 있다. 프랑스의 그르나슈 와인은 샤토네프 뒤 파프나 코트 뒤 론처럼 대체로 시라나 무르베드르와 섞어 블렌딩되지만, 랑그독과 루시옹에서는 카리냥(Carignan) 같은 또 다른 스페인의 포도들과 블렌딩하기도 한다. 그르나슈는 유럽 이외에 캘리포니아와 남아프리카공화국에서도 재배되지만 특히 호주가 가장 주목할 만한데 라벨에 그르나슈, 시라즈, 무르베드르의 약칭인 GSM이 표기된다.

★ 원형
프랑스 론 밸리의 블렌딩 와인

론 밸리 남부의 그르나슈 베이스 블렌딩 : 그르나슈가 70% 이상인 풍부한 질감의 레드 와인으로 육질의 질감과 후추의 풍미를 지닌다.
- 중급의 지역 단위 아펠라시옹 : 코트 뒤 론
- 최상급의 마을 단위 아펠라시옹 : 샤토네프 뒤 파프, 지공다스(Gigondas), 바케라스(Vacqueyras)

드라이한 중간대 무게감의 로제 와인으로 싱싱한 베리 계열의 풍미를 지닌다.
- 중급의 지역 단위 아펠라시옹 : 코트 뒤 론
- 최상급의 마을 단위 아펠라시옹 : 타블(로제 와인만 해당)

그 외의 주요 그르나슈/가르나차 생산지

① **스페인** — 카탈로니아, 아라곤, 나바라
② **그 외의 프랑스** — 랑그독, 루시앙, 프로방스
③ **호주** — 사우스 오스트레일리아 주 : 맥라렌 베일, 바로사
  그 외의 주 : 뉴 사우스 웨일스, 빅토리아 주
④ **미국** — 캘리포니아 주
⑤ **남아프리카공화국** — 코스탈 리전

포도알이 빽빽하게 달리는 품종

그르나슈는 포도알이 빽빽하게 달리고 포도의 크기가 큰 것으로 유명한 품종이다. 이는 대다수의 적포도들과는 반대되는 패턴인데, 대체로 온화한 기후에서 재배될 경우엔 더 옅은 색의 와인으로 만들어지고 서늘한 기후에서는 더 짙은 색의 와인이 된다.

그 외의 우수 포도들

와인 애호가들이 탐험해볼 만한 매력적인 포도 품종은 지금까지 소개한 10대 품종 외에도 더 많으며, 아래의 표가 그 몇 가지 예다. 토착 품종의 와인용 포도를 널리 확산시킨 나라들은 포도재배의 역사가 아주 길고 기후 조건도 포도나무 친화적인 곳들이다. 그 한 예가 바로 이탈리아다. 이탈리아는 와인 생산량에서 세계 최고 수준이며 이탈리아 내의 20개 지역 전역에서 와인을 만들고 있다. 하지만 이탈리아의 와인들 가운데 10대 품종으로 만들어지는 와인은 극히 소수이며, 대다수는 지역 고유의 품종으로 만들어지는데 가장 많이 재배되는 산지오베제조차 그 경작면적이 이탈리아 전체 포도원 면적의 15%에도 못 미친다.

	포도 품종	원산지	유명 아펠라시옹
화이트 와인용 포도	피노 블랑	프랑스 부르고뉴	알자스, 독일, 이탈리아
	세미용	프랑스 보르도	소테른, 호주
	슈냉 블랑	프랑스 루아르 밸리	부브레이, 남아프리카공화국
	비오니에	프랑스 론 밸리	콩드리유(Condrieu), 캘리포니아
	게부르츠트라미너	독일 팔츠	알자스, 캘리포니아
	그뤼너 펠틀리너	오스트리아 저지대	봐하우(Wachau), 캄탈(Kamtal)
	알바리뇨	스페인 갈리시아	리아스 바익사스(Rías Baixas), 비뉴 베르드
레드 와인용 포도	가메	프랑스 부르고뉴	보졸레, 나이아가라 반도
	카베르네 프랑	프랑스 보르도	보르도, 시농(Chinon), 캐나다
	카르메네르	프랑스 보르도	칠레
	말벡	프랑스 남서부 지역	아르헨티나, 카오르(Cahors)
	산지오베제	이탈리아 토스카나	키안티, 몬탈치노
	바르베라	이탈리아 피에몬테	알바(Alba), 아스티, 랑게(Langhe)
	네비올로	이탈리아 피에몬테	바롤로, 바르바레스코(Barbaresco)
	몬테풀치아노	이탈리아 아브루치	아브루초
	알리아니코	이탈리아 캄파니아	타우라시(Taurasi), 불투레(Vulture)
	진판델	크로아티아, 이탈리아	캘리포니아, 아풀리아(Apulia)
	모나스트렐	스페인 발렌시아	방돌(Bandol), 후미야(Jumilla)
	템프라니요	스페인 카스티야 이 레온	리오하, 리베라 델 두에로
	피노타주	남아프리카공화국	스텔렌보스, 팔

독자적 포도 품종들

스페인, 포르투갈, 그리스도 이탈리아처럼 독자적인 자생 품종의 와인용 포도를 수십 종 보유하고 있으나 이런 포도들은 원산지 지역 밖에서는 거의 재배되지 않는다. 한편 신세계 포도원들의 경우엔 역사적 이유로 인해 프랑스의 포도들이 우위를 점하고 있다.

와인의 전형적인 스타일	또 다른 별칭
가볍고 새콤한 화이트	피노 비앙코
드라이 혹은 아주 단맛일 수도 있음	
살짝 달콤한 화이트	스틴(Steen)
꽃 계열 풍미의 풍부한 화이트	
꽃 계열 풍미의 톡 쏘는 화이트	트라미너(Traminer)
가볍고 새콤한 화이트	
가볍고 새콤한 화이트	알바리노(Alvarinho)
가볍고 과일 풍미 그윽한 레드	
허브 계열 풍미에 중간대 무게감의 레드	
허브 계열 풍미의 강렬한 레드	
토양 계열 풍미의 강렬한 레드	
톡 쏘는 맛에 중간대 무게감의 레드	
톡 쏘는 맛에 중간대 무게감의 레드	
토양 계열 풍미의 강렬한 레드	
새콤한 맛에 중간대 무게감의 레드	
강하고 스파이시한 레드	
잼 같은 풍미의 강한 레드	프리미티보
짙은 빛깔의 강한 레드	무르베드르, 마타로(Mataro)
중간대 무게감의 새콤한 레드	
육질의 질감을 지닌 강한 레드	

체크리스트

지금까지 배웠던 내용 가운데 가장 중요한 사항을 다시 한 번 짚고 넘어가보자.

✓ 와인 라벨에 표기되는 포도 품종들은 모두 **비티스 비니페라** 종에 속하는 **변종**들이다.

✓ 포도가 와인 양조에 잘 맞는 것은 **높은 당분과 수분** 함량 덕분이다.

✓ **샤르도네**는 여러 가지 기후대에 잘 적응해서 모든 와인 생산국들이 적어도 소량이나마 이 인기 품종을 재배하고 있다.

✓ **소비뇽 블랑**은 날카로운 산도와 톡 쏘는 독특한 향 때문에 다른 화이트 와인보다 더 높게 평가받는다.

✓ 독일의 **리슬링**은 많은 전문가들로부터 세계에서 가장 섬세한 와인용 포도로 인정받고 있으나, 스타일이 드라이한 맛에서부터 달콤한 맛까지 다양해 혼란을 주기도 한다.

✓ **피노 그리**는 농후하고 풍부한 와인으로 빚어질 수 있으나 **피노 그리지오**라는 이름으로 나오는 가볍고 산뜻한 스타일이 훨씬 더 인기를 끌고 있다.

✓ **모스카토**는 스타일이 다양하지만 거의 예외 없이 달콤하고 꽃 계열의 향이 강렬한 편이다.

✓ **카베르네 소비뇽**은 보르도의 적포도들 가운데 가장 유명한 품종이다. 세계에서 가장 비싸고 숙성 가치가 뛰어난 레드 와인들은 대체로 이 품종으로 빚어진다.

✓ **메를로**는 저가 와인으로 더 유명하지만 대량판매용으로 개발되지 않으면 힘차고 우아한 와인으로 빚어질 수도 있다.

✓ **피노 누아**는 레드 와인의 왕좌 경쟁에서 카베르네 소비뇽에 맞먹는 상대다. 실제로 피노 누아를 탁월한 와인으로 빚어질 만한 품종으로 여기는 이들이 많다.

✓ **시라즈로도 불리는 시라**는 장기 숙성을 위해 태닉한 구조를 지닌, 강렬한 풍미의 와인을 빚기에 적합한 품종이다.

✓ **그르나슈**는 그 옅은 빛깔에 비해 의외로, 농축된 과일 향에 힘이 넘치고 볼드한 레드 와인으로 빚어질 수 있는데, 대체로 백후추, 또는 심지어 절인 햄 계열의 그윽한 향을 띠는 편이다.

꼭 알아둬야 할 와인 생산지

세계 최고의 포도원 지대

와인은 포도가 자라는 곳이라면 어디에서든 만들어지지만 세계 수준급의 와인을 생산하는 곳은 소수의 몇몇 지역이다. 고전적인 유럽의 와인 생산지들은 공통적으로 특정 포도 친화적인 특성을 지니고 있다. 즉 건조하고 햇빛이 쏟아지는 여름과 온화한 겨울이라는 조건 덕분에 와인 양조의 잠재성이 높은 편이다. 이들 생산지에서는 자생종 포도들도 풍부해서 모든 와인이 유명한 품종으로만 빚어지진 않는다. 아메리카 대륙과 남반구 지역에서는 햇빛이 가득한 남아프리카공화국에서부터 쌀쌀한 캐나다에 이르기까지 포도나무가 다양한 지대에서 잘 자라난다. 어찌 보면 와인에 대한 공부는 간접적인 여행이 되기도 한다. 코르크를 따고 그 맛을 음미하는 순간, 이국의 지역으로 데려다주는…….

유럽의 와인 생산지

세계의 와인 아펠라시옹 지리는 복잡하고 중복적이라 지도 형태로 봐야만 제대로 파악할 수 있다. 하지만 대다수 와인 애호가들로선 세계에서 가장 중요한 생산지들만 익혀두는 정도로도 충분하다. 우선 세계의 와인 생산을 주도하고 있는 유럽의 경우는, 오랜 와인 역사와 각국의 복잡한 와인 규정으로 인해 아펠라시옹 지도가 특히 복잡한 편이다.

구세계의 지배

수세기 전부터 서유럽은 세계 최고의 와인을 만들어 왔으며 생산량 면에서도 여전히 세계 최고다. 프랑스, 이탈리아, 스페인은 신세계의 여러 국가들에 비해 작은 면적에도 불구하고 세계의 3대 와인 생산국이다. 그 외의 유럽 국가 네 곳도 세계의 와인 시장에서 중요한 위상을 차지할 만큼 생산과 수출 점유율이 높은데, 바로 독일, 포르투갈, 오스트리아, 그리고 상대적으로 규모가 작은 그리스다. 이 유럽 국가들은 자생종 포도 품종이 풍부한 데다, 아펠라시옹이 훨씬 중요한 역할을 해서 다른 지역들에 비해 생산지별 라벨 규정이 제각각이라 와인 애호가들에게 당혹감을 안겨주기도 한다. 유럽의 대다수 와인들은 샴페인이나 키안티처럼 원산지의 이름을 따서 와인명이 붙여지는 만큼, 구세계의 지리를 익혀 놓으면 아주 유용하다.

무리의 리더

프랑스는 샴페인, 보르도, 부르고뉴 등 고가에 팔리는 유명 와인들을 만들어내면서 양적으로나 가치적 측면으로나 세계 와인 생산을 주도하고 있다.

유럽의 선두주자들

세계의 와인들은 대다수가 유럽의 본거지에서 생산된다. 앞으로 소개할 프랑스, 이탈리아, 스페인, 독일, 포르투갈, 그리스, 오스트리아의 7개 국가는 세계 15대 와인 생산국에 들기도 한다. 이들 국가의 일인당 와인 소비량은 현재까지도 여전히 아주 높지만 하락 추세에 있다. 이는 세계적으로 와인 수요가 증가함에 따라 점점 세계 수출 시장이 중요시되면서 나타나는 현상이다.

대다수의 땅이 포도나무로 뒤덮인 나라

스페인은 생산량의 순위에서는 근소한 차이로 3위지만 포도원 면적으로 따지면 1위에 해당된다. 많은 빈트너들이 와인을 유럽 밖으로 실어 보내기 시작하면서 21세기 전환기 이후로 수출량이 두 배로 증가했다.

유럽의 와인 생산지

독일(222쪽)

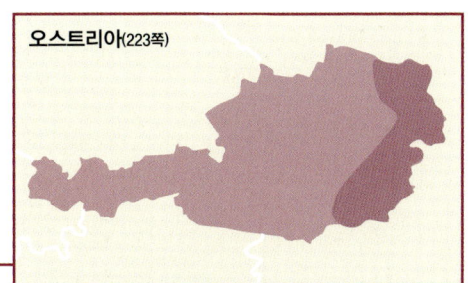
오스트리아(223쪽)

동쪽 구역
오스트리아의 서부 산악지대는 포도를 재배하기에 적절한 조건이 아니어서 가장 동쪽에 위치한 구역에서만 와인이 양조된다. 오스트리아는 세계 와인 생산국 중 15위에 해당한다.

소비량이 두 배
독일은 세계 10위의 와인 생산국이며 주로 화이트 와인을 만든다. 하지만 국민들의 와인 소비량은 독일의 생산량보다 두 배가 넘는다.

이탈리아(216쪽)

근소한 차이의 2위
이탈리아는 한때 세계의 와인 생산을 주도했으나 현재는 근소한 차이로 라이벌인 프랑스에 이어 2위에 머물고 있다. 국토 면적은 캘리포니아 주보다도 작지만 20개의 모든 지역에서 와인을 만들고 있다.

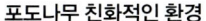

포르투갈(224쪽)

그리스(225쪽)

포트만을 말하지 말라
포르투갈은 면적은 작지만 세계 12위의 와인 생산국이다. 주정강화 와인으로 유명하지만, 현재는 다른 스타일의 와인도 주목을 받는 중이다.

포도나무 친화적인 환경
그리스는 경작에 알맞은 지대 대부분이 포도나무에 친화적인 환경을 갖추고 있으며, 와인용과 건포도용 포도가 재배된다. 와인 생산량은 세계 14위를 차지한다.

프랑스_ 부르고뉴

부르고뉴는 프랑스 중부 지역으로서, 관능적이고 섬세한 와인과 세계 최상급의 토착종 포도들로 유명하다. 부르고뉴 와인은 블렌딩 없이 단일 품종으로 빚어지는데, 화이트 와인은 샤르도네를, 레드 와인은 보졸레 구역만 제외하고 피노 누아를 원료로 쓴다. 최상급 부르고뉴는 새 오크 통에서 숙성되며, 음식 친화적인 특성과 서늘한 기후대 특유의 특징으로 명성이 높다.

고유의 특징

현대의 우수 와인은 그 뿌리를 거슬러 올라가면 중세의 부르고뉴로 이어지는데, 부르고뉴는 복잡한 지리, 역사, 법 체계가 얽히면서 하위 아펠라시옹이 100개나 되고 라벨은 알쏭달쏭하며 포도원들을 수십 명의 재배자들이 공동 소유하는 구조를 갖고 있다. 최상급 부르고뉴 와인은 그 수요로 인해 세계에서 가장 비싼 와인의 대열에 올라 있다. 가장 작은 단위 지역의 와인들이 품질 잠재성이 가장 높은 체계인 부르고뉴의 아펠라시옹 서열은 유럽의 모든 와인법의 모델이 되고 있다. 부르고뉴에서는 개별 포도원의 단위까지 구분되고 있는데 우수 포도원들의 경우 프리미에 크뤼나 그랑 크뤼의 등급이 부여되며, 이 등급은 1등급과 최상급의 의미쯤 된다.

부르고뉴의 와인 생산 지역

- **부르고뉴** : 하급 부르고뉴 와인들은 재배지의 제한 없이 어떤 포도로든 원료로 사용할 수 있다. 상큼하고 드라이한 샤르도네 화이트 와인에는 블랑(blanc)이, 옅은 빛깔에 토양 풍미가 깃든 피노 누아 레드 와인에는 루즈(rouge)라는 단어가 붙어 부르고뉴 블랑이나 부르고뉴 루즈로 표기되기도 한다.
- **샤블리** : 부르고뉴 지역에서 가장 서늘한 이곳에서는 샤르도네만을 재배하는데, 대체로 언오크드 스타일이며 드라이하고 톡 쏘는 신맛이 특성인 화이트 와인으로 유명하다.
- **코트 도르** : 디종 남쪽의 양지바른 경사지에 위치한 샤샤뉴 몽라셰나 샹볼 뮈지니(Chambolle-Musigny) 같은 곳에서 최상급 부르고뉴 와인이 생산된다.
- **코트 샬로네즈** : 비교적 작은 단위인 이 지역에서는 륄리나 메르퀴레 같은 마을 단위 아펠라시옹의 이름으로 정교하게 빚어진 적당한 가격대의 화이트 및 레드 와인들이 만들어진다.
- **마코네** : 주로 샤르도네를 재배하며, 비교적 저렴한 가격대의 상쾌한 마콩부터 보다 풍부한 푸이 퓌세에 이르기까지 다양한 스타일의 와인이 생산된다.
- **보졸레** : 피노 누아가 아닌 가메 포도만을 재배하면서, 과일 풍미 그윽하고 적당한 가격대로 언오크드 스타일의 보졸레 레드를 만들어낸다.

부르고뉴, 한눈에 훑어보기

프랑스 북부의 서늘한 기후지대

최고 인기 와인
- 부르고뉴 : 지역 단위의 기본적인 화이트 및 레드
- 마콩, 샤블리 : 상큼하고 산뜻한 화이트
- 메르퀴레, 상트네 : 톡 쏘는 신맛에 토양의 풍미가 담긴 레드
- 보졸레 : 가볍고 과일 풍미 그윽한 레드

최고 명성의 와인
- 뫼르소, 퓔리뉘 몽라셰 : 토스티하고 풍부한 화이트, 본 로마네(Vosne-Romanée)
- 쥬브레 샹베르탱 : 실크처럼 부드럽고 토양의 풍미가 깃든 레드

프랑스_ 샹파뉴

샹파뉴는 풍부한 풍미와 시큼한 맛의 균형이 환상적인 세계 최상급 스파클링 와인 생산지다. 이 지역의 스파클링 와인은 대체로 라벨에 표기되는 '브뤼(brut)'라는 용어가 뜻하듯 '단맛이 없는' 드라이한 편이며, 하나같이 낮은 알코올 도수와 높은 산도로 상쾌함을 선사해준다. 이곳에서 재배되는 포도 품종은 인근 지역인 부르고뉴의 대표적 포도 품종인 샤르도네와 피노 누아, 그리고 같은 과(科)에 속하지만 숙성시기가 훨씬 빠른 샹파뉴 지역 특산 품종 피노 뫼니에(Pinot Meunier)다.

고유의 특징

샹파뉴는 다른 와인 생산지들에 비해 아주 서늘한 기후로, 이곳의 스파클링 와인은 거품이 일품이다. 샴페인은 평균 기준보다 덜 여문 상태의 포도를 따서 스틸을 만든다(스틸이란 샴페인의 베이스가 되는, 아주 가볍고 드라이하며 시큼한 화이트 와인). 또한 스틸 와인을 병입한 후 당분을 넣어 2차 발효를 시키는데, 이 과정에서 병 안에 천연의 탄산가스가 빠져나가지 못하고 그대로 남게 된다. 발효 후에는 효모 앙금과 함께 수개월이나 수년 동안 세심한 숙성 과정을 거치면서 토스트의 풍미가 더해지기도 한다. 샴페인은 대부분 적포도와 청포도를 블렌딩하지만 화이트 와인으로 만들기 위해 포도껍질은 양조 과정에서 일찌감치 제거한다.

샹파뉴 스파클링 와인의 스타일

- **논빈티지(Non-Vintage) 샴페인** : 여러 빈티지 와인과 여러 품종의 포도를 블렌딩하여 최소 18개월 이상 숙성시킨 하급의 샴페인
- **빈티지(Vintage) 샴페인** : 라벨에 연도가 표기되는데, 이는 단일 빈티지의 포도로 빚은 최상급 샴페인인 '럭셔리 퀴베(luxury cuvée)'임을 뜻한다. 이 등급의 와인은 앙금과 함께 숙성시키는 기간이 최소 3년은 되어야 한다.
- **로제(Rosé) 샴페인** : 핑크빛 샴페인. 대체로 드라이하고 맛이 좋으며, 빛깔과 풍미의 깊이를 더해주기 위해 마지막 단계에서 적포도인 피노 누아를 블렌딩해준다.

샴페인 라벨의 용어 규정

- **브뤼(brut), 엑스트라 드라이(extra-dry), 데미섹(demi-sec)** : 당도를 규정하는 용어로서, 각각 '아주 드라이한', '약간 달콤한', '아주 달콤한'을 의미한다.
- **블랑 드 블랑(Blanc de Blancs)** : '청포도로 만든 화이트 와인'을 뜻하는 용어로 샤르도네 100%로 만든 샴페인을 가리킨다. 숙성 잠재력이 탁월한 명품 와인이다.

샹파뉴, 한눈에 훑어보기

프랑스 북부의 서늘한 기후지대

최고 인기 와인
- 논빈티지 : 드라이한 스파클링 화이트

특산품
- 로제 : 드라이한 핑크빛 스파클링
- 빈티지 : 특등급 명품 스파클링
- 블랑 드 블랑 : 숙성 가치가 높은 스파클링 화이트 와인

프랑스_ 보르도

보르도는 프랑스 최대의 와인 생산지로서 보르도의 와인은 세계 최상급으로 꼽힌다. 아키텐의 주도(州都)이자 항구도시인 보르도는, 주로 레드 와인을 생산하며 '최상급 와인은 새 오크 통에서 숙성시킨다'는 이 지역의 전통적 숙성방식을 전 세계로 확산시켜왔다. 이 밖에도 수많은 품질지향 양조 전통이 바로 이곳에서 잉태되었는데, 에스테이트 보틀링, 최상급 와인에 대한 '그랑 크뤼(grand cru)' 등급의 부여 등이 그러한 사례다.

고유의 특징

보르도에서는 보통 여러 품종의 포도를 블렌딩하는데, 규정상 최대 8종의 지역 특산 품종을 블렌딩에 사용할 수 있다. 실제로 드라이한 와인들의 경우엔 카베르네 소비뇽, 메를로, 소비뇽 블랑 중 하나를 베이스로 이용해 블렌딩하고 있다. 보르도 내에서도 최고급 와인 생산지들에서는 카베르네 소비뇽을 주 품종으로 이용해 블렌딩하는데 지롱드 강의 좌안 지역이 이런 와인의 최상품 생산지로 손꼽힌다. 숙성시키기가 비교적 쉬운 메를로도 보르도의 주력 품종으로서 품질보다는 가격 중심적인 와인이다. 하지만 지롱드 강 우안에서는 때때로 메를로로 뛰어난 품질의 와인들을 빚어내곤 한다. 보르도 와인은 화이트 와인을 찾기가 힘들고 대부분이 드라이한 소비뇽 블랑 베이스의 블렌딩이지만, 세미용을 베이스로 한 황금빛 디저트 와인, 소테른(Sauternes) 같이 예외적인 경우도 있다.

보르도의 와인 생산 지역

- **보르도** : 라벨의 원산지 명칭에 보르도가 표시되어 있다면 보르도의 A.O.C. 와인 중 가장 낮은 등급으로, 드라이한 레드 와인, 화이트 와인, 로제 와인 등이 있는데, 특히 메를로를 베이스로 한 레드 와인과 소비뇽 블랑을 베이스로 한 화이트 와인이 주를 이룬다. 한편 앙트르 되 메르의 화이트 와인과 부르와 블라이의 레드 와인은 스타일이 서로 비슷하다.
- **메독** : 지롱드 강 좌안의 메독 지역, 그중에서도 특히 마고와 생테스테프 같은 마을에서는 대부분이 레드 와인의 블렌딩에 카베르네 소비뇽을 주요 품종으로 이용한다.
- **그라브** : 이 좌안 지역은 레드 와인과 화이트 와인을 모두 생산하고 있으며, 레드 와인의 블렌딩에서는 메를로와 카베르네 소비뇽의 사용률이 거의 비슷한 편이다.
- **우안 지역** : 지롱드 강 우안의 몇몇 작은 아펠라시옹은 포므롤(Pomerol), 생테밀리옹(St-Emilion) 같은 메를로 베이스의 레드 와인 생산지다.
- **소테른과 바르삭** : 바싹 말라 쪼그라든 세미용 포도로 만드는 그라브산의 달콤한 와인으로, 오크 향이 느껴지는 감미로운 디저트 와인의 세계적 표준으로 통한다.

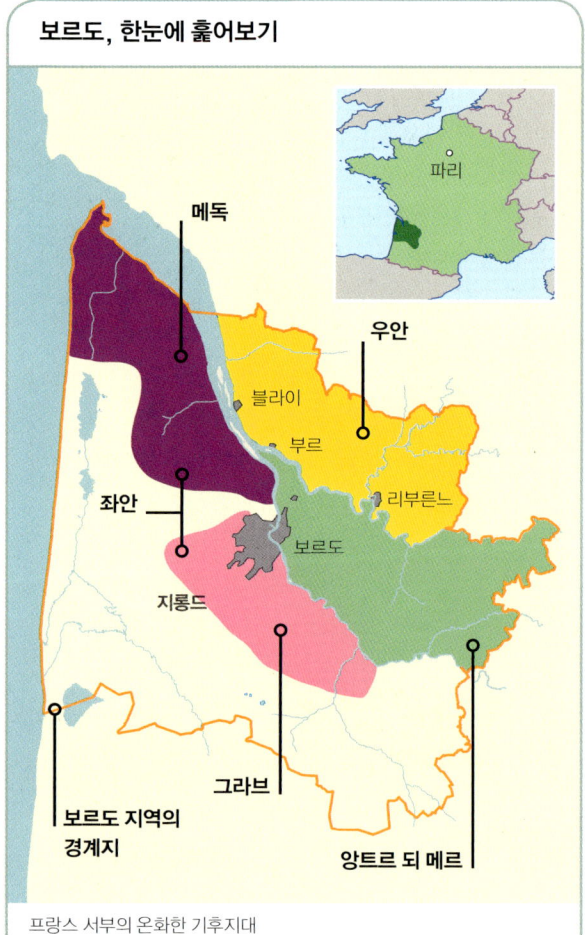

보르도, 한눈에 훑어보기

프랑스 서부의 온화한 기후지대

최고 인기 와인
- 보르도, 그라브 : 가벼운 무게감의 드라이한 레드 및 화이트
- 메독 : 최상급의 드라이한 레드

최고 명성의 와인
- 포이약, 마고 : 강렬한 향에 타닌 풍미가 느껴지는 레드
- 포므롤, 생테밀리옹 : 비교적 타닌이 적고 부드러운 레드
- 소테른 : 묵직하고 달콤하며 오크 향 그윽한 화이트

프랑스_ 루아르 밸리

프랑스에서 가장 긴 강이 바로 루아르 강인데, 바다로 이어지는 서쪽을 따라 이 강둑을 끼고 서늘한 기후대의 와인 생산지들이 자리 잡고 있다. 이곳 북쪽 지역에서는 포도를 충분히 숙성시키는 일이 어려우며, 그런 이유로 가벼운 화이트나 스파클링 와인으로 명성을 누리고 있다. 루아르의 포도원들은 세 가지 기후대로 나뉘며 선호되는 포도 품종이 각기 다르다.

고유의 특징

루아르의 최상급 아펠라시옹은 오를레앙 상류에 위치한 상세르, 푸이 퓌메다. 이곳의 드라이한 화이트 와인은 100% 소비뇽 블랑으로 빚어지는데, 보르도와 양조 방식이 달라 언오크드 스타일인 데다 블렌딩도 하지 않는다. 강의 하류 지역인 온화한 기후의 중간지대는 자생종 슈냉 블랑을 재배하기에 이상적인 곳이다. 슈냉 블랑으로 만들어진 부브레이 같은 화이트 와인은, 지극히 드라이한 맛부터 디저트처럼 달콤한 맛까지 다양하다. 이 지대에서는 레드 와인과 핑크빛 와인도 생산되는데 그중에서도 최상급은 카베르네 프랑으로 빚어진다. 마지막으로 바다에서 가장 가까운 지대에서는 믈롱(Melon) 포도로 상쾌하고 드라이한 화이트 뮈스카데를 생산한다.

루아르 밸리의 주요 화이트 와인 스타일

- **상세르 및 푸이 퓌메** : 톡 쏘는 맛의 드라이한 화이트 와인으로, 대다수의 소비뇽 블랑이 이 와인을 원형으로 따르고 있다.
- **부브레이 및 몽루이(Montlouis)** : 이 슈냉 블랑 화이트 와인은 드라이하거나 달콤한 스타일, 스틸이나 스파클링 스타일 등 다양하지만, 가장 인기 있는 스타일은 살짝 달콤한 데미섹 와인이다.
- **시농 및 부르게이(Bourgueil)** : 옅은 빛깔에 허브 계열의 향이 도는 이 레드 와인은 카베르네 프랑으로 빚어지며 아주 가볍고 톡 쏘는 신맛이 강한 데다 드라이하다.
- **로제 당주(Rosé d'Anjou)** : 핑크빛의 가벼운 이 와인은 살짝 달콤한 스타일이며, 지역 자생종으로 블렌딩된다.
- **코토 드 레이용(Coteaux de Layon) 및 보네조(Bonnezeaux)** : 말라서 쪼그라든 슈냉 블랑 포도로 빚는 레이트 하비스트 디저트 와인이다.

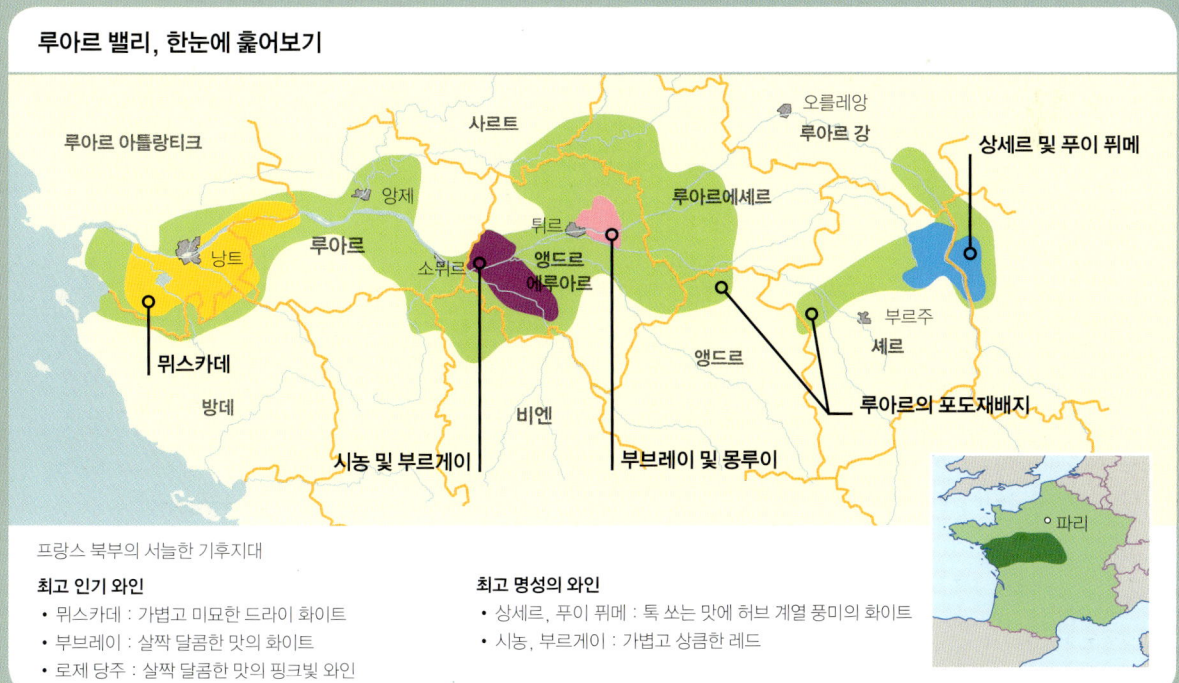

루아르 밸리, 한눈에 훑어보기

프랑스 북부의 서늘한 기후지대

최고 인기 와인
- 뮈스카데 : 가볍고 미묘한 드라이 화이트
- 부브레이 : 살짝 달콤한 맛의 화이트
- 로제 당주 : 살짝 달콤한 맛의 핑크빛 와인

최고 명성의 와인
- 상세르, 푸이 퓌메 : 톡 쏘는 맛에 허브 계열 풍미의 화이트
- 시농, 부르게이 : 가볍고 상큼한 레드

프랑스_ 론 밸리

프랑스의 남부 지역인 론 밸리는 풀 바디의 레드 와인과 드라이한 로제 와인으로 유명하다. 론 지역의 와인은 보르도나 부르고뉴의 와인들만큼 명성이 높지는 않지만 신세계 빈트너들은 시라와 그르나슈 같은 론 지역 포도를 채택해 대중화시켜왔는데, 이 포도들이 뜨겁고 건조한 기후에서 잘 자라기 때문이다. 론 지역의 와인은 공통적으로 스파이시한 풍미를 지니고 있으나 남북의 차이가 크다.

고유의 특징

리옹 아래쪽에 위치한 북부 론의 포도원들은 알프스에서 발원한 강이 흘러내리는 돌투성이 가파른 경사지에 자리 잡고 있으나, 지중해 쪽에 가까운 남부 론은 계곡의 지형이 평평하고 넓게 펼쳐진다. 론 지역 포도원들은 대다수가 남부 론의 따뜻하고 돌이 많은 평지에 몰려 있으며 이 지대에서는 대량으로 적당한 가격대의 와인을 양조할 수 있다. 수확량이 많은 그르나슈가 이 지대의 주요 품종이지만 시라나 무르베드르 같은 다른 여러 품종들이 블렌딩에 사용되기도 한다. 한편 북부 론에서 생산되는 와인은 아주 소량에 불과하며 북부 론 아펠라시옹에서 재배가 허용되는 유일한 적포도 품종은 시라뿐이다.

남부 론의 아펠라시옹

- **코트 뒤 론**: 적당한 가격대의 풍미 그윽한 그르나슈 베이스의 레드 블렌딩으로 론 지역에서 생산되는 드라이한 화이트 및 로제 와인을 총칭해 코트 뒤 론이라고 하기도 한다.
- **샤토네프 뒤 파프 및 지공다**: 명성 드높은 마을 단위 아펠라시옹으로, 이곳에서 빚어지는 그르나슈 베이스의 블렌딩 와인은 론 지역의 최상급 와인에 든다.
- **타블**: 드라이한 그르나슈 베이스의 로제 와인들만을 양조하는데, 이 중 일부는 세계 최상급의 핑크빛 와인으로 꼽히고 있다.
- **뮈스카 드 봄 드 브니즈**: 아주 달콤하고 향기로운 뱅 두 나튀렐 디저트 와인

북부 론의 아펠라시옹

- **에르미타쥬, 코트 로티, 코르나스**: 전 세계 시라 와인의 원조격으로, 후추 풍미가 알싸하고 잉크빛이 도는 강렬한 스타일이다.
- **크로즈 에르미타쥬 및 생조셉**: 비교적 하급에 속하는 아펠라시옹으로, 더 가볍고 더 적당한 가격대의 시라 베이스 와인을 만드는데 대체로 톡 쏘는 맛과 토양 풍미가 강한 편이다.
- **콩드리유**: 화이트 와인을 생산하는 아펠라시옹으로, 꽃 향과 오크 풍미 그윽하며 풍부한 질감의 비오니에 와인을 소량만 빚는다.

론 밸리, 한눈에 훑어보기

프랑스 남부의 온화한 기후지대

최고 인기 와인
- 코트 뒤 론 루즈 : 풍미 그윽하고 스파이시한 레드
- 코트 뒤 론 로제 : 드라이한 핑크빛 와인

최고 명성의 와인
- 샤토네프 뒤 파프 : 강렬한 맛과 향의 스파이시한 레드
- 에르미타쥬, 코트 로티 : 후추 풍미를 지닌 강렬한 레드

프랑스_ 알자스

알자스는 독일과 국경을 접하고 있는 프랑스 북동부의 아름다운 지역이다. 오랜 영토 분쟁의 역사를 지닌 지역 특성상, 알자스 와인에는 프랑스와 독일 양쪽의 문화적 영향이 아주 뚜렷하게 반영되어 있다. 알자스는 화이트 와인 양조자들에게는 사실상 에덴동산이나 다름없는 곳이어서 낮에는 풍부한 일조량 덕분에 아로마의 풍미를 진전시키기에 유리하고 밤에는 상쾌한 신맛을 지키기에 유리할 만큼 서늘하지만, 만족스러운 수준의 레드 와인을 빚기에는 너무 북쪽으로 치우쳐 있다.

알자스, 한눈에 훑어보기

프랑스 북부의 서늘한 기후지대

최고 인기 와인
- 피노 블랑 : 부드러운 언오크드 화이트
- 화이트 블렌딩 : 향기롭고 살짝 달콤한 화이트

최고 명성의 와인
- 리슬링 : 날카롭고 드라이한 화이트
- 피노 그리 : 풍부하고 복숭아 향이 나는 화이트

고유의 특징

알자스의 와인은 길쭉한 라인 스타일의 '플루트형' 병과 포도 품종을 표기하는 라벨 덕분에 독일의 강한 영향이 단박에 느껴진다. 리슬링과 게부르츠트라미너 같이 독일의 향기로운 포도들이 이 지역의 특산 품종에 들기도 한다. 하지만 피노 그리, 피노 블랑, 피노 누아 같은 프랑스의 포도들이 포도원에서 재배되는 품종의 대다수를 차지한다. 알자스 와인은 독일의 와인보다 더 드라이하고 강한 편으로, 샤블리나 상세르 같은 프랑스의 화이트 와인에서 영감을 받은 음식 친화적인 스타일을 띤다.

알자스의 주요 와인 스타일

- **피노 블랑 및 피노 옥세루아**(Pinot Auxerrois) : 알자스에서는 모두 피노 블랑으로 불리기도 하며 대체로 블렌딩된다. 두 포도로 만들어진 와인들은 마시기에 편안한 중간대 무게감의 화이트 와인으로, 드라이한 스타일이며 언오크드 샤르도네를 연상시키는 면도 있다.
- **리슬링** : 독일의 고귀한 품종 리슬링은 프랑스에서는 더 강렬하고 드라이한 스타일로 만들어져, 향기 그윽하고 음식 친화적이며 뛰어나게 숙성된 화이트 와인으로 거듭난다.
- **피노 그리** : 피노 누아의 옅은 색 변종인 이 피노 그리는 알자스에서 풍부하고 복숭아 향이 나는 와인으로 빚어지는데, 피노 그리지오라는 이름의 이탈리아식 와인들에 비해 더 묵직하고 향기 그윽하며 더 달콤한 편이다.
- **게부르츠트라미너** : 오스트리아의 전통적 품종인 이 포도는 모스카토 같은 꽃 향기로 유명하다. 이 와인은 아주 드라이하거나 살짝 달콤한 맛을 띤다.
- **피노 누아** : 알자스 와인 가운데 레드는 극히 적은 편인데, 사용 가능한 품종도 부르고뉴의 우아하고 토양 풍미 담긴 피노 누아뿐이다.

이탈리아_ 토스카나

토스카나는 이탈리아 지중해 연안에 위치한 완만한 기복의 언덕지대다. 산이 많은 나라에서 경작에 알맞은 넓은 땅이 펼쳐진 이 지대는, 세계의 2대 와인 생산국인 이탈리아 내에서도 최고의 와인 생산지로 꼽힌다. 토스카나의 와인은 대다수가 레드이며 토스카나의 레드 와인 거의 모두가 지역 자생종인 산지오베제 포도를 주로 사용하여, 통상적으로 다른 품종과의 블렌딩에서 주원료로 쓰인다.

고유의 특징

토스카나에서 가장 유명한 와인은 키안티로서, 토스카나 최대의 아펠라시옹에서 생산된다. 이곳 중앙 지대는 다수의 하위 구역으로 구분되어 있는데, 그중에서도 특히 피렌체와 시에나 사이에 위치한 키안티의 중심지역인 키안티 클라시코가 가장 명성 높다. 더 남쪽 지역에서는, 몬탈치노가 산지오베제의 두꺼운 껍질의 변종 브루넬로로 명성이 자자한데, 이 브루넬로로 빚어지는 와인은 깊이 있고 짙은 빛깔에 숙성 가치도 더 높다.

토스카나의 레드 와인 아펠라시옹

- **키안티 및 키안티 클라시코** : 중간대 무게감의 이 드라이 레드 와인들은 산지오베제를 주품종으로 사용해 빚어진다. 옅은 빛깔에 톡 쏘는 맛과 타닌 풍미가 특징이다.
- **브루넬로 디 몬탈치노 및 로쏘 디 몬탈치노**(Rosso di Montalcino) : 산지오베제의 특별한 변종 브루넬로로만 만들어지는 이 레드 와인들은 빛깔, 풍미, 바디가 더 강렬하다. 브루넬로 디 몬탈치노는 숙성된 고급 와인이고, 로쏘 디 몬탈치노는 더 어린 와인이다.
- **토스카나 로쏘**(Toscana Rosso) : 규정이 광대하고 느슨한 부문에 속해서, 마시기에 부담없는 평상시용 레드 와인에서부터 값비싼 명품 와인에 이르기까지 스타일이 다양하다.

토스카나의 화이트 와인 아펠라시옹

- **베르나챠 디 산 지미냐노**(Vernaccia di San Gimignano) : 상쾌한 언오크드 화이트 와인으로, 톡 쏘는 맛에 드라이하고 가벼운 무게감이 특징이다.

토스카나의 용어

- **리제르바**(riserva) : 더 오랜 기간 숙성을 거친 후에 출시되는 와인을 지칭한다.
- **슈퍼 투스칸**(super-tuscan) : 프랑스 품종의 포도로 빚어지는 비전통적인 스타일의 명품 와인을 지칭하기 위해 만들어졌으나, 시간이 지나면서 토스카나의 블렌딩 와인을 총칭하는 말이 되었다.

토스카나, 한눈에 훑어보기

이탈리아 중부의 적당한 중간 기후지대

최고 인기 와인
- 키안티 : 톡 쏘는 맛에 드라이한 산지오베제 베이스의 레드 블렌딩
- 토스카나 로쏘 : 키안티와 비슷하지만 보다 현대적인 스타일로, 대체로 농후하며 과일 풍미가 더 강하다.

최고 명성의 와인
- 브루넬로 디 몬탈치노 : 산지오베제 중에서도 특히 탁월한 품종(브루넬로 변종)으로 빚어지는 강렬한 숙성 레드 와인
- 볼게리 : 대체로 카베르네 소비뇽과 메를로에 산지오베제를 블렌딩하여 만드는 강렬한 레드 와인. 볼게리는 슈퍼 투스칸이 탄생한 지역이기도 하다.

이탈리아_ 피에몬테

피에몬테는 이탈리아에서 우수 와인의 양조 역사가 가장 오래된 곳이다. 피에몬테는 북쪽, 서쪽, 남쪽의 삼면이 산으로 둘러싸여 있으며 그 이름 자체도 '산기슭'이라는 의미다. 안개가 자주 끼고 구름 낀 날이 많아 포도를 숙성시키기가 만만찮은데, 이런 어려운 환경상 햇볕을 더 많이 받는 언덕 비탈에 포도원을 세우는 것은 선택이 아닌 필수다.

고유의 특징

쌀쌀한 기후의 피에몬테에서 가장 인기 높은 와인은 거품이 올라오는 달콤한 아스티다. 아스티는 모스카토 다스티와 함께 향기롭고 입맛 다시게 만드는 모스카토 와인의 세계적 표준으로 자리 잡고 있다. 한 쌍의 걸작급 레드 와인, 바롤로와 바르바레스코는 인접한 마을들의 이름에서 와인명을 땄으며 네비올로 포도만을 원료로 쓴다. 상대적으로 경작지 점유에서 밀려나 있는 바르베라와 돌체토는 둘 다 한때는 마시기에 부담 없고 어린 평상시 와인 스타일의 품질로만 빚어졌으나, 이제 최상급 바르베라의 경우 걸작급의 네비올로와도 견줄만한 수준까지 올라섰다. 피에몬테의 드라이 화이트 와인도 괜찮은데, 과일 향이 약간 부족하고 날카로운 가비(Gavi)와 부드럽고 향기 그윽한 아르네이스(Arneis)가 여기에 속한다.

피에몬테의 레드 와인 스타일

- **바롤로 및 바르바레스코** : 숙성 가치가 있고 태닉한 이 고급 레드 와인들은 네비올로 포도로 빚어진다. 거칠고 힘차며 토양 풍미가 담겨 있는 스타일로, 이탈리아의 와인 중 가장 높은 평가를 받는다.
- **바르베라 달바(Barbera d'Alba) 및 바르베라 다스티(Barbera d'Asti)** : 바르베라 포도로 빚어지는 중간대 무게감의 레드 와인이며, 해산물과 잘 어울리는 상쾌한 스타일에서부터 짙고 오크 풍미가 배어 있는 와인에 이르기까지 다양하다. 산도는 높은 편이다.
- **돌체토** : 중간대 무게감의 레드 와인으로 돌체토 포도로 빚어지는데, 대체로 과일 풍미 그윽하고 싱싱한 맛을 지니며 가벼운 산도와 선명한 보랏빛이 특징이다.

피에몬테의 화이트 와인 스타일

- **아스티 및 모스카토 다스티** : 스파클링 및 세미 스파클링의 달콤한 와인들이며 모스카토 비앙코 품종으로 빚어진다.
- **가비** : 코르테제(Cortese) 포도가 원료인 미묘하고 드라이한 화이트
- **아르네이스** : 아르네이스 포도가 원료인 향기롭고 드라이한 화이트

피에몬테, 한눈에 훑어보기

이탈리아 북서부의 적당한 중간 기후지대

최고 인기 와인
- 아스티 : 달콤한 스파클링의 모스카토 바르베라, 톡 쏘는 맛에 중간대 무게감의 레드
- 돌체토 : 부드럽고 과일 풍미 그윽하며 어린 레드

최고 명성의 와인
- 바롤로 : 풀 바디에 태닉한 네비올로 레드로, 숙성이 필요한 스타일
- 바르바레스코 : 바롤로와 비슷하지만 살짝 더 가볍고 산뜻한 스타일

이탈리아_ 트리베네토

통칭해서 트리베네토(Triveneto)라고 불리는 이탈리아 북동부 지역 베네토, 프리울리-베네치아 줄리아(Friuli-Venezia Giulia), 트렌티노-알토 아디제(Trentino-Alto Adige)는 와인에 특유의 문화적 유산을 담아왔다. 베네치아를 둘러싼 이 세 지역은 남쪽으로는 연안지대의 비옥한 평원이 펼쳐져 있고 북쪽으로는 고산 계곡이 뻗어있다. 이탈리아에서 재배되는 프랑스의 전통 포도나무들 대다수가 이곳 트리베네토에 몰려 있고 이중 다수는 그 재배 역사가 수세기에 이르며, 와인의 라벨은 대체로 독일과 신세계 방식대로 포도 품종명과 함께 아펠라시옹을 병기하는 식이다.

고유의 특징

트리베네토의 기후는 화이트 와인에 우호적인 편이며, 이 지역에서 가장 두각을 드러내는 수출품도 가볍고 싱싱한 맛이 특징인 피노 그리지오와 프로세코다. 저지대에서는 꽃 향의 프리울라노(Friulano)나 가르가네가(Garganega) 포도로 만드는 견과류 향의 소아베(Soave) 같은 이색적인 화이트 와인을 만들지만, 알토 아디제와 트렌티노의 산악지대에서는 피노 그리지오, 샤르도네, 피노 비앙코 같은 프랑스 품종들의 와인이 주를 이룬다. 트리베네토의 가장 인기 있는 레드 와인은 과일 향 그윽한 베로나(Verona)의 발폴리첼라지만, 자생종 포도로도 중간대 무게감의 뛰어난 레드 와인을 빚어내고 있다.

이탈리아 북동부 지역의 주요 화이트 와인 스타일

- **피노 그리지오** : 베네지를 비롯해 비교적 서늘한 지역인 트렌티노 및 알토 아디제는 가볍고 부드러운 피노 그리지오로 유명하지만, 온화한 편인 프리울리 지역의 포도원들에서는 대체로 더 강하고 오크 향 진한 스타일의 와인을 만든다.
- **프로세코** : 알프스 산록지대의 언덕에 위치한 베네토에서는 가볍고 싱싱한 스파클링 와인이 빚어지며 약간 달콤한 맛을 띤다.
- **프리울라노** : 오래전부터 '토카이 프리울라노(Tocai Friulano)'로 불렸으나 헝가리 토카이 지역의 고유 유산을 존중해주기 위해 이름을 바꿔야만 했다.

이탈리아 북동부 지역의 주요 레드 와인 스타일

- **발폴리첼라** : 베로나 특유의 환경에 따라 코르비나 포도를 베이스로 하는 기분 좋은 와인이 생산되는데, 마시기에 편하고 저렴한 와인에서부터 더 강렬한 고급 와인에 이르기까지 스타일이 다양하다.
- **아마로네 델라 발폴리첼라**(Amarone della Valpolicella) : 와인 양조 전에 한 달 이상 포도를 건조시키는 과정을 통해 빚어지는 명품 발폴리첼라 와인으로, 이탈리아 와인 중 가장 강한 와인이다.
- **메를로, 피노 누아** : 이탈리아 북부는 화이트 와인으로 더 유명하지만 가볍고 상쾌한 서늘한 기후 특유의 레드 와인도 많이 생산되는데, 대개 라벨에 포도명으로 표기된다.

트리베네토, 한눈에 훑어보기

유럽 지중해 연안의 서늘한 기후지대

최고 인기 와인
- 피노 그리지오 델레 베네지에 : 가벼운 언오크드 화이트
- 프로세코 : 가벼운 스파클링
- 발폴리첼라 : 가볍고 과일 향이 느껴지는 레드

최고 명성의 와인
- 아마로네 : 강렬하고 과숙한 포도 풍미가 느껴지는 레드

이탈리아_ 남부 지역

이탈리아 남부 지역은 역사적으로 저렴하고 특색 없는 레드 와인의 생산지에 머물렀으나 최근에 급격한 변화가 일어나면서 뛰어난 잠재성을 지닌 우수 와인 생산지로 부상했다. 과거에만 해도 이 지역의 와인 문화는 수백 년간의 빈곤에 영향을 받아 대체로 품질보다는 양을 우선시했다. 실제로 20세기에 이 지역 와인의 90%가 벌크 와인으로 팔렸고, 규제 체계가 마련되었을 초반만 해도 그 의무사항은 평범한 현 상태를 지탱시키는 정도였다.

고유의 특징

이탈리아 남부는 산악과 해안선 지대가 주를 이룬다. 이 지역은 나폴리라는 대도시를 품고 있으나 문화와 경제는 여전히 농업과 어업에 뿌리를 두고 있다. 이탈리아 남부의 와인들은 대다수가 레드 와인인데 포도의 종류를 불문하고 공통적으로 현지 요리에 잘 맞는 풍미 프로필을 지녀서, 향신료 향 과일 계열의 풍미가 강한 톡 쏘는 맛의 드라이한 스타일이다.

이탈리아 남부의 주요 적포도 품종

- **알리아니코** : 이 오래된 포도 품종은 캄파니아의 타우라시와 바실리카타의 알리아니코 델 불투레(Aglianico del Vulture) 같은 아펠라시옹에서 신맛이 강하고 향이 좋으며 힘과 우아함을 겸비한 와인으로 빚어지고 있다.
- **몬테풀치아노** : 아브루치의 이 생산성 높은 포도 품종은, 마시기에 편한 중간대 무게감의 레드 와인으로 가장 유명하다.
- **네그로 아마로**(Negro Amaro) : 풀리아의 이 '검고 쓴' 포도는 빛깔이 짙고 타닌 함량이 높은 품종으로, 살렌토 지역의 고급 와인에 뛰어난 숙성 잠재성을 부여해주고 있다.
- **네로 다볼라** : 시칠리아의 아로마 그윽한 적포도 품종 대다수는 대개 자체적 품종명이 와인명으로 붙어서 출시되며, 시라처럼 아주 강렬한 레드 와인의 특징을 띤다.
- **프리미티보** : 캘리포니아에서는 진판델로 불리며 크로아티아가 원산지인 포도로서, 풀리아에서 광범위하게 재배되면서 비교적 가볍고 새콤하며 해산물과 잘 어울리는 와인으로 빚어지고 있다.

이탈리아 남부의 주요 청포도 품종

- **피아노** : 캄파니아가 원산지인 이 포도는 드라이한 화이트 와인으로 만들어지는데, 무게감과 꽃 계열 아로마가 론 지역 와인과 비슷한 특징을 지닌다.
- **인솔리아**(Insolia) : 시칠리아의 토착 품종으로서, 서늘한 산악지대 포도원에서 톡 쏘는 산도를 지닌 와인으로 빚어지는데 소비뇽 블랑 애호가들이 흡족해할 만한 스타일이다.

이탈리아 남부 지역, 한눈에 훑어보기

유럽 지중해 연안의 온화한 기후지대

최고 인기 와인
- 몬테풀치아노 : 부드럽고 과일 향이 느껴지는 레드
- 네로 다볼라 : 톡 쏘는 맛에 아로마 그윽한 레드
- 프리미티보 : 새콤하고 흙내음의 풍미가 감도는 레드

최고 명성의 와인
- 타우라시 : 강렬하고 스파이시한 레드
- 피아노 : 풍부하고 향기 그윽한 화이트

스페인

스페인은 포도재배와 와인 양조의 역사 면에서는 프랑스의 대다수 지역보다 더 길지만 현대화나 품질 중심의 측면에서는 프랑스보다 더뎠다. 그러다 EU 가입을 계기로 아주 신속하게 방향을 전환하면서 현재는 세계 수준급의 와인을 생산하고 있는데, 이 중 다수는 구세계 전통과 신세계 기술을 버무림으로써 세계적으로 통할 만큼 호소력을 넓히고 있다. 적당한 가격대의 스페인 와인들은 레드 와인과 화이트 와인 모두 가격 대비 품질이 뛰어나며, 프리오라트나 리베라 델 두에로 같은 더 고가의 아펠라시옹들은 비평가들로부터 프랑스의 부르고뉴나 이탈리아의 바롤로에 못지않은 호평을 얻고 있다.

고유의 특징

뜨겁고 햇빛이 찬란한 안달루시아에서부터 서늘하고 바람이 부는 갈리시아에 이르기까지 포도나무 친화적인 지대를 여러 곳이나 거느린 면으로 보나, 우수한 자생종 포도들을 보유한 면으로 보나 스페인은 축복받은 나라다. 스페인의 북부 지역에서는 적포도 템프라니요와 청포도 알바리뇨가 리오하나 리베라 델 두에로, 토로나 리아스 바익사스 같은 와인으로 빚어져 극찬을 얻고 있다. 그보다 동쪽에서는, 가르나차나 모나스트렐 같은 자생종 적포도들이 발렌시아에서부터 바르셀로나에 이르기까지 지중해 연안을 뒤덮고 있다. 한편 포도를 재배하기에 힘든 조건의 기후지대에서도, 아주 독특한 와인을 빚어낸다. 덜 익은 포도로 만드는 발포성의 바스크 차콜리(Basque Txakoli)나 햇볕에 건조시킨 포도로 만드는 견과류 향의 헤레스(Jerez)산 셰리가 그 좋은 예다. 스페인의 그 외 지역에서는 프랑스의 샴페인 제조법을 응용해 카탈로니아의 고유 포도들로 스파클링 와인인 카바를 만들기도 한다.

스페인의 주요 레드 와인 스타일

- **리오하** : 빌바오 남쪽 대서양 연안의 서늘한 기후지대에서 생산되는 중간대 무게감의 템프라니요 블렌딩으로서 대체로 긴 시간의 통 숙성을 거쳐 빚어진다.
- **리베라 델 두에로 및 토로** : 템프라니요는 온화한 기후의 카스티야 이 레온(Castilla y León)에서도 주요 품종으로 재배되면서, 두에로 강둑을 따라 펼쳐진 아펠라시옹들에서 더 농후하고 강렬한 와인으로 빚어진다.
- **프리오라트 및 몬산트(Montsant)** : 바르셀로나 인근 지대에서는 올드 바인(old-vine, 수령이 오래된 포도나무) 가르나차, 카리네나와 블렌딩하여 레드 와인을 만든다. 프리오라트가 영향력과 명성이 더 높은 편이라면, 몬산트는 가격대가 더 적당한 편이다.
- **템프라니요, 가르나차, 모나스트렐** : 모두 스페인의 토착 품종이며 가격 대비 품질이 우수한 와인으로 빚어진다. 라벨에 포도명이 표기되는데, 주로 스페인 중부에서 생산된다.

스페인의 주요 화이트 와인 스타일

- **카바** : 카탈로니아의 페네데스 지역에서 생산되는 스파클링 와인 중 세계에서 가장 인기가 높다.
- **알바리뇨** : 갈리시아의 연안지대 리아스 바익사스에서 생산되는 상쾌하고 해산물과 잘 어울리는 화이트 와인이다.
- **헤레스 세레스 셰리(Jerez-Xérès-Sherry)** : 안달루시아의 청포도로 만드는 주정강화 와인이며, 상큼하고 지극히 드라이한 만자니야에서부터 짙고 건포도 향이 느껴지는 모스카텔까지 여러 스타일이 있다.

품질과 숙성

스페인의 빈트너들은 전통적으로 강렬함을 기준으로 와인을 판단해서 최상급 와인들은 출시 전에 통 속에서의 장기 숙성을 거친다. 이는 유럽 레드 와인 생산지들의 보편적인 관례이긴 하지만 스페인에서는 법으로 규제하고 있다. 야심찬 포부를 가지고 와인을 양조하는 빈트너들은 라벨에 명예로운 등급(크리안자, 레세르바, 그란 레세르바)을 사용할 권리를 얻어 그 와인이 오크 통과 병에서 추가 숙성의 시간을 거친 뛰어난 품질의 와인임을 소비자들에게 알려줄 수 있다. 이런 와인들 대다수는 법적 의무기간을 넘어서까지 숙성되다가 거의 절정기에 다다랐을 시점에 출시되는데, 최상급 와인의 경우 그 숙성 기간이 대체로 수확 후 5~10년이다.

스페인, 한눈에 훑어보기

유럽 서부의 복합적 기후지대

스페인의 레드 와인
- 리오하 : 새콤하고 오크 풍미 그윽한 레드
- 리베라 델 두에로 : 농후하고 오크 풍미 그윽한 레드
- 가르나차 : 강하고 어린 레드

스페인의 화이트 와인
- 카바 : 토스트 향의 스파클링
- 알바리뇨 : 가볍고 향기 그윽한 화이트
- 셰리/헤레스 : 견과류 향의 주정강화 화이트

스페인의 저숙성 지대
스페인에서 가장 춥고 구름이 많은 와인 생산지는 대서양 연안 북부 지대다. 이 지대에서는 적포도가 잘 여물지 않아서 이곳의 최상급 와인은 드라이하고 톡 쏘는 저알코올의 화이트 와인이며, 숙성이나 오크 처리를 거의 거치지 않은 스타일이다. 그중에서도 가장 명성 높은 와인은 포르투갈과의 접경지대인 리아스 바익사스에서 만들어지는 알바리뇨인데, 그 섬세함과 향이 탁월하다. 상대적으로 희귀한 편이지만 많은 추종자들을 거느린 와인도 있는데, 프랑스와의 국경 인접 지대인 바스크 지방의 거품이 올라오며 사과주 같은 차콜리다.

스페인 북중부
스페인의 최우수 레드 와인들은 거의 예외 없이 마드리드 북부 지역산으로 템프라니요 베이스의 와인이다. 특히 리오하는 스페인에서 가장 상징적인 레드 와인의 생산지이자 스페인에서 최초로 통 숙성을 채택한 곳이기도 하다. 나바라 인근 지대에서는 스페인에서 최고 드라이한 로제 와인을 만들어내고 있다. 산악지대 너머의 남서부 지역인 카스티야의 고원지대에서는 리베라 델 두에로와 토로에서 더 숙성된 템프라니요로 농후하고 짙은 레드 와인을 빚어내는가 하면, 루에다에서 베르데호 베이스의 톡 쏘는 화이트 와인을 만들어내기도 한다.

스페인 남부
이 지역의 고급 와인 대다수는 안달루시아 연안지대에서 빚어지는 주정강화 화이트 와인이다. 특히 이 가운데 가장 명성을 날린 헤레스의 셰리는, 옅은 빛깔에 지극히 드라이한 만자니아에서부터 짙은 빛깔에 찐득할 정도로 달콤한 모스카텔까지 다양한 스타일이 있다. 한편 마드리드 남부의 카스티야 라 만차는 가격 대비 품질이 우수한 와인들이 생산되는 곳이다.

스페인 지중해 연안
온화한 지중해 연안 지역에서 가장 유명한 와인은 북쪽의 카탈로니아산 와인이다. 특히 페네데스는 세계 최고급의 스파클링 와인 카바를 빚어낼 뿐만 아니라 라벨에 포도명으로 표기되는 화이트 와인과 레드 와인들로도 유명하다. 인접한 프리오라트와 몬산트에서 오래된 고대 품종 가르나차를 베이스로 블렌딩하는 와인은 스페인에서 가장 강한 레드 와인으로 꼽힌다. 더 남쪽과 내륙의 건조한 지대에서는 가르나차와 모나스트렐이 재배된다.

독일

독일의 우수 와인 전통은 중세시대로까지 거슬러 올라가며, 1세기 전까지만 해도 독일의 화이트 와인은 세계 최고로 여겨졌다. 가혹한 기후로 인해 독일의 빈트너들은 수세대에 걸쳐 추위에 강한 리슬링 포도로 완벽한 와인을 빚는 일에만 전념해왔다. 독일인들은 요즘에 들어와 드라이한 리슬링을 좋아하지만, 수출 시장에서는 전통적으로 독일하면 연상되는 살짝 단맛의 저알코올 스타일을 선호한다.

고유의 특징

독일의 우수 와인 생산지들은 원조격인 모젤과 라인가우에서 그치지 않으며, 현재 팔츠, 나헤, 라인하센도 신흥 주자로 떠오르고 있다. 독일의 쌀쌀한 기후에서 재배되는 포도는 톡 쏘는 맛에 저당도의 특징을 띠며, 언제나 균형 잡힌 드라이 와인을 빚기에 적절할 정도의 숙성이 보장되지는 않는다. 그만큼 독일에서는 햇빛에 따라 좌우되는 당도와 풍미를 소중히 여겨서, 이런 특성을 중심으로 독특한 프레디카트(Prädikat, 최상급 와인) 등급 체제를 발전시켰다. 이는 수확 당시의 당분 함량별 포도의 숙성도에 따라 등급을 매기는 체제다. 포도의 숙성도는 아주 다양해서, 포도원의 위치만이 아니라 빈티지에 따라서도 다르게 나타난다.

독일의 주요 화이트 와인 생산 지역

- **모젤**: 독일의 와인 생산지 가운데 가장 추운 곳이며 이곳의 일부 와인은 독일에서 가장 가벼운 스타일에 꼽히기도 한다. 이 지역의 와인은 달콤하면서 톡 쏘는 맛이며 대다수가 알코올 함량 10% 미만에 해당된다.
- **라인가우**: 비교적 온화한 지대로 그만큼 포도의 숙성 가능성도 높다. 대다수 와인은 가벼운 편이며 달콤하면서 톡 쏘는 맛이거나 디저트류처럼 아주 달콤한 맛이지만, 묵직하고 드라이한 와인도 더러 있다.

독일의 라벨 용어

- **카비네트(Kabinett), 슈페트레제(Spätlese), 아우스레제(Auslese)**: 프레디카트 등급의 와인임을 지칭하거나, 숙성도의 정도가 각각 '적당', '우수', '아주 우수'한 와인임을 나타낸다. 이 용어는 대체로 살짝 달콤한 맛에서부터 아주 달콤한 맛의 스타일을 지닌 와인에 표기된다. 드라이한 와인에 표기될 수도 있는데, 이는 평가의 기준이 포도의 당도, 즉 잠재적 알코올이기 때문이다.
- **베렌아우스레제(Beerenauslese), 아이스바인(Eiswein)**: 달콤한 프레디카트 와인들로, 늦수확 포도로 빚은 당분 함량이 아주 높은 와인과 한겨울에 수확한 포도로 만든 냉동 농축 방식의 아이스와인을 가리킨다.
- **트로켄(trocken), 할프트로켄(halbtrocken)**: 각각 '드라이'와 '하프드라이'의 의미로서, 와인의 당도를 가리키는 용어이며 당분이 거의 감지되지 않는 와인에 사용된다.

독일, 한눈에 훑어보기

유럽 북부의 서늘한 기후지대

최고 명성의 와인
- 모젤 리슬링: 살짝 단맛에 사과 향의 화이트
- 라인가우 리슬링: 복숭아 향의 더 농후한 화이트

그 외의 독일 스타일
- 슈페트부르군더(Spätburgunder): 가벼운 레드 와인
- 뮬러 투르가우(Müller-Thurgau): 톡 쏘는 어린 화이트

오스트리아

오스트리아는 독일어를 사용하는 국가지만 와인에서는 오스트리아만의 독자적 정체성을 띠는데, 이는 독특한 지리적 특성과 자생종 포도 품종에 대한 의존에서 비롯된 결과다. 오스트리아의 와인은 대부분이 헝가리, 슬로바키아와 국경을 접하는 황량한 지대를 따라 펼쳐진 오스트리아 저지대(니더외스터라이히)에서 생산된다. 오스트리아의 서늘한 대륙성 기후에서는 레드 와인보다 화이트 와인이 더 많이 만들어지지만 모든 포도 품종이 숙성 면에서 독일보다 유리한 편이라, 독일보다는 강한 와인으로 빚어지는 데다 대체로 더 드라이하게 발효된다.

고유의 특징

오스트리아에서 최고로 꼽히는 포도는 그뤼너 펠틀리너, 즉 일명 '펠틀린의 청포도'다. 이 포도로 빚은 와인은 소비뇽 블랑과 드라이한 리슬링의 애호가들이 가장 흥미를 가질 만하다. 잎사귀 계열의 향과 새콤한 신맛이 비슷하기 때문이다. 한편 오스트리아의 짙은 색 포도 가운데 최우수 품종인 츠바이겔트(Zweigelt)와 블라우프랜키쉬(Blaufränkisch)는 중간대 무게감의 독특한 와인으로 거듭난다. 하지만 오스트리아에서 가장 큰 쾌락을 선사해주는 와인은 비싼 디저트 와인들이다. 풍부하고 꿀같이 달콤한 이 와인들은 살짝 달콤한 슈페트레제를 기준으로 당도와 농축도의 여러 단계를 분류한다.

오스트리아의 주요 화이트 와인 스타일

- **그뤼너 펠틀리너**: 이 포도는 오스트리아 외에서는 보기 힘든 품종이다. 그뤼너 펠틀리너의 언오크드 화이트 와인들은 허브 계열 향을 지니며, 쭉 들이켜기 좋고 과일 향을 지닌 스타일에서부터 복합적이고 숙성 가치가 높은 일품 스타일까지 다양하다.
- **리슬링**: 오스트리아에서 가장 많이 재배되는 포도는 아니지만 오스트리아의 우수 와인 가운데 가장 흥미로운 와인으로 꼽히며, 대체로 드라이한 맛에 중간대 무게감을 지니고 있어서 알자스의 스타일과 유사하다.
- **바이스부르군더(Weissburgunder), 그라우부르군더(Grauburgunder)**: 피노 비앙코와 피노 그리지오의 독일식 별칭으로서, 오스트리아에서는 부드럽고 드라이한 화이트 와인으로 빚어지고 있다.

그 외의 오스트리아 와인 스타일

- **츠바이겔트, 블라우프랜키쉬**: 추위에 강한 적포도들로, 강하고 풍미 그윽하며 적당한 알코올 함량을 지닌 와인으로 빚어진다.
- **아이스바인, 아우스부르크(Ausbruch)**: 독일보다 온화한 오스트리아는 비슷한 포도와 기술을 사용해서 아주 달콤한 디저트 와인을 만들면서 겨울철에 포도를 수확하는 방식의 아이스와인에 주력하고 있다.

오스트리아, 한눈에 훑어보기

유럽 북부의 서늘한 기후지대

주요 화이트 와인
- 그뤼너 펠틀리너 : 가볍고 허브 향을 지닌 화이트
- 리슬링 : 새콤하고 드라이한 화이트

그 외의 와인 스타일
- 츠바이겔트 : 싱싱하고 새콤한 레드
- 아이스바인 : 찐득거리도록 달콤한 디저트 와인

포르투갈

포르투갈은 면적은 작지만 뛰어난 자생종 포도를 여럿 보유하고 있다. 잘 알려진 포도로 만들어 포도 품종명을 와인명으로 붙인 와인들이 대유행하던 1980년대와 1990년대 당시 포르투갈로선 불리한 입장에 놓여 있었다. 포르투갈의 포도들은 세계의 다른 지역에서는 생소한 데다, 대체로 와이너리에서 블렌딩하는 식이 아니라 포도원에서 섞어심기로 재배되었기 때문이다.

고유의 특징

역사적으로 포르투갈은 포트와 마데이라 같은 주정강화 와인만을 세계 일류급 와인으로 인정받았고, 최근까지도 포르투갈의 다른 와인들은 포르투갈 이외의 지역에서는 좀처럼 보기 힘들었다. 포르투갈 북부에 위치한 도우루 밸리산의 달콤한 포트는 세계적으로 사랑받는 디저트 와인으로 각광 받았다. 전통과 품질에서 포트에 필적하던 마데이라 역시 포르투갈령 열대의 섬(마데이라섬)으로부터 뜨거운 사랑을 받았다. 포트와 마데이라를 제외하면 세계적인 존재감을 과시하던 포르투갈의 와인들이라곤 미뉴산의 저렴하고 기분 좋을 만큼 살짝 단맛이 도는 로제 와인뿐이었는데, 마테우스(Mateus)나 란세르(Lancers) 같은 대량판매용 브랜드들이 이런 예에 해당했다.

포르투갈의 고전적인 주정강화 와인 스타일

- **포트** : 도우루 밸리에서 빚어지는 독하고 달콤한 포트 와인은 발효 중에 증류주로 주정을 강화시킨다. 포트는 대다수가 블렌딩 레드 와인으로 포르투갈이나 스페인의 자생종 포도 6가지 이상을 블렌딩한다.
- **마데이라** : 포르투갈의 또 하나의 뛰어난 주정강화 와인이며, 마데이라라는 이름은 이 와인이 만들어지는 열대 섬의 이름에서 딴 것이다. 셰리와 비슷한 이 와인은 견과류 맛이 나고 드라이한 스타일에서부터 아주 달콤한 스타일까지 다양하다.

그 외의 포르투갈 와인 스타일

- **비뉴 베르드** : 가볍고 톡 쏘는 맛의 와인이며, 거품이 올라오는 상쾌한 스타일에 가격대도 적당하다. 화이트, 핑크, 레드의 여러 빛깔로 빚어지지만 일명 베르드(green)라고 불리는 이유는 덜 익은 포도를 따서 만들기 때문이다.
- **알렌테주/테주** : 남쪽에 위치한 온화한 기후의 내륙 지대로서, 농익고 강한 와인을 만들며 그 스타일은 대체로 드라이한 레드 와인이다. 라벨에는 포도 품종명이 표기된다.
- **도우루** : 포트의 나라에서 만드는 드라이한 레드 와인으로, 포트와 같은 포도를 사용하여 생생한 풍미와 깊은 빛깔을 지닌 스타일로 빚어진다.

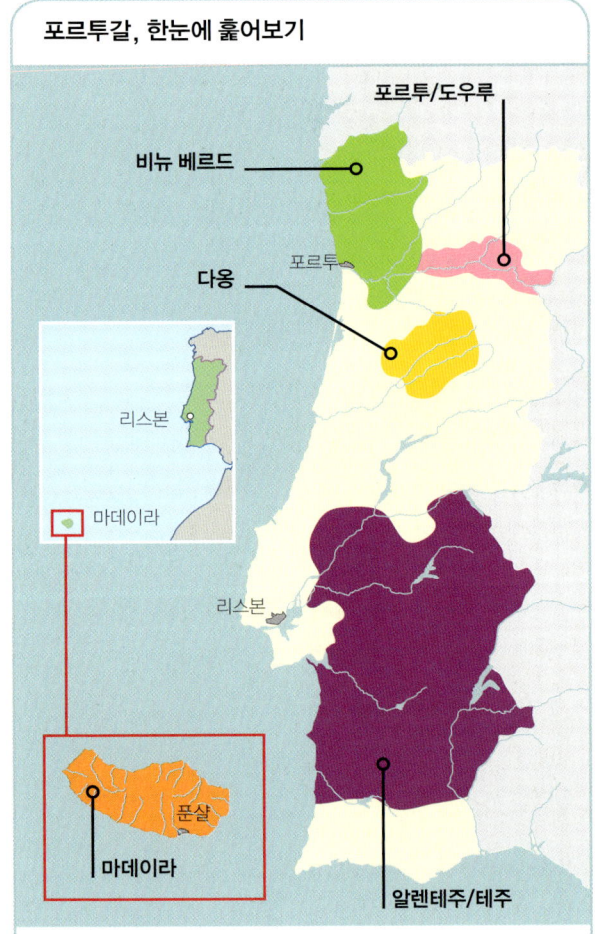

포르투갈, 한눈에 훑어보기

포르투/도우루 · 비뉴 베르드 · 다웅 · 리스본 · 마데이라 · 알렌테주/테주 · 푼샬

유럽 서부의 복합적 기후지대

주요 표준 와인
- 비뉴 베르드 : 거품이 올라오는 가벼운 화이트
- 알렌테주 : 깊고 새콤한 레드

주요 주정강화 와인
- 포트 : 리큐어와 비슷한 달콤한 레드
- 마데이라 : 달콤새콤하며 견과류 맛이 나는 화이트

그리스

고대 그리스는 지중해 연안에 포도나무를 전파시켜 와인 양조술을 발달시키는 데 중대한 역할을 했으나 정작 그리스의 와인 문화는 수세기에 걸쳐 오스만 투르크의 지배를 받으면서 침체기에 머물렀다. 그러다 유럽경제공동체에 가입한 1981년에 이르러서야 주목할 만한 변화가 일어나 그리스에서도 비로소 고급 와인이 출현하게 되었다.

고유의 특징

그리스는 연안지대의 대부분이 햇빛이 풍부한 지중해성 기후지대이며 이탈리아처럼 수백 종의 자생종 포도를 보유하고 있다. 이런 자생종 포도의 대다수는 테이블 그레이프나 건포도용으로 재배되지만 이삼십 종은 탁월한 와인의 원료로서 명성을 얻기도 했다. 남부 섬 지역의 청포도 아시르티코(Assyrtiko)나 본토 북부 지역의 적포도 아이오르이티코(Agiorgitiko)가 바로 그 좋은 예다. 수치적인 측면에서 보자면, 소수의 대규모 생산자들이 그리스의 와인 생산을 지배하고 있는 데다 여전히 수출 시장은 레치나 달콤한 뮈스카와 마브로다프네(Mavrodaphne) 같은 전통적인 스타일이 주를 이룬다.

그리스 드라이 와인의 주요 스타일

- **아시르티코**: 척박한 토지에서 자라는 이 포도를 베이스로 빚는, 산토리니의 톡 쏘는 맛의 드라이한 화이트 와인은 대체로 프랑스의 소비뇽 블랑 애호가들이 흡족해하는 스타일이다.
- **모스코필레로(Moschofilero)**: 이 향기로운 핑크빛 포도는 펠레폰네소스 반도에서 재배되어 이국적인 꽃의 아로마가 특징인 풍만한 화이트 와인으로 빚어진다.
- **시노마브로(Xynomavro)**: 그리스 중부와 북부 지방에서 재배되며 타닌 풍미가 강한 포도로, 이 이름엔 '시큼한 적포도'라는 의미가 담겨 있다.
- **아이오르이티코**: 네메아의 이 포도는 새콤한 중간대 무게감의 레드 와인으로 빚어지며 두루두루 어울리는 음식 친화성 때문에 때때로 이탈리아의 산지오베제에 비유되기도 한다.

그리스 스위트 와인의 주요 스타일

- **뮈스카, 마브로다프네**: 그리스의 와인은 달콤한 화이트 뮈스카와 레드 마브로다프네가 많은데, 대체로 포트 양조법을 활용한 주정강화 스타일이다.

그리스, 한눈에 훑어보기

유럽 지중해 연안 지역의 온화한 기후지대

신흥의 유망 화이트 와인
- 산토리니: 상쾌하고 톡 쏘는 맛의 화이트
- 모스코필레로: 아로마 그윽한 꽃 향의 화이트

신흥 유망 레드 와인
- 시노마브로: 타닌 풍미가 강한 드라이 레드
- 네메아: 새콤한 중간대 무게감의 레드

유럽 이외의 와인 생산지

신세계의 와인 생산지들은 서반구와 남반구의 포도나무 친화적인 지대를 점유하고 있다. 유럽의 경우에 비한다면, 이 지역은 와인 지리를 꼭 익혀 놓아야 할 필요성이 낮다. 아펠라시옹의 수가 대체로 적은 편이며 생산지들의 지역이 넓은 데다 규제의 측면에서도 훨씬 덜 복잡하기 때문이다. 또한 신세계의 와인들은 통상적으로 라벨에 포도 품종명으로 표기하며 재배하는 포도의 종류도 더 적어서, 와인 애호가들로선 라벨을 읽기가 쉬운 편이다. 하지만 달리 보면, 이는 각 와인들 간의 차이를 구별하기 어렵게 해서 다양한 풍미를 음미할 수 있는 가능성을 제한하기도 한다.

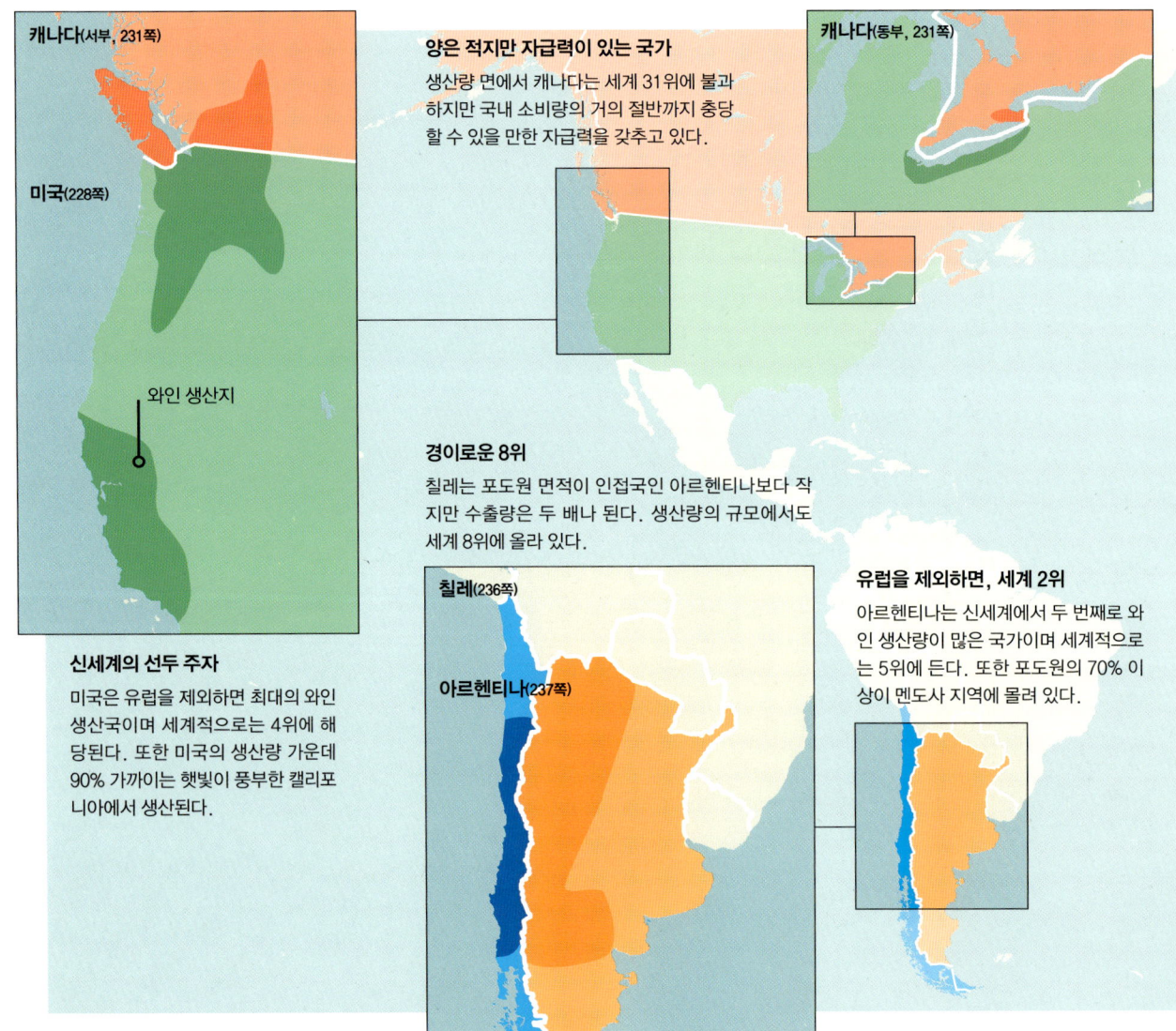

양은 적지만 자급력이 있는 국가
생산량 면에서 캐나다는 세계 31위에 불과하지만 국내 소비량의 거의 절반까지 충당할 수 있을 만한 자급력을 갖추고 있다.

경이로운 8위
칠레는 포도원 면적이 인접국인 아르헨티나보다 작지만 수출량은 두 배나 된다. 생산량의 규모에서도 세계 8위에 올라 있다.

유럽을 제외하면, 세계 2위
아르헨티나는 신세계에서 두 번째로 와인 생산량이 많은 국가이며 세계적으로는 5위에 든다. 또한 포도원의 70% 이상이 멘도사 지역에 몰려 있다.

신세계의 선두 주자
미국은 유럽을 제외하면 최대의 와인 생산국이며 세계적으로는 4위에 해당된다. 또한 미국의 생산량 가운데 90% 가까이는 햇빛이 풍부한 캘리포니아에서 생산된다.

유럽 이외의 와인 생산지 **227**

멋진 신세계

과거에 식민지였던 신세계는 유럽 국가들보다 영토가 넓지만 와인 생산량은 더 낮은 편이다. 미국은 세계 4위의 와인 생산국이지만 생산량의 85% 이상은 바다를 건너지 않는다. 미국 외에 아르헨티나, 호주, 칠레, 남아프리카공화국도 세계 10위 안에 드는 생산국이며 모두 수출 시장에서 점점 두각을 나타내는 중이다. 뉴질랜드는 생산량에서는 순위가 낮지만 라이벌들보다는 세계적 위상이 높다. 캐나다는 총 생산량이 훨씬 더 낮은 데다 수출량도 희박하지만, 우수 와인 측면에서 수익성이 큰 시장인 북미 시장에 속해 존재감이 부각되고 있다.

신흥 주자들

이 7개의 신세계 국가들이 세계의 주요 와인 생산지로 꼽히는 이유는 세계 시장에서의 위상 때문이다. 생산량 면에서 따지자면 중국, 러시아, 브라질이 더 우세하지만 이 국가들은 세계적 존재감에서 상대적으로 아주 낮다.

호주(232쪽)

진정한 신흥 주자

뉴질랜드는 세계 와인에서 존재감이 전무하다시피 했으나, 1990년대에 말버러의 소비뇽 블랑 로제 와인이 두각을 드러내기 시작하더니 현재는 세계 17위의 와인 생산국으로 도약했다.

뉴질랜드(234쪽)

지구 반대편의 개척자들

호주는 세계 7위의 와인 생산국이며 신세계에서 연구와 혁신의 선두주자다. 호주의 포도원 지역들은 서늘한 남부 연안에 붙어 있다.

남아프리카공화국(235쪽)

케이프 주의 포도

아프리카 대륙에서 생산되는 와인은 극소량에 불과하지만 남아프리카공화국의 웨스턴 케이프 주 지역은 포도 재배에 이상적인 기후를 갖추고 있다. 남아프리카공화국은 세계 9위의 와인 생산국이다.

미국_ 캘리포니아

캘리포니아는 다른 신세계 와인 생산국들과 비교해서 생산량이 월등히 많다. 세계적으로도 프랑스, 이탈리아, 스페인만이 생산량에서 미국을 앞서며, 미국에서 생산되는 와인 중 거의 90%가 캘리포니아에서 만들어진다. 풍부한 햇빛과 적은 강우량 덕분에 캘리포니아의 포도는 뛰어난 숙성도를 나타내, 캘리포니아 와인의 상징인 볼드한 풍미와 풍부한 질감을 갖추게 된다.

고유의 특징

캘리포니아의 와인은 20세기의 전환기에 해충에 전염되어 포도원들이 황폐화된 사건에 뒤이어, 금주령이 시행되면서 1920년부터 1933년까지 와인 양조가 법적으로 금지되었다. 벌크 와인 부문은 전후시대에 들어와 가장 먼저 회복세를 찾았으나, 우수 와인은 1970년에 이르러서야 본격적으로 재등장하게 되었다. 현재 캘리포니아의 빈트너들과 미국의 와인 애호가들은 세계의 와인 붐을 이끄는 영향력을 발휘하며 와인계에 혁명을 일으키고 있다. 또한 현재 미국은 세계 최상급의 와인도 만들어내고 있다.

캘리포니아의 광활한 센트럴 밸리에서는 대체로 평상시 와인을 생산하며 우수 와인을 빚기엔 기후가 너무 뜨겁다. 고급 와인의 생산지는 캘리포니아 북부의 해안선을 따라 펼쳐진 두 지대, 즉 베이 에어리어(Bay Area)를 기준으로 위쪽과 아래쪽의 두 지대인데, 태평양의 서늘한 공기가 포도의 급격한 숙성을 늦춰주는 특징을 지닌 곳들이다. 이 중 북부 연안은 캘리포니아의 유명한 와인 생산지로서 내퍼 밸리나 소노마의 러시안 리버 밸리 같은 가장 명성 높고 유서 깊은 와인 아펠라시옹들을 품고 있다. 또한 중부 연안은 샌프란시스코에서부터 산타 바바라까지 뻗어 있는 지대로서, 파소 로블스나 몬터레이 같은 신흥 유망 와인 생산지들이 속해 있다.

캘리포니아의 주요 레드 와인 스타일

- **카베르네 소비뇽 및 블렌딩** : 이 포도는 캘리포니아의 햇살을 한껏 즐기며 내퍼 밸리나 파소 로블스 같은 곳에서 세계 일류급의 와인으로 빚어지고 있다.
- **진판델** : 미국의 독특한 스타일로 빚어진 온화한 기후의 특산품으로서, 빛깔이 짙고 알코올이 높으며 구운 베리(berry) 디저트류의 풍미를 지니는데, 특히 로디(Lodi)나 드라이 크릭(Dry Creek) 같은 지역산의 와인에서 이런 특징이 두드러진다.
- **메를로** : 과소평가된 이 포도는 내퍼 밸리 같은 곳에서 그 탁월함을 드러내며, 풍미의 강도는 높지만 거친 타닌의 강도는 낮은 뛰어난 레드 와인으로 거듭난다.
- **피노 누아** : 껍질이 얇은 이 포도는 소노마, 산타 바바라, 몬터레이 같이 서늘한 연안 지역에서 잘 자라면서 매혹적인 중간 무게감의 와인으로 빚어지고 있다.

캘리포니아의 주요 화이트 와인 스타일

- **샤르도네** : 캘리포니아 최고의 품종으로 꼽히는 포도로서, 풍부하고 과일 향 그윽한 와인으로 빚어지고 있으며, 특히 소노마나 산타 바바라 같은 서늘한 지대에서 더 뛰어난 품질을 선보인다.
- **소비뇽 블랑** : 때때로 라벨에 퓌메 블랑으로 표기되며, 다른 국가의 소비뇽 블랑에 비해 산도와 허브 풍미가 낮은 편이다.

신세계의 와인명

모든 와인 라벨에는 아펠라시옹이 찍히지만 미국을 비롯한 대다수의 신세계 국가들에서는 스타일의 주요 암시자로서 포도 품종명을 표기한다. 새로운 땅에서 와인을 개척하던 당시의 빈트너들은 어떤 포도나무를 심고 어떤 방식으로 와인을 양조할지 결정하기 위해 유럽의 전통을 연구했지만, 지역명을 와인명으로 삼는 구세계의 체제는 채택할 수 없었다. 이런 관례가 역사적 전례에 바탕을 둔 것이었던 만큼 신흥 지역에서는 실행 자체가 불가능했다. 대신에 미국의 와인법은 빈트너들에게 최대한의 유연성을 제공하는 방식으로 설계되어, 라벨 표기의 정확성에 대해 기본적인 규제를 가하는 정도다. 유럽의 와인 규제와는 달리, 특정 포도 품종만 허용하거나 수확량을 제한하는 식으로 아펠라시옹별 품질 기준을 부과하지도 않는다.

캘리포니아, 한눈에 훑어보기

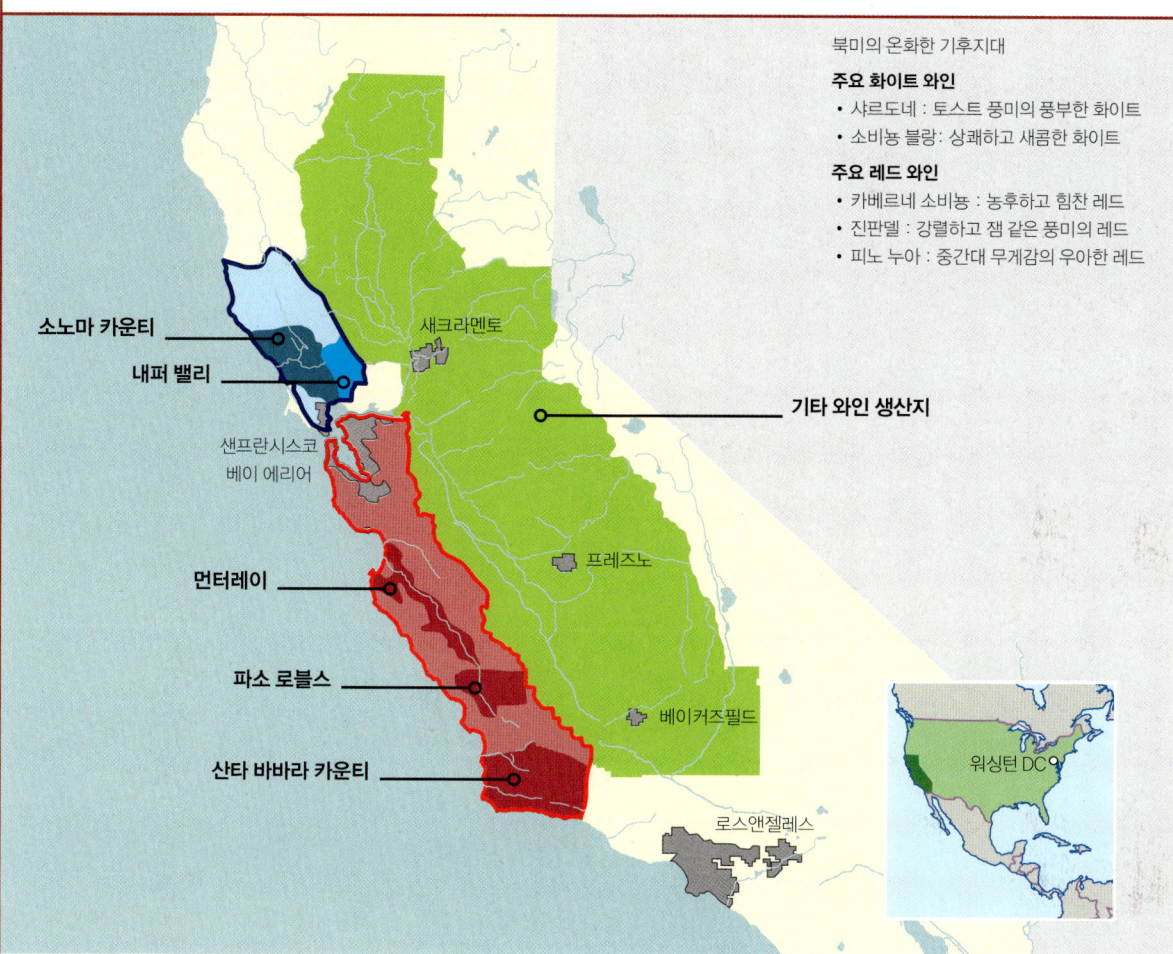

북미의 온화한 기후지대

주요 화이트 와인
- 샤르도네 : 토스트 풍미의 풍부한 화이트
- 소비뇽 블랑 : 상쾌하고 새콤한 화이트

주요 레드 와인
- 카베르네 소비뇽 : 농후하고 힘찬 레드
- 진판델 : 강렬하고 잼 같은 풍미의 레드
- 피노 누아 : 중간대 무게감의 우아한 레드

북부 연안

이 지역은 캘리포니아의 유명 와인 생산 지대로서, 샌프란시스코 만 북쪽 네 개의 카운티를 아우르고 있는데 연안의 소노마와 멘도시노 카운티, 연안에서 가까운 내륙인 내퍼와 레이크 카운티다.

소노마는 북부 연안 최대의 카운티이며 기후 변동이 가장 큰 지역이다. 러시안 리버 밸리와 카네로스 등의 안개 자욱한 물가 지역은 샤르도네, 피노 누아, 스파클링 와인 같은 서늘한 기후 특유의 와인 스타일에 주력하고 있다. 한편 더 온화한 기후지대인 알렉산더 밸리, 드라이 크릭 밸리 같은 내륙은 카베르네 소비뇽이나 진판델 같은 묵직한 레드 와인으로 더 유명하다.

내퍼 밸리는 소노마에 비해 면적은 작지만, 포도원들이 밀집되어 있고 고급 와인의 생산지로서 높은 명성을 자랑한다. 산맥으로 보호받고 있는 온화한 지대인 내퍼는 적포도를 재배하기 적합하도록 기후가 비교적 일정하다. 이 지역에서는 루더포드 같이 계곡 바닥의 평평한 지대나 하웰 마운틴과 스택스 립 디스트릭트(Stags Leap District) 같은 가파른 지대를 가리지 않고, 카베르네 소비뇽과 메를로가 아주 잘 자라나며 대체로 블렌딩 와인으로 빚어진다.

멘도시노는 기후와 지형이 소노마와 유사하지만 포도원들이 비교적 희박한 편이다.

레이크 카운티는 내퍼 밸리 북부 지대와 기후가 비슷하다.

중부 연안

대체로 와인 라벨에 지역 단위 아펠라시옹으로 표시되는 중부 해안은, 베이 에리어에서부터 남쪽으로 산타 바바라까지 뻗어 있는 지대다. 이곳의 계곡들은 북부 해안 지대보다 남쪽으로 더 치우친 위치임에도 불구하고 더 서늘한 편이데, 이는 태평양에서 불어오는 미풍이 연안의 산맥들이 열어주는 길을 타고 내륙으로 더 깊이 흘러들기 때문이다. 산타 바바라, 샌 루이스 오비스포, 몬터레이, 산타 크루즈 카운티들은 탁월한 품질의 샤르도네, 피노 누아, 시라를 빚어내는 반면, 파소 로블스는 카베르네 소비뇽이나 진판델 같이 볼드한 레드 와인으로 더 유명하다.

미국_ 태평양 북서부 연안

캘리포니아 주가 미국의 와인 생산을 주도한다고는 하지만, 인접 지역인 태평양 북서부 연안에서도 탁월한 와인들이 빚어지고 있다. 워싱턴 주와 오리건 주는 서로 인접 지역인 데다 면적도 비슷하지만 와인 스타일은 아주 다르다. 오리건 주가 초고가의 피노 누아와 피노 그리를 소량만 생산하는 것으로 유명하다면, 워싱턴 주는 보다 적당한 가격대의 메를로, 카베르네 소비뇽, 샤르도네, 리슬링을 대량으로 생산하고 있다.

고유의 특징

이런 스타일의 차이는, 동쪽과 서쪽 지대가 캐스케이드 산맥을 사이에 두고 갈라져 있는 지리적 특징에 따른 것이다. 오리건 주의 주요 와인 생산지인 포틀랜드 남쪽에 위치한 윌라메트 밸리는 캐스케이드 산맥과 연안 사이에 끼어 있다. 이곳의 기후는 비교적 서늘해서 피노 누아를 재배하기에 완벽한 조건을 갖추고 있다. 사실이 까다로운 품종으로 말하자면, 조건이 완벽해 아주 가치 있는 경우가 아닌 한 재배하기가 힘든 품종이다.

워싱턴 주의 주요 와인 생산지인 컬럼비아 밸리는, 목축지대의 중심도시인 야키마와 캐스케이드 산맥 동쪽의 건조지대 왈라왈라의 인근에 자리 잡고 있어서, 관개시설을 활용해야 포도재배가 가능한 건조한 고원 지대다. 이런 지리적 특성상 낮 시간에는 태양과 온기가 두꺼운 껍질의 적포도 숙성에 유리함을 제공해주는 동시에, 한냉 사막 지역 특유의 저녁 날씨는 청포도의 상쾌한 산도를 지켜준다.

태평양 북서부 연안의 주요 레드 와인 스타일
- **오리건 주의 피노 누아** : 윌라메트 밸리는 부르고뉴를 제외하면, 세계 최고의 피노 누아 생산지로 꼽힌다.
- **워싱턴 주의 메를로** : 이 품종의 경우 컬럼비아 밸리에서는 아주 강렬한 와인으로 빚어진다.
- **워싱턴 주의 시라** : 워싱턴 주 중부 지대에서 빚어지는 시라 와인은, 굉장히 풀 바디한 스타일이며 짙은 빛깔과 강렬한 아로마가 특징이다.

태평양 북서부 연안의 주요 화이트 와인 스타일
- **오리건 주의 피노 그리** : 유쾌함을 느끼게 해주는 이 와인은 중간대 무게감에 드라이한 맛이며 언오크드 스타일이다.
- **워싱턴 주의 리슬링** : 워싱턴 주에서 빚어내는 샤르도네와 소비뇽 블랑도 매력적이지만, 리슬링은 그야말로 일품이다.

태평양 북서부 연안, 한눈에 훑어보기

북미의 복합적 기후지대

최고 인기 와인
- 워싱턴 주의 리슬링 : 살짝 달콤한 화이트
- 오리건 주의 피노 그리 : 드라이한 언오크드 화이트

최고 명성의 와인
- 오리건 주의 피노 누아 : 부드러운 중간대 무게감의 레드
- 워싱턴 주의 시라 : 강렬한 후추향의 레드

캐나다

캐나다는 자국에서 생산된 와인을 거의 수출하지 않고 국내의 와인 수요를 절반 정도까지 자급자족하고 있다. 캐나다의 와인 가운데 가장 명성 자자한 스타일은 달콤한 아이스와인으로, 독일과 오스트리아의 디저트 와인에서 영감을 얻어 빚어진다. 즉, 포도를 한겨울까지 나무에서 따지 않고 내버려 두는 식으로 포도즙을 냉동 농축시켜 과숙성된 포도로 와인을 만든다.

고유의 특징

포도나무는 대개 영하 10℃ 이하에서는 하루나 이틀 이상을 생존하지 못하는데, 캐나다는 몇몇 소수의 지역만이 포도재배를 지원해줄 만큼 온화한 겨울 날씨를 갖추고 있다. 캐나다에서 본격적으로 우수 품질의 와인이 양조되기 시작된 곳은 5대호 사이에 위치한, 온타리오 주의 나이아가라 반도였다. 하지만 현재는 브리티시 컬럼비아 주 지역이 부상하고 있다. 오카나간 밸리의 캐나다 로키 산맥 기슭에서 탁월한 품질의 와인을 만들고 있기 때문이다. 두 지역 모두 리슬링이나 피노 누아 같은 서늘한 기후지대의 특산품 생산지로 유명하지만, 서부인 브리티시 컬럼비아 주는 카베르네 소비뇽이나 시라처럼 햇살과 온기가 더 많이 필요한 포도들을 비교적 더 일관적으로 숙성시킬 수 있다.

캐나다의 주요 와인 스타일

- **아이스와인** : 캐나다 최고의 일품 와인은, 1월까지 포도를 따지 않고 놔두는 냉동 농축 방식의 디저트 와인들이다.
- **리슬링** : 독일이 고향인 이 서늘한 기후지대의 청포도는 캐나다의 포도원에서도 잘 적응하며, 대체로 가볍고 새콤달콤한 독일식 스타일로 빚어진다.
- **카베르네 프랑** : 카베르네 소비뇽의 껍질이 얇은 포도의 친척인 이 품종은 삼나무 향을 지닌 중간대 무게감의 기운찬 레드 와인으로 빚어진다.
- **피노 그리** : 햇빛이 잘 들지만 서늘한 이런 지역에서 잘 자라는 피노 그리는, 이곳에서 대체로 알자스의 풍부한 피노 그리를 모델로 빚어진다.
- **피노 누아** : 아주 까다로운 이 품종으로 빚어지는 가벼운 스타일의 레드 와인은 온타리오 주와 브리티시 컬럼비아 주 모두에서 매력의 유망성을 보여주고 있다.
- **시라** : 이 품종은 대체로 더 온화한 기후에서 재배되는 것이 보통이지만, 브리티시 컬럼비아 주는 이런 시라로 강렬하고 향기 그윽한 탁월한 레드 와인을 빚어내고 있다.

캐나다, 한눈에 훑어보기

브리티시 컬럼비아 주
- 오카나간 밸리
- 밴쿠버
- 빅토리아 주
- 기타 와인 생산지

온타리오 주
- 토론토
- 해밀턴
- 나이아가라 반도
- 디트로이트
- 버펄로
- 기타 와인 생산지
- 오타와
- 워싱턴 DC

북미의 서늘한 기후지대

최고 인기 와인
- 리슬링 : 살짝 달콤한 화이트
- 샤르도네 : 중간대 무게감의 드라이한 화이트
- 카베르네 프랑 : 중간대 무게감에 새콤한 맛의 레드

최고 명성의 와인
- 아이스와인 : 입에 착 붙도록 달콤한 디저트 와인

호주

호주 대륙은 대체로 포도원을 세우기엔 너무 뜨겁지만 남부의 여러 지역은 포도 친화적인 지중해성 기후를 갖추고 있다. 20세기에 이루어진 포도재배와 와인 양조에서의 수많은 혁신들이 바로 이곳에서 개척되기도 했다. 호주의 와인메이커들은 자신들의 포도나무가 겨울 휴면에 들어가 있는 동안 북반구의 수확에 대해 상담해주며 이런 혁신적인 개념들을 전파해 왔다.

고유의 특징

와인 생산량에서 호주는 세계 10위 안에 들지만, 호주의 인구 밀도가 낮은 이유로 빈트너들은 다른 대다수 신세계 국가들보다 수출에 더 많은 관심을 쏟고 있다. 최우수 와인 생산지들은 대체로 시드니와 애들레이드 사이의 해안선으로부터 300킬로미터 이내의 거리에 위치하여 산맥이나 바다의 냉각 효과를 누리는 지역들이다. 저렴한 평상시 와인들의 경우엔 더 온화한 내륙의 관개 지대에서 주로 생산되며, 머리 강 유역의 평지지대 등이 이런 생산지에 속한다.

호주에서는 샤르도네, 카베르네 소비뇽 등 상당수의 유럽 전통 품종들이 재배되고 있다. 하지만 가장 많이 재배되는 품종은 호주의 상징적 포도인 시라즈다. 다른 지역에서는 시라라고 불리는 이 프랑스산 품종은 따뜻한 기후에 잘 적응한다. 호주의 와인은 거의 예외 없이 라벨에 포도 품종명으로 표기하는데 호주의 블렌딩 와인들은 원료로 쓰인 포도를 중요도의 순서에 따라 모두 표시한다.

지리적 암시

호주의 인기 와인들은 대부분 호주 남동부라는 제너릭 아펠라시옹으로 표기되는데, 이 호주 남동부는 다섯 개 주에 걸쳐 있는 포도원들을 아우르며 와인용 포도의 90% 가량이 바로 이곳에서 재배되고 있다. 하지만 고급 와인들은 대체로 소단위의 아펠라시옹 이름이나 지리적 암시들을 표기하면서 와인업계를 지배하는 모델, 즉 '작을수록 좋다'는 관례를 따르고 있다.

호주, 한눈에 훑어보기

남반구의 온화한 기후지대

주요 화이트 와인
- 샤르도네 : 풍부하고 과일 향 그윽한 화이트
- 리슬링 : 톡 쏘는 맛에 드라이한 화이트

주요 레드 와인
- 시라즈 : 짙은 빛깔에 잼 같은 풍미의 레드
- 그르나슈 : 건포도 향의 강렬한 레드

웨스턴 오스트레일리아 주

웨스턴 오스트레일리아 주는 서쪽으로 호주 대륙의 3분의 1을 차지하는 광대한 지역이다. 퍼스 인근의 일부 연안 지역만이 와인 생산에 적합한 조건을 갖추고 있는 이 와인 생산 지대에서는 독자적인 영세 빈트너들이 많다. 특히 마가렛 리버 지역은 최우수급 와인의 생산지이며 탁월한 샤르도네와 시라즈로 유명하다.

사우스 오스트레일리아 주

사우스 오스트레일리아 주 남동부의 귀퉁이 지대에는, 연안을 따라 명성 있는 와인 생산지들이 자리 잡고 있으며 머리 강 유역에는 품질보다 양을 중시하는 포도원들이 위치해 있다. 바로사와 맥라렌 베일이 호주에서 가장 유명한 시라즈 생산지로 부각되는 지역이라면, 더 서늘한 기후의 클레어 밸리에서는 아주 드라이한 리슬링을 생산해낸다. 또 그 남쪽의 쿠나와라와 라임스톤 코스트에서는 호주 최고의 카베르네 소비뇽과 샤르도네를 빚고 있다.

호주의 주요 레드 와인 스타일

- **시라즈** : 프랑스의 시라에 대한 호주식 별칭이다. 이곳 호주에서 시라즈는 강렬하고 짙으며 풍미 가득한 와인으로 빚어지며, 유쾌하고 과일향이 살아있는 스타일에서부터 진중하고 강렬한 스타일까지 다양하다.
- **그르나슈 블렌딩** : 호주에서는 그르나슈 외에 론의 다른 품종들도 잘 자란다. 이 그르나슈는 프랑스 코트 뒤 론의 스타일을 모델로 삼아 소량의 시라즈, 무르베드르와 블렌딩되어 일명 GSM으로 표기되는 경우가 많다.
- **카베르네 소비뇽 및 블렌딩** : 카베르네 소비뇽은 이곳 호주에서는 다른 신세계 지역에 비해 재배 비중이 낮은 편이며, 비교적 더 가볍고 새콤한 와인으로 빚어진다. 대개 시라즈와 블렌딩되기도 한다.

호주의 주요 화이트 와인 스타일

- **샤르도네** : 호주의 다양한 지형 덕분에 가지각색의 특색으로 빚어져서, 서늘한 기후지대 특유의 새콤한 맛에서부터 온화한 기후지대 특유의 매혹적인 스타일까지 다양하다.
- **리슬링** : 호주의 리슬링 와인은 대체로 프랑스 알자스의 스타일을 따라 드라이하고 톡 쏘는 맛을 띠며 뛰어난 라임 향과 청사과 향을 선사한다.
- **세미용** : 프랑스 최고의 달콤한 와인인 소테른의 원료로 가장 잘 알려져 있을 뿐 비교적 인지도가 낮은 이 포도는 지구 반대편인 이곳에서 온갖 스타일의 화이트 와인으로 거듭나서, 지극히 드라이한 맛에서부터 찐득거리도록 달콤한 맛까지, 또 상쾌한 언오크드 스타일에서부터 토스트 풍미를 지닌 통 발효 스타일까지 다양하다.

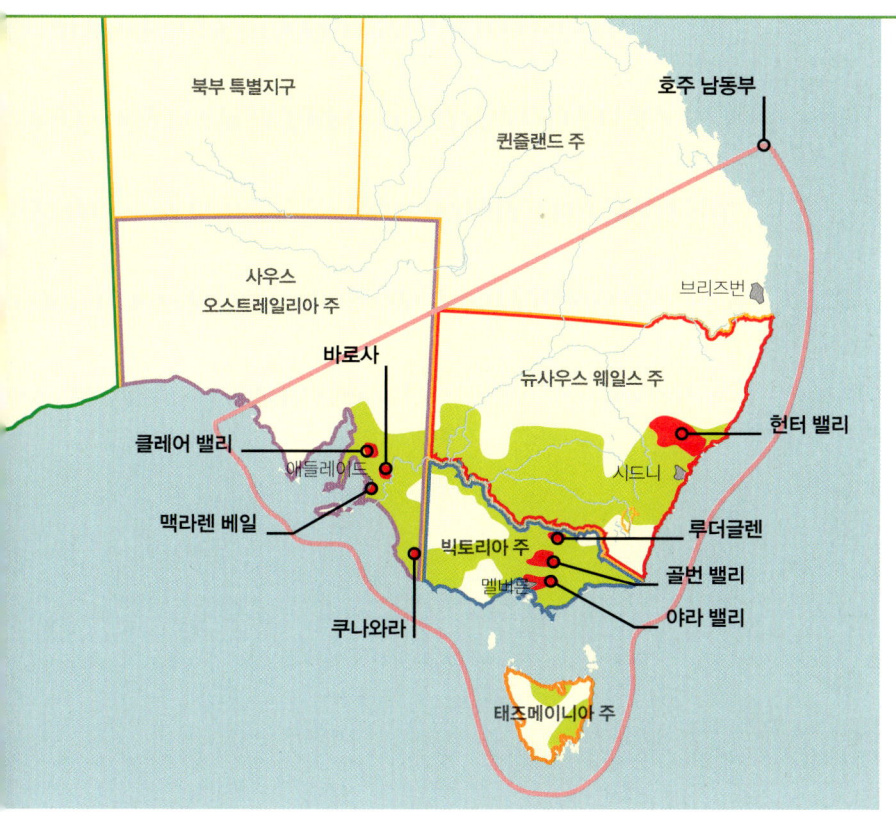

뉴사우스 웨일스 주

시드니 인근의 헌터 밸리는 우수 와인의 잠재성을 보여준 최초의 지역인 만큼, 뉴사우스 웨일스 주에서 호주의 와인 역사가 가장 깊이 배인 곳이다. 이 지역은 뛰어난 품질의 샤르도네와 시라를 빚어내며 독특한 스타일의 세미용도 생산하고 있다. 뉴사우스 웨일스 주의 와인은 대부분 머레이 달링 분지의 내륙 관개지대에서 생산되지만, 야심찬 빈트너들은 머지(Mudgee)나 힐탑스(Hilltops) 같은 소단위 아펠라시옹에서 흥미로운 와인들을 빚어내기도 한다.

태즈메이니아 주

호주에서 가장 작고 추운 주인 태즈메이니아는 아주 쌀쌀한 남쪽 해역의 섬 지역이다. 이 지역은 샤르도네나 리슬링 같은 화이트 와인으로 유명하지만 뛰어난 스파클링 와인이나 피노 누아로도 인정받고 있다.

빅토리아 주

호주 본토의 최남단 지대이자 가장 서늘한 지역인 빅토리아 주는 화이트 와인과 스파클링 와인 같은 서늘한 기후 특유의 와인 스타일이 주로 생산된다. 야라 밸리, 모닝턴 반도 같은 멜버른 주위의 연안지대는 피노 누아나 샤르도네처럼 서늘한 날씨를 사랑하는 포도들에게 이상적인 곳이다. 골번 같은 그레이트 디바이딩 산맥의 산악 계곡지대는 뛰어난 드라이 화이트 와인과 레드 와인을 여러 가지 스타일로 생산해내고 있다. 한편 루더글렌 같은 북동부 지역의 경우엔 포트와 셰리를 모델로 빚어진 달콤한 주정강화 디저트 와인, 즉 '스티키'로 유명하다.

마법사 오즈의 땅, 호주

호주의 와인 생산지들이 몰려있는 남쪽 연안은, 포도나무 친화적인 지중해성 기후를 특징으로 한다.

뉴질랜드

뉴질랜드는 오늘날 와인계의 주요 주자로 꼽히며 특히 상쾌한 화이트 와인으로 유명하지만, 사실 그 와인 산업은 신세계의 경쟁국들보다 훨씬 어리다. 1970년대에야 국가경제 개편의 일환으로 주목할 만한 상업적 재배가 시작되었고 그로부터 10년 후에 한 와인 스타일이 등장하며 뉴질랜드를 세계적 스타로 도약시켰는데, 바로 말버러의 소비뇽 블랑이다. 톡 쏘는 맛에 시트러스 향이 돌고 드라이한 이 와인은 상세르의 루아르 밸리 스타일을 모델로 삼고 있으나 허브와 열대 계열의 아로마가 보다 풍부하다.

고유의 특징

뉴질랜드는 신세계 지역치고는 포도원 지대의 기후가 비교적 서늘하다. 뜨겁고 건조한 미국, 호주, 남미의 와인 생산지들보다 유럽의 서늘하고 습한 기후에 더 가까운 편이다. 하지만 바로 이런 부분으로 인해 뉴질랜드 와인에 독특한 스타일이 부여되면서, 신세계의 현대적인 와인 양조와 연관되는 산뜻하고 그윽한 과일 향의 특징과 더불어, 구세계 유럽의 와인에서 더 보편적인 상쾌한 산도와 음식 친화성까지 두루 갖추고 있다. 뉴질랜드의 소비뇽 블랑이 대박을 거둔 이후로 그 외의 서늘한 기후의 와인 생산지들에 대한 세계적 관심이 높아졌고, 또 그 영향으로 스테인리스스틸 통에서 발효된 톡 쏘는 맛의 드라이한 화이트 와인들이 세계 곳곳에서 더 높은 수익을 올리고 있다.

뉴질랜드의 주요 화이트 와인 스타일

- **소비뇽 블랑** : 언오크드 스타일에 상쾌하도록 톡 쏘는 맛을 지닌 이 중간대 무게감의 드라이 화이트 와인은 강렬한 시트러스 향과 허브의 아로마가 특징이다. 현재는 이런 독특한 말버러 스타일이 이 품종에 대한 세계적 벤치마크로 부상했다.
- **샤르도네** : 이 포도는 뉴질랜드의 연안지대, 그중에서도 특히 북섬의 남동부 연안에서 아주 잘 자라나 청사과의 상큼한 신맛이 돋보이는 와인으로 빚어지며, 오크드 스타일과 언오크드 스타일이 모두 있다.

뉴질랜드의 주요 레드 와인 스타일

- **피노 누아** : 이 까다로운 포도로 세계 일류급 와인을 빚어내는 곳은 세계적으로도 몇 손가락 안에 꼽힐 정도밖에 없는데, 뉴질랜드가 바로 여기에 들며 특히 남섬의 센트럴 오타고 지역이 뛰어난 생산지다.

뉴질랜드, 한눈에 훑어보기

- 북섬
- 오클랜드
- 말버러
- 웰링턴
- 호크스 베이
- 크라이스트처치
- 센트럴 오타고
- 남섬

남반구의 서늘한 기후지대

인기 화이트 와인
- 소비뇽 블랑 : 톡 쏘는 맛의 언오크드 화이트
- 샤르도네 : 새콤한 맛의 드라이한 화이트

인기 레드 와인
- 피노 누아: 옅은 빛깔의 새콤한 레드

남아프리카공화국

아프리카 대륙은 대부분 우수한 품질의 와인을 생산하기엔 너무 뜨거운 편이지만 남아프리카공화국의 웨스턴 케이프 주 지역은 지중해성 기후를 띠고 있다. 이 지역은 신세계의 다른 대다수 생산국들에 비해 이른 시기인 1600년대 말부터 우수 와인 양조 부문에 발 벗고 뛰어들었으며, 1800년대 초 드디어 뛰어난 와인 생산지로 인정받았다. 초창기에는 시련도 많아서, 해충 피해로 포도원들이 황폐화된 이후 빈트너들이 벌크 와인으로 관심을 돌렸고 수십 년 동안 남아프리카공화국의 와인 상다수가 값싼 브랜디로 증류되기도 했다.

고유의 특징

1990년대에 인종차별 정책이 폐지되기 전까지 남아프리카공화국은 통상금지령으로 인해 많은 수출품의 판로가 막혀 있었고, 세계적으로 와인 붐이 일어난 당시에도 그런 상황에 있었다. 하지만 현재는 아주 뛰어난 복잡성을 지닌 남아프리카공화국 와인의 독특한 특징과 품질 잠재성이 세계로부터 새롭게 인정받고 있다. 생산량 중심의 와인 생산은 햇빛이 쏟아지는 내륙 계곡지대를 중심으로 이루어지며, 고급 와인의 양조는 더 서늘한 연안지대가 주무대가 되어주고 있다.

남아프리카공화국의 주요 레드 와인 스타일
- **피노타주** : 남아프리카공화국을 대표하는 포도로서, 유명진지 않지만 생산력이 높은 생소라는 이름의 론 지역 포도와 피노 누아를 교배한 품종이다. 이 피노타주는 훈연 향과 고기 향이 도는 강렬한 레드 와인으로 빚어진다.
- **카베르네 소비뇽 및 블렌딩** : 남아프리카공화국의 카베르네 소비뇽 베이스 와인들은 흙내음이 특징이며, 스텔렌보스, 팔에서 빚어진 와인들에서 이런 특징이 특히 두드러진다.

남아프리카공화국의 주요 화이트 와인 스타일
- **슈냉 블랑** : 이 루아르 밸리산 포도로 만들어진 와인은 가볍고 달콤한 스타일에서부터 통 발효된 풀 바디의 드라이한 스타일까지 다양하다.
- **샤르도네, 소비뇽 블랑** : 이 포도들은 서늘한 지대에서 잘 자라며 대체로 상쾌하고 드라이한 스타일로 빚어진다.

남아프리카공화국, 한눈에 훑어보기

남반구의 온화한 기후지대

최고 인기 와인
- 슈냉 블랑 : 살짝 달콤한 화이트
- 피노타주 : 훈연 향의 강렬한 레드

최고 명성 와인
- 샤르도네 : 통 발효된 화이트
- 카베르네 쇼비뇽 : 흙내음 도는 강렬한 레드

칠레

이 길고 좁은 지형의 국가에서는 스페인인들이 들어온 이후부터 와인을 만들어 왔으나 세계 일류급의 품질로 명성을 얻은 것은 최근의 일이다. 칠레는 태평양과 안데스 산맥 사이에 끼어 남북으로 수천 킬로미터로 길게 뻗어 있다. 와인 생산지들은 수도 산티아고를 둘러싼 온화하고 포도 친화적인 계곡지대에 자리를 잡아, 몇 달간의 구름 없이 화창한 하늘의 여름과 온화한 겨울을 누리고 있다.

고유의 특징

프랑스의 포도 품종들이 칠레에 도입된 것은 19세기였으며 현재는 샤르도네와 더불어 카베르네 소비뇽, 메를로, 소비뇽 블랑이 칠레의 수출을 주도하고 있다. 칠레의 재배 품종 가운데는 칠레 외에 다른 지역에서는 볼 수 없는 포도, 카르메네르도 있다. 강렬한 풍미로 높이 평가받는 이 보르도산 적포도는, 칠레에서 가까운 친척인 메를로 사이에 섞여 심어져 있는 것이 발견되었을 당시 프랑스에서는 이미 100여 년 전에 자취를 감춘 상태였다.

다른 지역들은 습한 날씨와 해충의 피해를 겪을 소지를 안고 있는 반면, 칠레의 경우는 아주 풍부한 햇살, 서늘한 저녁 날씨, 길고 건조한 생육기 덕분에 좀처럼 이런 피해를 겪을 일이 없다. 칠레는 주로 합작투자의 방식을 통해 세계의 자본과 와인 양조 기술력을 끌어들인 이후로 와인의 품질이 급속히 향상되었다.

칠레의 주요 와인 스타일

- **카르메네르** : 칠레의 상징적인 포도로서, 보르도의 친척인 메를로, 카베르네 소비뇽을 닮은 레드 와인으로 빚어지는데, 아주 짙은 빛깔에 허브 향을 지닌 데다 품질의 잠재성이 뛰어나다.
- **카베르네 소비뇽, 메를로, 보르도 스타일 블렌딩** : 칠레는 이 보르도의 품종들로 탁월한 와인을 빚어내고 있으며 최상급 와인들의 대부분은 마이포 밸리, 라펠 밸리, 아콩카과 밸리 같은 지역에서 생산된 블렌딩이다.
- **샤르도네, 소비뇽 블랑** : 이 청포도들은 카사블랑카 밸리 같이 서늘한 태평양 연안의 인접지역에서 잘 자라난다. 샤르도네는 대체로 상큼하고 상쾌한 편이며 고급 와인의 경우엔 강한 오크 풍미를 선사한다. 소비뇽 블랑 역시 이 지역에서 싱싱하고 톡 쏘는 맛의 와인으로 거듭나는데, 허브 향이 있는 언오크드의 뉴질랜드 스타일을 닮아 있다.

칠레, 한눈에 훑어보기

- 기타 와인 생산지
- 마이포 밸리
- 산티아고
- 카사블랑카 밸리
- 라펠 밸리

남반구의 복합적 기후지대

최고 인기 와인
- 메를로 : 중간대 무게감의 드라이한 레드
- 샤르도네 : 중간대 무게감의 드라이한 화이트

최고 명성의 와인
- 카르메네르 : 짙은 빛깔에 그윽한 아로마의 레드
- 카베르네 소비뇽 : 숙성 가치를 지닌 강렬한 레드

아르헨티나

아르헨티나의 멘도사 지역은 라틴아메리카 최대의 와인 생산지다. 안데스 산맥 끝자락에 자리 잡은 멘도사는 쿠요의 고지대 평원에서 농후하고 향기 그윽한 레드 와인을 빚어내며 오래전부터 남미에서 높은 평가를 받아왔으나, 남미 외의 다른 지역에서는 불과 20년 전에야 그 진가를 발견하게 되었다. 멘도사의 고산 사막 기후는 낮 동안엔 짙은 색 껍질의 포도를 숙성시키는 데 아주 중요한 온기와 햇빛을 선사해준다. 또 밤에는 기온이 떨어져 숙성의 진행을 늦추는 동시에 균형이 잘 잡혀진 우수 와인의 양조에 꼭 필요한 산도를 지켜주기도 한다.

고유의 특징

아르헨티나는 남미 이외 지역으로의 와인 수출이 다른 경쟁국들에 비해 지지부진했다. 주요 포도 품종들이 세계의 와인 애호가들에게 생소한 품종들이라 와인 애호가들에게 신뢰를 얻기 위해서는 그만큼 힘든 난관에 봉착해야 했다. 아르헨티나 최고의 포도 품종인 말벡은 아르헨티나 이외의 지역에서는 별 존재감이 없다. 청포도 품종인 토론테스(Torrontés)는 유럽 품종의 후손이지만 토착 재배변종이라 그 자체로는 구세계와 뿌리가 닿지 않는다. 아르헨티나에서는 이 두 품종 모두 아주 잘 자라나서 세계의 관심을 끌 만한 개성과 복잡 미묘함을 지닌 와인으로 빚어지고 있다.

아르헨티나의 주요 와인 스타일

- **말벡**: 이 풍미 그윽한 레드 와인은 짙고 풍부하며 꽃과 토양 계열의 아로마를 띤다. 고급 와인은 농후하고 오크 풍미가 느껴지지만 저렴한 브랜드의 와인은 더 가볍고 상쾌한 편이다.
- **보나르다(Bonarda)**: 이 부드러운 적포도 품종은 이탈리아 북부에서 재배되는 보나르다와는 아무 상관이 없으며, 부드럽고 과일 향이 그윽하며 마시기에 부담 없는 스타일의 와인으로 빚어진다.
- **토론테스**: 이 품종으로 빚어진 꽃 향의 화이트 와인은 대체로 드라이하며 언오크드 스타일이지만 모스카토를 연상시키는 독특한 향을 지니고 있다.
- **세계적 품종들**: 아르헨티나의 기후는 포도재배에 아주 적합해서 최근 몇 년간 샤르도네나 카베르네 소비뇽 같은 유명한 포도 품종들에 대한 실험이 더 많이 증가했다.

아르헨티나, 한눈에 훑어보기

남반구의 온화한 기후지대

인기 화이트 와인
- 토론테스 : 향기 그윽하고 드라이한 화이트

인기 레드 와인
- 말벡 : 짙고 강렬한 레드
- 보나르다 : 가볍고 과일 향 그윽한 레드

와인 초보에서 벗어나는 길

와인을 좋아해서 공부 좀 해보려다가 주눅이 들고 마는 사람들이 많다. 사실 와인 공부에서 중요한 것은 세세한 부분이 아니라 핵심적 개념에 집중하는 것이다. 또 당신 자신의 감각을 믿을 줄도 알아야 한다.

당신의 미뢰를 믿어라

- **개인적 미각을 기꺼이 따르기** : 세련된 기호를 억지로 받아들이려 하지 않는다. 그 와인이 감동적인지 아닌지는 다른 누구도 아닌 당신만이 판단할 자격이 있다.
- **열린 마음 갖기** : 와인에서 느껴지는 감각은 음식과 온도에 따라, 심지어 분위기에 따라서도 변하므로 단 한번만으로 일정 와인의 스타일에 대한 선입견을 갖지 않는다.
- **규칙에 얽매이지 않기** : 와인에 대한 진부한 생각에 매여 당신의 스타일을 속박하지 않는다. 아침 식사에 와인 곁들여 마시기, 와인에 얼음을 띄워 마셔보기, 두 가지 와인 섞어 마셔보기 등등 뭐든 본인의 스타일대로 해봐도 된다.
- **새로운 와인에 도전해보기** : 맛을 보기 전에는 어떤 느낌을 선사해줄지 절대 알지 못하는 법이니, 과거의 기호로 미래의 경험을 제한시키지 않는다.
- **세세한 것들에 진땀 빼지 않기** : 와인의 이런저런 세세한 점들을 익히려 몰두하기 쉬운데 이는 와인을 즐기는 데 오히려 방해가 될 수도 있다.

와인의 묘사 요령을 익혀라

- **단순한 표현어 사용하기** : 와인에서 가장 중요한 특징들은 구체적인 의미를 가진 몇 가지 기본적인 용어로도 요약될 수 있다.
- **감각의 활용은 한 번에 하나씩** : 와인을 감지할 때는 청각을 제외한 모든 감각이 동원된다.
- **감각적 특성 평가하기** : 빛깔과 빛깔의 깊이, 당도와 산도, 과일 풍미와 오크 풍미, 무게감과 탄산가스 등의 강도를 평가해본다.
- **어떤 향인지 식별하는 데 자신감 갖기** : 풍미와 향을 식별하는 일에는 연습이 필요하다. 그 전반적인 강도와 대략적 카테고리를 평가하려 열중해 본다.
- **강도에 주목하기** : 대다수 와인들은 대부분의 특징상 중간쯤의 강도에 드는 편이지만, 표준에서 벗어나는 특징들은 뚜렷이 느껴지게 마련이니 이런 부분에 유의하면 아주 유용하다.

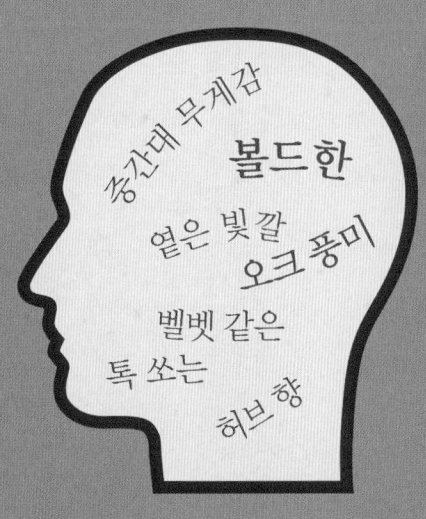

와인 쇼핑에 편해져라

- **겉모습으로 판단하기** : 대체로 포장 디자인을 보면 빈트너가 어떤 철학을 가졌고 어떤 고객층을 염두에 두었는지에 대한 유용한 식견을 얻을 수 있다.
- **숫자를 보고 따지기** : 와인을 쇼핑할 때 와인의 나이, 가격, 알코올 함량 등 몇 가지 유용한 숫자들에 주목하면 그 스타일에 대해 여러 가지를 판단해볼 수 있다.
- **라벨에 작게 인쇄된 글씨 읽어보기** : 두 가지의 대표적 라벨 양식에 익숙해지면 와인 쇼핑 시 혼란을 줄일 수 있다.
- **예산을 넘는 무리한 지출하지 않기** : 꼭 초과지출을 해야만 와인을 잘 마실 수 있는 것은 아니다. 별로 알려지지 않은 와인이나 3리터짜리 종이팩에 담긴 저렴한 와인을 시도해보는 것도 괜찮다.
- **통제권을 넘기지 않으면서 도움 청하기** : 판매직원들은 큰 도움이 되어줄 수 있지만 당신의 지출 비용의 통제권까지 내어줄 필요는 없다.

와인의 스타일을 철저히 탐험해보라

- **가능하다면 잔으로 파는 와인으로 맛보기** : 레스토랑에서는 한 병 값을 다 치르지 않으면서 와인의 체험 기회를 넓혀볼 수도 있다.
- **안전지대 밖으로 벗어나보기** : 대부분의 사람들은 자신이 좋아하는 와인 스타일부터 찾지만, 일단 맛을 보고 나면 마음에 들지 모를 와인들도 있게 마련이다.
- **단 한 모금만으로 판단하지 않기** : 와인의 신맛은 처음엔 미각에 충격을 줄 수도 있으나, 두 번째, 세 번째 모금을 계속 마시다보면 와인의 특성이 더 잘 감지된다.
- **새로운 와인을 찬찬히 음미해보기** : 1, 2분 정도 정신을 모아 음미해보고, 나중에도 참고할 수 있도록 그 느낌을 정신적 데이터베이스에 저장해둔다.
- **말로 표현해보기** : 생각을 말로 표현하면 나중에 그 와인을 기억해내기가 훨씬 쉬워진다. 그렇다고 꼭 와인 전문용어를 쓰거나 크게 소리 내어 말하지 않아도 된다.

와인 잔 속에서 햇살을 음미해보라

- **알코올 함량을 통한 역추적** : 드라이한 와인의 경우, 알코올 강도는 숙성도를 알려주는 꽤 정확한 척도이며 13.5%가 그 표준 함량이다.
- **알코올 강도는 강렬한 풍미의 척도** : 드라이한 와인은 알코올 함량이 높을수록 더 강렬한 맛을 지니고 오크 숙성을 거쳤을 가능성이 높다.
- **가벼운 무게감은 상쾌한 풍미의 척도** : 드라이한 와인은 알코올 함량이 낮을수록 더 부드러운 맛과 상쾌한 산도를 지녔을 가능성이 높다.
- **향으로 감지되는 숙성도의 스펙트럼** : 허브나 토양 계열의 아로마는 서늘한 기후대의 와인에서 가장 많이 나타나는 반면, 온화한 기후대의 와인에서는 디저트류 계열의 향신료 향 과일의 아로마가 더 많이 느껴진다.
- **달콤한 와인에 속지 않기** : 디저트 와인이나 주정강화 와인 같은 지역 특산품 부문의 와인에서는 알코올 함량이 적절한 길잡이가 되어주지 않는다.

음식과 와인의 궁합을 맞춰보라

- **와인의 본분** : 와인은 쇼의 주인공보다는 보조역할에 더 잘 어울리므로 음식의 풍미를 중심으로 삼는다.
- **제 짝 맞춰주기** : 맛이나 질감, 또는 향이나 풍미에서 음식의 주된 특징과 비슷한 와인으로 고른다.
- **음식 궁합의 조절** : 짭짤한 맛의 음식엔 새콤한 와인을, 단맛의 음식엔 달콤한 와인을 짝지어준다.
- **매운 음식의 주의사항** : 알코올은 매운 음식의 열기를 더 증폭시키므로, 가벼운 와인으로 짝을 맞춰야 그 열기를 가라앉혀 준다.
- **규칙의 무시** : 와인을 마시는 사람은 당신이니 어떤 식이든 당신이 원하는 대로 마셔도 된다. 통상적인 가이드라인에 맞지 않아도 상관없다.

와인 상식을 테스트해보라

- **그다지 드라이하지 않은 와인의 유추** : 단맛이 나는 와인들은 대체로 저알코올의 화이트 와인이며, 아주 달콤한 와인들은 대개 작은 병에 담겨 출시된다.
- **오크 풍미를 지닌 와인의 유추** : 더 오래되고 더 비싼 와인일수록 오크 통의 풍미가 느껴질 가능성이 높다.
- **톡 쏘는 신맛을 지닌 와인의 유추** : 어리고 알코올이 낮은 와인일수록, 또는 서늘한 지역에서 생산된 와인일수록 대체로 산도가 높다.
- **음식 친화성이 높은 와인의 구별** : 대다수의 유럽 와인들은 짭짤한 음식에 곁들여 마시도록 설계되어, 단독으로 마시면 조금 지나치다 싶을 만큼 톡 쏘거나 드라이하게 느껴질 수도 있다.
- **강한 풍미를 지닌 와인의 유추** : 온화한 지역에서 생산된 고알코올의 와인은 대체로 과일 풍미와 오크 풍미가 아주 볼드하며, 아메리카 대륙과 남반구에서 만들어진 와인들에서 이런 특징이 두드러진다.

느긋한 마음으로 즐겨라

- **거만과 허세 버리기** : 와인은 원래 사교적이고 긴장을 풀어주는 음료인데, 이런 음료를 격식적이고 거만한 태도로 대한다면 그건 너무 부당하다.
- **포도를 통한 생생한 대리여행** : 와인의 향은 그 지역과 문화를 환기시키는 측면이 있어서, 눈을 감고 그 향을 들이마시면 어느새 그곳으로 데려다준다.
- **전통적인 학습습관의 생략** : 굳이 산더미 같은 와인관련 정보를 암기해둘 필요는 없다. 뭔가 궁금한 점이 생기면 언제든 찾아볼 수 있는 세상이지 않은가.
- **순간을 살기** : 와인은 친구나 가족들과 함께 하는 순간은 그날이 언제든 축배를 들 만한 귀중한 순간임을 상기시켜주기에 더 없이 이상적인 존재다.

용어해설

가벼운(light) : 묽고 섬세한 질감의 와인을 가리키는 표현. 알코올 함량 13% 이하의 와인과 연관되는 특성이다.

갈변(browning) : 와인에서 나타나는 숙성과 산화의 눈에 띄는 징조. 음식의 경우, 이런 색변화는 굽거나 튀기는 등 특정 요리법에서의 캐러멜화나 마이야르 반응(Maillard, 아미노산과 당이 반응해 갈색으로 변하는 것 — 옮긴이)과 관련된다.

감각(sensory) : 시각, 후각, 미각, 촉각, 청각을 통한 인지.

감칠맛(umami) : 혀의 미뢰에서 감지되는 여섯 가지 감각 중 하나. 글루타민산염과 아미노산에 의해 유발되는 '맛있는' 맛이 대체적인 특징이다.

강도(strength) : 와인의 알코올 함량을 지칭한다. '무게감(weight)' 항목 참조.

거친(harsh) : 레드 와인에서 텁텁하고 입을 마르게 하는 타닌의 느낌이 강하게 두드러지거나, 어떤 스타일의 와인에서건 대개 높은 알코올의 느낌이 강하게 나타날 때 쓰는 표현.

과일 풍미(fruit) : 일반적인 의미에서는, 대개 현화식물의 씨가 들어 있는 달콤한 식용 청과물을 가리키지만 와인의 테이스팅 용어상으로는 포도 자체나 와인 양조 과정에서 우러난 와인의 향을 묘사하는 말이다. 과일 풍미가 두드러질 때 '과일 풍미가 나는(fruity)', '과일 풍미가 중심인(fruit-driven)', '과일 풍미가 먼저 느껴지는(fruit-forward)' 같은 표현을 쓰기도 한다.

구개/맛의 감별력(palate) : 엄밀히 말하면, 입안의 부드러운 살 부분을 가리키지만, 일반적으로는 맛과 향, 또는 와인 선호에 대한 사람마다의 민감성을 지칭하기도 한다.

구세계(old world) : 유럽의 전통적인 와인 생산지들을 통칭하는 말.

그란 레세르바(gran reserva) : 스페인과 남미 지역에서 최상급의 숙성 와인에 붙이는 라벨 규정 용어.

그랑 크뤼(grand cru) : 프랑스의 와인 품질 등급. '크뤼(cru)' 항목 참조.

그립(grip) : 대다수 레드 와인에 함유되어 있는 타닌이 일으키는, 텁텁하고 입안을 마르게 하는 촉감을 지칭하는 용어.

날카로운(sharp) : '톡 쏘는' 신맛이 강한 와인을 묘사하는 표현.

냉동 농축(freeze-concentrate) : 아이스와인의 경우처럼, 액체를 냉동시켜 빙정(얼음결정체)을 제거하는 식으로 수분 함량을 줄이는 방법.

네이키드(Naked) : '언오크드(unoaked)' 항목 참조.

농축된/진한(concentrated) : 후각적 향과 풍미의 강도가 평균보다 높은 와인에 대한 용어. 대개 오크 계열보다는 과일 계열의 향과 풍미를 가리킨다.

단맛, 달콤함(sweet, sweetness) : 뚜렷이 감지되는 당분. 혀의 미뢰에서 실질적으로 감지되는 여섯 가지 미각 가운데 하나.

데미 섹(demi-sec) : 프랑스의 라벨 규정 용어로, 단맛이 뚜렷하며 대체로 단맛과 톡 쏘는 신맛의 균형이 잡혀져 있는 와인을 지칭.

드라이한 맛(dry, dryness) : 당분이 전혀 느껴지지 않는 와인을 묘사하는 용어로, 달콤한 맛이나 대다수 와인의 표준 당도와 반대되는 개념. 흔히 입안을 마르게 하는 레드 와인의 타닌과 혼동되기도 한다.

디저트 와인(dessert wine) : 뚜렷하고 강렬한 단맛이 특징인 와인류.

디캔팅(decanting) : 오래된 레드 와인에서 침전물을 제거하거나 어린 와인에 공기를 쐬어주기 위해, 서빙 전에 병에서 와인을 따라내는 과정(대개 디캔터라는 용기에 담아서 행해진다).

락톤(lactone) : 오크 통에 함유된 방향족(芳香族) 에스테르로서 와인에 오크 풍미를 부여해준다.

레이트 하비스트(late harvest) : 달콤한 와

인에 붙는 라벨 용어로, 더 달아지고 더 숙성되도록 수확시기를 미루었다가 딴 포도로 만들어진 와인임을 의미.

로제 와인(rosé): 핑크빛의 와인류. 와인 양조 중에 맑은 포도즙을 짙은 색의 포도껍질과 잠깐만 접촉시키는 방식으로 만들어진다.

리저브, 레세르바, 리제르바(reserve, reserva, riserva): 우수 품질임을 암시하는 와인의 라벨 용어. 스페인, 이탈리아, 남미에서는 규제를 받는 용어지만 그 외의 지역에서는 법적 기준이 없다.

마데라이제이션(maderization): 열에 노출됨으로써 일어나는 와인의 풍미 변화. '마데이라(Madeira)'라는 와인에서 이름을 딴 것이다.

마우스필(moutfeel): 입안에서 느껴지는 음식이나 음료의 촉감.

무게감(weight): 와인의 질감을 지칭하는 용어로, 입안에서 걸쭉함이나 점착성으로 감지된다. 알코올이나 당도가 높은 와인일수록, 알코올이 낮고 드라이한(또는 알코올이 낮거나 드라이한) 와인보다 더 묵직하다.

무스(mousse): 와인의 탄산가스를 묘사하는 말.

묵직한(heavy): 입안을 감싸는 듯한 질감의 와인을 묘사하는 표현. 알코올 함량이 14% 이상인 와인과 연관되는 특성이다.

미각, 테이스팅(taste, tasting): 일반적으로는 먹거나 마실 때 일어나는 모든 감각 또는 음식이나 음료를 맛보는 행위를 뜻하지만, 와인 분석상으로는 혀의 미뢰에서 감지되는 여섯 가지 감각만을 가리킨다.

미뢰(taste bud): 미각을 인식하는 메커니즘으로, 혀 전체에 흩어진 신경집단.

바닐린(vanillin): 바닐라 빈의 주된 풍미 성분으로, 오크에도 다량 함유되어 있어 와인의 오크 풍미에 기여하기도 한다.

바디(body): 와인의 질감을 지칭하는 말. 대체로 알코올 함량에 의해 유발된다. '무게감(weight)' 항목 참조.

바리크(barrique): 프랑스의 전통적 스타일인 225리터짜리 와인 통. 숙성 중에 새 오크 풍미가 부여된 스타일과 연관된다.

바이오다이내믹(biodynamic): 토양, 식물, 동물을 비롯해 서로 밀접하게 연관된 생태계를 지키려는, 친자연 농법의 일종. 포도원 운영에 비자연적이고 합성적인 방식의 사용을 금지하고 태음주기에 따라 경작하는 엄격한 농업인증 체계를 지칭하기도 한다.

발효(fermentation): 포도즙을 와인으로 변환시키는 와인 양조의 중요한 단계. 살아 있는 효모 유기체가 당분을 먹고 신진대사시켜 알코올과 이산화탄소로 분해하는 과정으로 모든 알코올 음료가 이 과정을 거쳐 만들어진다.

방부제(preservative): 부패와 산화를 늦춰주는 성분. 타닌, 또는 이산화황 같은 첨가물의 형태로 와인 속에 자연으로 함유되어 있기도 하다.

뱅 두 나튀렐(Vin Doux Naturel): 뮈타지(mutage), 즉 포트 양조법으로 빚어진 프랑스의 디저트 와인의 일종.

벌크 와인(bulk wine): 최하위 품질등급의 와인. 대개 저가의 블렌딩 와인을 가리킨다.

복잡한(complex): 와인에서 동시다발적으로 느껴지는 여러 느낌에 대한 용어. 대개 여러 가지 기분 좋은 향과 풍미, 특히 발효나 숙성 중에 우러난 향과 풍미를 가리킨다.

볼드한(bold): 아로마나 풍미의 강도가 높은 와인을 묘사하는 표현.

부드러운(soft): 텁텁한 타닌의 강도가 낮은 와인을 묘사하는 표현. 때때로 산도가 낮은 와인에도 같은 표현을 붙인다.

브랜드명(brand name): 와인의 상업적 이름. 빈트너의 명칭이나 특정 제품에 대한 상표명 등이 이런 브랜드명으로 쓰인다.

브뤼(brut): 단맛이 전혀 느껴지지 않는 스파클링 와인에 붙이도록 규정된 라벨 용어. 엑스트라 드라이보다 더 드라이한 단계.

블렌딩(blend): 여러 가지 포도 품종을 섞어서 만든 와인.

비티스 비니페라(Vitis vinifera): 와인 양조용으로 사용되는 포도나무의 주요 종(種)으로, 유라시아가 원산지다.

빈트너(vintner): 와인 제조자.

빈티지(vintage): 와인의 원료로 쓰인 포도의 수확 연도. 대체로 와인 라벨에

표기된다.

사카로마이세스(Saccharomyces) : '당분을 먹으면서' 알코올 음료를 만들어주는 효모균의 일종. 또는 와인, 맥주, 빵의 제조에 사용되는 효모균류를 지칭하기도 한다.

산, 산도(acid, acidity) : 신맛의 느낌. 혀의 미뢰에서 감지되는 여섯 가지 미각의 느낌 중 하나.

산화, 산화된(oxidation, oxidized) : 공기에 장시간 노출될 경우에 일어나는, 와인 부패의 주된 근원이며 통상적으로 와인 양조 과정에서는 이런 산화가 일어나지 않도록 막는다. 또는 신선함 저하, 갈변, 견과류 냄새, 익힌 과일 냄새 같이 와인에서 산화의 영향이 느껴질 때 사용하는 묘사어.

산화방지제(antioxidant) : 산화를 억제하는 성분으로, 타닌 같은 포도껍질 속 페놀 성분 등이 여기에 해당.

상큼한(crisp) : 산도의 새콤함이 표준의 적당한 정도인 와인을 묘사하는 용어.

상표명(proprietary name) : 특정 빈트너의 개별적인 와인 명칭. 퀴베 명칭이나 브랜드명이 여기에 해당된다.

새 오크/새 오크의 풍미(new oak) : 와인에 접촉된 적이 없는 오크 통이나 오크 물질. 또는 여기에서 우려진 풍미와 향.

설익은 풍미(green) : 과일에서는 '덜 익은' 경우를 의미하지만, 와인에서는 높은 알코올, 이파리 같은 맛, 허브 계열 아로마 같이 저숙성과 연관된 특징들이 나타나는 경우를 지칭.

셀러링(cellaring) : 병 숙성, 즉 출시 후 구매자에 의한 와인의 숙성.

소금, 짠맛(salt, saltiness) : 음식 속의 보편적 성분으로, 와인을 곁들여 마시면 와인의 신맛이 덜 느껴지도록 해준다. 혀의 미뢰에서 실질적으로 감지되는 여섯 가지 미각 가운데 하나.

소믈리에(sommelier) : 레스토랑에서 와인을 전문적으로 다루며 손님들에게 와인을 서비스하는 사람. 대체로 와인 구매까지도 책임진다.

수확량(yield) : 포도원의 생산성을 나타내는 척도. 대개 에이커당 포도를 톤(ton) 단위로 나타내거나, 헥타르당 포도즙을 헥토리터(100리터) 단위로 나타낸다.

숙성(maturation) : 와인 양조 과정 중, 발효가 끝난 와인을 통이나 탱크, 또는 병에 담아서 묵히는 단계.

숙성가치(age-worthy) : 타닌이나 산도 같은 천연 방부제 성분의 함량이 높은 덕분에 산화가 방지되는 와인을 지칭하는 말.

숙성도(ripeness) : 수확을 앞둔 마지막 몇 주 동안 최종적으로 진전되는, 포도의 영그는 정도. 햇빛과 따뜻한 기운에 노출될수록 포도가 더 달고 즙이 많으며 바로 따기에도 더 적당해진다.

순한(mild) : 아로마나 풍미의 강도가 낮은 와인을 묘사할 때 쓰는 표현.

슈페트레제(Spätlese) : 독일의 라벨 규정 용어. 숙성도가 평균보다 높은 레이트 하비스트 포도로 만든 우수 와인을 지칭한다. 프레디카트 등급 가운데 차하위에 드는 슈페트레제 와인은 대체로 살짝 달콤하고 알코올이 적당한 편이지만, 묵직하고 드라이한 경우도 더러 있다.

스테인리스스틸(stainless steel) : 현대에 들어와 발효 통으로 많이 사용되는 소재. 화이트 와인의 경우엔 언오크드 스타일을 묘사하는 표현으로 쓰기도 한다.

스틸(still) : 탄산가스나 거품이 전혀 없는 와인에 붙이는 용어.

스파클링(sparkling) : 거품이 풍성한 카보네이티드 와인을 지칭.

스프리치(spritzy) : 탄산가스가 약하게 느껴지는 와인을 가리킨다.

신맛(sour) : '산(acidic)' 항목 참조.

신맛이 부족한(flabby) : 산도가 평균보다 낮은 와인을 묘사하는 용어.

신세계(new world) : 아메리카 대륙과 남반구의 와인 생산지들을 통칭하는 말.

싱글 빈야드(single-vineyard) : 단일 구획의 토지에서 재배된 포도로 만든 와인.

쓴맛(bitter, bitterness) : 혀의 미뢰에서 감지되는 여섯 가지 느낌 중 하나(맥주의 홉과 유사한 쓴맛). 흔히 와인 속 타닌으로 인한 떫은 촉감으로 혼동되기도 한다.

아로마(aroma) : 후각을 통해 감지되는 와인 성분들로, 향과 풍미 모두의 느낌으로 전해진다.

아이스와인(icewine) : 냉동 농축시킨 포도즙을 원료로 빚는 디저트 와인. 대개 한겨울에 냉동된 포도를 수확하는 방식이 활용된다.

아페리티프(aperitif) : 식욕을 돋우기 위한 식전주. 대개는 아페리티프로 가벼운 와인이 나오지만 베르무트(Vermouth), 릴레(Lillet), 뒤보네(Dubonnet) 같은 가향 와인이나 주정강화 베이스의 혼성주도 '아페리티프 와인'으로 지칭.

아펠라시옹(appellation) : 공식적 원산지 명칭으로 와인의 포도가 재배된 지역을 가리킨다. 모든 와인의 라벨에 의무 표기사항.

알코올(alcohol) : 술 같은 성인음료에 함유된 향정신성 성분인 에탄올. 살아있는 효모배양균의 신진대사를 통해 당분에서 생겨난 유기성분.

어린(young) : 출시 전에 통 숙성을 거치지 않았거나 출시 후 병 숙성이 되지도 않은 와인을 묘사하는 표현. 대체로 2년 미만의 와인에 적용된다.

언오크드, 언우디드, 네이키드(unoaked, unwooded, naked) : 와인 양조 중에 오크나 통과의 접촉을 거치지 않은 와인을 묘사하는 표현. 또는 새 오크의 풍미와 향이 전혀 느껴지지 않는 특징을 지칭하기도 한다.

에스테르(ester) : 와인뿐만 아니라 여러 과일에서 향과 풍미의 주원천이 되어주는 휘발성 아로마 성분.

에스테이트(estate) : 와인을 만드는 빈트너가 직접 운영하는 포도원. 이 경우 보통의 방식처럼 재배자에게 포도를 구매하는 것이 아니라 직접 포도를 재배할 수 있다.

에스테이트 보틀드(estate-bottled) : 주로 신세계 와인에 사용되는 라벨 규정 용어로, 빈트너가 포도원을 소유하고 직접 포도를 재배하여 그 포도로 와인을 만들었음을 암시.

엑스트라 드라이(extra-dry) : 단맛이 살짝 느껴지는 스파클링 와인에 붙는 라벨 규정 용어. '브뤼'보다 더 달콤한 맛의 단계.

여운, 여운의 길이(finish, length) : 와인의 뒷맛을 뜻하는 용어. 와인의 바람직한 특징이며, 그 지속성은 와인의 품질을 평가하는 데 유익한 기준이 된다.

오크, 오크드, 오키(oak, oaked, oaky) : 오크는 일반적으로는 나무의 한 종류 또는 그 나무의 목재를 지칭하는 말이지만, 와인 테이스팅 용어상으로는 새 오크 통과의 접촉을 통해 생겨난 와인의 향이나 와인 양조 중의 오크 풍미 부여 주체를 지칭하는 표현. 또한 이런 향이 느껴지는 와인을 묘사할 때 '오크드'라고 표현한다.

오프 드라이(off-dry) : 단맛이 살짝 느껴지면서 완전히 드라이하지 않은 맛.

온화한 기후(temperate) : 포도재배에 적절한 기후대. 겨울 날씨가 너무 쌀쌀하지도 않고 그렇다고 너무 뜨겁거나 열대성 기후도 아닌 정도.

와인 양조(winemaking) : 발효를 통해 신선한 포도가 와인으로 거듭나게 해주는 과정.

와인의 눈물(tear) : 와인의 '다리'라는 용어로 더 많이 불리며, 와인을 잔에 따라 스월링 할 때 방울져 흘러내리는 자국을 가리킨다.

와인의 다리(leg) : 와인을 잔에 따라 스월링할 때 방울져 흘러내리는 자국으로, 눈으로 와인의 무게감을 가늠해볼 수 있는 척도.

우수 와인(fine wine) : 품질이 중요시되는 고급 와인.

워크호스 그레이프(workhorse grape) : 포도의 수확량을 아주 높이더라도 만족스러운 와인을 빚어낼 수 있는 포도 품종. 대개 벌크 와인과 저가 와인용으로 사용된다.

원형(archetype) : 따라 할 모델 사례로 삼는, 원조 표본이나 패턴.

유기농(organic) : 친자연적 농법의 일종이자, 합성 화학물질을 사용하지 않고 재배된 작물에 부여하는 인증.

음식과 와인의 짝짓기(pairing) : 특정 음식이나 요리의 파트너로서 잘 어울리는 적절한 와인을 고르는 일.

음식 친화적, 음식 지향적(food-friendly, food-oriented) : 음식에 곁들여 마셨을 때 최고의 맛이 나도록 설계된 와인에 붙이는 용어. 특히 음식 속의 소금 성분은 와인의 신맛을 줄여주고 과일의 풍미는 더 살려준다.

응축(condense) : 화학작용을 통해 물질을 기체에서 액체로 변화시키는 과정. 증발의 반대 현상.

잠재적 알코올(potential alcohol) : 포도의

발효 전 당분 함량에 따라, 와인의 알코올 함량의 최대 가능치가 결정된다.

잼 같은(jammy) : 익히거나 가당된 과일 계열의 아로마와 풍미가 느껴지는 와인을 묘사하는 표현.

점착성(viscosity) : 액체의 질감이나 걸쭉함. '무게감(weight)' 항목 참조.

제너릭(generic) : 일반적, 또는 포괄적이라는 의미로, 신세계에서는 라벨에 포도 품종을 명기하지 않은 와인을 가리킨다. 한편 구세계에서는 해당 지역의 아주 기본적인 와인을 지칭하는데, 상위 등급인 하위 지역의 키안티 클라시코와 대조되는 제너릭 키안티 같은 경우가 그러한 예에 해당된다.

주정강화 와인(fortified wine) : 포트나 셰리 같이, 증류주가 첨가된 알코올 함량 15~20%대의 와인류.

중간대 무게감(mid-weight) : 가볍지도, 묵직하지도 않은 적당한 질감의 와인을 묘사하는 말. 알코올 함량 13~14%의 와인과 연관되는 특성이다.

중성상태의 통(neutral barrel) : 최소한 3년 동안 사용된 오크 통으로, 새 오크 풍미의 부여 능력이 떨어진 상태.

증류주(distilled spirit) : 브랜디나 위스키 같은 독주. 와인이나 맥주 같은 저알코올의 발효 상품을 원료로, 알코올을 기화시켜 별도의 용기에 응축시키는 방식으로 만든다.

증발(evaporate) : 화학작용을 통해 물질을 액체에서 기체로 바꾸는 기화. 응축의 반대 현상.

질감(texture) : 와인의 바디나 점착성을 지칭하는 용어. 대체로 알코올 함량에 의해 유도된다. '무게감(weight)' 항목 참조.

착색 성분(color compound) : 와인의 페놀 성분으로, 포도껍질 속에 함유되어 레드 와인과 로제 와인에 빛깔과 풍미를 부여해주는 타닌 같은 성분을 가리킨다.

침전물(sediment) : 액체 속의 물질이 고형물이 되어 밑으로 가라앉은 것.

카보네이티드(carbonated) : 거품이 풍성해 병의 개봉 시 탄산가스가 올라오는 와인을 가리키는 용어.

카비네트(Kabinett) : 독일의 라벨 규정 용어로, 표준의 숙성도를 가진 포도로 만들어지는 우수 와인을 가리킨다. 프레디카트(Prädikat) 등급 가운데 최하위인 카비네트 와인은 대개 살짝 단맛이 나고 알코올이 낮지만 더러 묵직하고 드라이한 경우도 있다.

코르크(cork) : 코르크 참나무의 나무껍질을 벗겨 원통모양으로 찍어낸, 와인의 병마개.

코르크 오염, 코르키드(cork taint, corked) : 천연 코르크와의 접촉으로 발생되는 와인의 부패. 주로 TCA(2,4,6-trichloroanisole의 약칭)라는 성분에 의해 유발되어 와인에서 불쾌한 곰팡이 냄새가 나게 된다.

퀴베, 퀴베 명칭(cuvée, cuvée name) : 특정한 와인을 지칭하는 와인 용어로, 흔히 같은 아펠라시옹에서 같은 포도 품종으로 한 가지 이상의 와인을 만들 때 필요한 명칭이며 통(vat)을 뜻하는 프랑스어 단어에서 유래. 일부 지역에서는 블렌딩 와인을 지칭하는 좁은 의미로 사용하기도 한다.

크뤼(cru) : 뛰어난 와인 생산지로 인정된 지역에 붙는, 프랑스의 와인 용어로 통상적으로 최고등급인 그랑 크뤼나 그 차상급인 프리미에 크뤼의 등급이 부여된다. 크뤼는 대체로 '발전(growth)'으로 번역되는 '등급(rank)'을 의미하는 말이며, 지역별로 여러 가지 기준이 다양하고 엄격하게 적용되면서 복잡해진다.

크리안자(crianza) : 스페인의 와인 라벨 규정 용어로 우수 품질의 숙성 와인에 붙여진다. 레세르바나 그란 레세르바보다 낮은 등급.

타닌(tannin) : 떫은 속성을 지닌 페놀 성분으로 포도껍질에 함유되어 있으며 천연 방부제 역할을 한다. 레드 와인을 맛본 후에 입안이 마르는 느낌이 들 때 '태닉(tannic)하다'고 묘사하기도 한다.

텁텁함/떫음(astringency) : 와인 속 타닌으로 인해 유발되는 느낌. 타닌은 포도껍질에 함유된 성분으로 타액 분비를 억제해 입안을 마르게 한다.

테루아(terroir) : 와인에서 느껴지는 장소 특유의 감각적 특징을 가리키는 용어로, 대체로 특정 지역이나 포도원과 연관된 흙 계열의 아로마가 뚜렷하다. 또한 이런 특징을 유발하는, 특정 지역이나 포도원의 독특한 지리적 측면을 가리키기도 한다.

테르펜(terpene) : 아로마 성분의 일종으로, 모스카토, 게부르츠트라미너, 리슬링 같은 포도에서 느껴지는 강렬한 꽃계열 향의 근원이다.

와인 테이스팅 코스
직접 맛보며 이해하는 와인 입문서

발행일 2015년 1월 20일 초판 1쇄 발행
2016년 12월 1일 초판 2쇄 발행
지은이 마니 올드
옮긴이 정미나
발행인 강학경
발행처 시그마북스
마케팅 정제용, 한이슬
에디터 권경자, 장민정, 신미순, 최윤정
디자인 최희민, 윤수경
등록번호 제10-965호
주소 서울특별시 영등포구 양평로22길 21 선유도코오롱디지털타워A404호
전자우편 sigma@spress.co.kr
홈페이지 http://www.sigmabooks.co.kr
전화 (02)2062-5288~9
팩시밀리 (02) 323-4197

ISBN 978-89-8445-596-2(13570)

* 시그마북스는 (주)시그마프레스의 자매회사로 일반 단행본 전문 출판사입니다.

First published in Great Britain 2014 by
Dorling Kindersley Limited
80 Strand
London WC2R 0RL

2 4 6 8 10 9 7 5 3 1

001–186250–January 2014

Copyright © 2014 Dorling Kindersley Limited

All rights reserved. No part of this publication may be reproduced, stored in a retrieval system, or transmitted in any form or by any means, electronic, mechanical, photocopying, recording, or otherwise, without the prior written permission of the copyright owner.

A CIP catalogue record for this book is available from the British Library.

ISBN: 978 1 4093 3868 0

A WORLD OF IDEAS
SEE ALL THERE IS TO KNOW
www.dk.com

이 도서의 국립중앙도서관 출판예정도서목록(CIP)은 서지정보유통지원시스템 홈페이지(http://seoji.nl.go.kr)와 국가자료공동목록시스템(http://www.nl.go.kr/kolisnet)에서 이용하실 수 있습니다.(CIP제어번호: CIP 2014027396)

지은이_ 마니 올드(Marnie Old)

마니 올드는 와인 세계에 신선한 바람을 일으키고 있는 소믈리에로서, 복잡한 와인의 세계를 흥미롭고 직관적으로 풀어내 설명해주기로 유명하다. 또한 『필라델피아 데일리 뉴스』지에 유머러스한 와인 칼럼을 게재하고 있으며 매년 열리는 〈아스펜 푸드 앤드 와인 클래식(Food & Wine Classic in Aspen)〉의 특별 연사로 활동 중이다. 맨해튼의 유명 요리학교인 FCI에서 와인 담당 학과장을 맡은 바 있으며, 미국 소믈리에협회의 초대 교육위원장을 지내기도 했다. 역시 DK에서 출간된 마니 올드의 첫 번째 책 『그 남자 그 여자의 맥주와 와인 이야기(He Said Beer, She Said Wine)』는 맥주계의 전설이자 Dogfish Head Craft Brewery의 창립자인 샘 칼라지오니(Sam Calagione)와 함께 음식의 궁합에 대해 즐거운 토론을 담아내 독자들의 사랑을 받은 바 있다. 마니의 그 외의 책으로는 『와인 시크릿(Wine Secrets)』과 『와인, 어렵지 않아요(Wine Simplified)』가 있다.

옮긴이_ 정미나

출판사 편집부에서 오랫동안 근무했으며, 이 경험을 토대로 현재 번역 에이전시 하니브릿지에서 출판기획 및 전문번역가로 활동하고 있다. 옮긴 책으로는 『와인 바이블: 와인을 위한 단 하나의 책』, 『매혹과 잔혹의 커피사』, 『스티비 원더 이야기: 최악의 운명을 최강의 능력으로 바꾼』, 『악마의 정원에서: 죄악과 매혹으로 가득 찬 금기 음식의 역사』, 『괴짜 인재를 얻는 기술』, 『놀랍다 탐험과 항해의 세계사 7』, 『세계의 대탐험』, 『위험을 감수하라』, 『안데르센을 만나다: 철학자 고양이 토머스 그레이』, 『성혈과 성배』, 『스캔들의 심리학』, 『패션: 의상과 스타일의 모든 것』 등 다수가 있다.

감사의 말

이 책이 세상에 나오기까지 도움이 되어준 많은 분들에게 감사드린다.
I would like to extend my thanks and deepest appreciation to: Michael Mondavi, for his enduring support; Jamie Goode, for the vote of confidence; Tim Kilcullen, for his frank feedback; Karyn Gallagher, for her words of encouragement; Peggy Vance, for her intuitive grasp of the need for this book; Simon Murrell, for his brilliant visualizations; David Tombesi-Walton, for his patient attention to detail; David Ramey, for his last-minute fact-checking; Eric Miller, for his useful winemaking insights; Josh Rosenblat and Kaleigh Smith, for volunteering as guinea pigs; Kevin Zraly, for setting my feet on this path.

아낌없는 지원을 베풀어주고 자사 상품의 이미지 사용을 허락해준 와인 업체들에게도 감사의 마음을 전하고 싶다.
Pierre Gimonnet & Fils, Terry Theise, and Michael Skurnik Wines; Yellow Tail, Casella Wines, and Deutsch Family Wine & Spirits; Bodegas Muga, Jorge Ordóñez, and Fine Estates from Spain; SeaGlass Wines and Trinchero Family Estates; Pacific Rim Wines; Ramey Wine Cellars; Concha y Toro USA and Banfi Vintners; Beaulieu Vineyard and Diageo Chateau & Estate Wines; Château La Lagune; Maison Louis Jadot, Tenuta di Nozzole, and Kobrand Corporation; Dr Loosen and Loosen Bros USA.

피노 뫼니에(Pinot Meunier) 211
피노 블랑(Pinot Blanc) 84, 170, 204, 215
피노 비앙코(Pinot Bianco) 84, 204
피노 셰리(Fino Sherry) 149
피노 옥세루아(Pinot Auxerrois) 215
피노타주(Pinotage) 86, 204, 235
피아노(Fiano) 84
피에몬테(Piedmont) 217

하웰 마운틴(Howell Mountain) 155
할프트로켄(halbtrocken) 222
항산화 성분 142
향기 27
향신료 향 20
허니듀 멜론(honeydew melon) 186
허브 향 20
헤드스페이스(headspace) 60
헤레스(Jerez)산 셰리 220
헤레스 세레스 셰리(Jerez-Xérès-Sherry) 220
화이트 와인 20, 25
황 161
효모 71
후각 27
후각 신경 21
후미야(Jumilla) 204
힐탑스(Hilltops) 233

A.O.C. 와인 212
GSM 203

크렘 브륄레(crème brûlée) 26, 126
크로즈 에르미타쥬(Crozes Hermitage) 201, 214
크리안자(crianza) 35, 53, 220
크림 셰리(Cream Sherry) 30, 139, 149
클라시코(classico) 53
키안티(Chianti) 30, 52, 83, 108, 183, 216
키안티 클라시코(Chianti Classico) 128, 216

타구(唾具) 21
타닌(tannin) 22, 38, 64, 72, 128
타블(Tavel) 121, 203, 214
타블 로제(Tavel Rosé) 109
타우라시(Taurasi) 204, 219
탄산가스 36, 61, 83
태닉(tannic) 38
텀블러 60
테누타(tenuta) 160
테루아(terroir) 33, 158, 198
테르펜(terpene) 192
템프라니요(Tempranillo) 35, 111, 128, 170, 182, 204, 220
토니(Tawny) 113
토니 포트(Tawny Port) 149
토로(Toro) 35, 220
토론테스(Torrontés) 90, 97, 141, 237
토스카나 154, 216
토스카나 로쏘(Toscana Rosso) 216
토스티(toasty) 34

토카이 아쭈(Tokaji Aszú) 139
토카이 프리울라노(Tocai Friulano) 218
통 숙성 109, 111, 145
투렌(Touraine) 31, 125, 174, 187
트라미너(Traminer) 204
트렌티노 191
트렌티노-알토 아디제(Trentino-Alto Adige) 218
트로켄(trocken) 29, 222
트리베네토(Triveneto) 218

파리 고블레(Paris goblet) 61
파소 로블스 49, 228
팔츠 189, 222
페놀 38, 64
페니키아 168
페드로 히메네스(Pedro Ximénez) 149
페삭 레오냥(Pessac-Léognan) 187
평상시 와인(everyday wine) 48, 154, 159, 196, 228
포도껍질 23, 24, 146
포도원 153
포도원 등급 159
포도 품종 19, 50, 74
포마르(Pommard) 199
포므롤(Pomerol) 197
포이약(Pauillac) 195, 197
포장 디자인 44
포트(Port) 29, 224
포트 양조법 148, 149
포트 와인 63, 77

푸이 퓌메(Pouilly-Fumé) 31, 125, 174
푸이 퓌세(Pouilly-Fuissé) 162
풀리뉘 몽라셰(Puligny Montrachet) 155, 185, 210
풀리아(Puglia) 174, 219
풀 바디(full-bodied) 19
풍미 19, 20, 26, 27, 62, 78, 119, 136
풍미 강도 72
풍미 잠재성 153
퓌메 블랑(Fumé Blanc) 228
프레디카트(Prädikat) 222
프레스티지 샤르도네(Prestige Chardonnay) 34
프로세코(prosecco) 33, 36, 39, 76, 90, 116, 218
프로세코 스타일 150
프리미에 크뤼(premier cru) 53, 157
프리미티보(Primitivo) 174, 204, 219
프리오라트(Priorat) 103, 113, 220
프리울라노(Friulano) 218
프리울리 191, 218
프티 시라(Petite Sirah) 86
플로르(flor) 149
플루트형 잔 61
피노 그리(Pinot Gris) 36, 75, 146, 170, 190, 215
피노 그리지오(Pinot Grigio) 30, 63, 75, 90, 119, 146, 184, 190, 215
피노 누아(Pinot Noir) 25, 34, 39, 45, 75, 77, 83, 84, 105, 108, 147, 157, 170, 182, 198, 228, 230
피노 누아 로제(Pinot Noir Rosé) 147

와인 생산지 14, 18
와인 애호가 14
와인 양조 71
와인 원산지 50
와인 잔 20, 60
워크호스 그레이프(workhorse grape) 172, 182, 202
원료 18
윌라메트 밸리 230
유기농 농업 158
음미 21
음식 궁합 124
이산화탄소(CO_2) 136
인솔리아(Insolia) 219
일조량 25
입안에서 굴리기 21
입안에 와인 머금기 21

자연환경 74
재래식 농법 160
적포도 94
점착성 37
제너릭 와인(generic wine) 157
조정작용 126
주정강화 디저트 와인 112
주정강화 와인 148
쥬브레 샹베르탱(Gevrey-Chambertin) 199, 210
증류주 34, 148
지공다 214
지공다스(Gigondas) 203

직접적 묘사어 19
진판델(Zinfandel) 77, 83, 204, 219, 228
질감 120
짠맛 27, 28

차콜리(Txakoli) 221
착색성분 25
천연 방부제 38
천연 탄산가스 150
청포도 80, 94
체다 치즈 137
촉감 26
츠바이겔트(Zweigelt) 223
친자연 농업 158, 161
침전물 25, 61, 62

카네로스(Carneros) 163
카르메네르(Carmenère) 86, 204, 236
카르파초(carpaccio) 122
카리냥(Carignan) 203
카리네나(Cariñena) 113, 220
카바(Cava) 63, 95, 220
카베르네 소비뇽(Cabernet Sauvignon) 39, 45, 84, 105, 156, 170, 182, 194, 228
카베르네 프랑(Cabernet Franc) 86, 103, 105, 170, 204, 213, 231
카비네트(Kabinett) 53, 222

카스티야 이 레온(Castilla y León) 220
카스티야 평원 111
카시스(Cassis) 105
카오르(Cahors) 204
캄파니아(Campania) 219
캘리포니아 228
캄탈(Kamtal) 204
캥시(Quincy) 174
컬럼비아 밸리 31
컬트 와인 196
코냑(Cognac) 34, 144
코르나스(Cornas) 201, 214
코르비나(Corvina) 86, 218
코르크 36, 41, 65
코르키드(corked) 와인 41
코르테제(Cortese) 217
코카서스 168
코토 드 레이용(Coteaux de Layon) 213
코트 도르(Côte d'Or) 157
코트 뒤 론(Côtes du Rhône) 29, 103, 110, 203, 214
코트 뒤 론 로제(Côtes du Rhône Rosé) 214
코트 뒤 론 루즈(Côtes du Rhône Rouge) 214
코트 드 뉘(Côte de Nuits) 199
코트 드 본 빌라쥬(Côte de Beaune-Villages) 155, 199
코트 로티(Côte Rôtie) 201, 214
콘스탄샤 172
콜라 콩(cola bean) 105
콩드리유(Condrieu) 204, 214
퀴베(cuvée) 51

스파클(거품) 150
스파클링(sparkling) 22, 36
스파클링 샤르도네(sparkling Chardonnay) 170
스파클링 와인 61, 150, 211
스프리치(spritzy) 22
스프리치 와인 36
시각적 관찰 20
시노마브로(Xynomavro) 225
시농(Chinon) 204, 213
시라(Syrah) 25, 19, 45, 127, 170, 214
시라즈(Shiraz) 35, 75, 77, 105
시토 수도회 169
시트러스 풍미 122
신맛 27, 28, 30
싱글 빈야드(single-vineyard) 155
쓴맛 27, 28

아로마(aroma) 21, 60, 136
아르네이스(Arneis) 217
아마로네(Amarone) 218
아마로네 델라 발폴리첼라(Amarone della Valpolicella) 218
아미노산 28
아브루치(Abruzzi) 219
아스티(Asti) 141, 217
아스티 스타일 150
아시르티코(Assyrtiko) 225
아우스레제(Auslese) 139, 222
아우스브루크(Ausbruch) 223

아이렌(Airén) 182
아이스바인(Eiswein) 222, 33, 139, 223
아이스와인 139, 231
아이오르이티코(Agiorgitiko) 225
아페리티프(aperitif) 55
아펠라시옹(appellation) 50, 107, 111, 159
아풀리아(Apulia) 204
안달루시아 149
안정화 기법 168
알렉산더 밸리 107
알렌테주/테주(Alentejo/Tejo) 224
알리아니코(Aglianico) 86, 204
알리아니코 델 불투레(Aglianico del Vulture) 219
알바(Alba) 204
알바리노(Alvarinho) 204
알바리뇨(Albariño) 83, 90, 97, 122, 204, 220
알자스 170, 171, 215
알칼리성 30
알코올 120
알코올 함량 78
압착 143
앙금(lee) 150
앙주(Anjou) 121
앙트르 되 메르(Entre-Deux-Mers) 187, 212
야생효모 136
야채 향 20
양념 124
언오크드(unoaked) 34

언오크드 샤르도네 93
언우디드(unwooded) 51
언우디드 샤르도네 92
에르미타쥬(Hermitage) 75, 201, 214
에스테르(ester) 64
에스테이트(estate) 47, 159, 160, 172
에스테이트 보틀드(estate bottled) 160
엑스트라 드라이(extra-dry) 151, 211
여운(finish) 40
열 에너지 136
열화(熱火, heat damage) 42
오메독(Haut-Médoc) 107, 197
오크 72
오크드 샤르도네 93, 98
오크드 슈냉 블랑(Oaked Chenin Blanc) 99
오크 조각 144
오크 통 144, 146
오크 풍미 19, 25, 128, 145, 184
오크 향 20, 32, 34
오프드라이(off-dry) 29, 139
오프와브르(au poivre) 122
올드 바인(old-vine) 220
올드 바인 진판델(Old-Vine Zinfandel) 29
올리브나무 168
올리브 오일 168
와이너리 45, 64, 99, 135, 153
와인 냉장고 65
와인리스트 18
와인메이커 124, 135, 138, 153
와인법 53

찾아보기

블렌딩 106
비교 시음 20
비노스 데 리코르(Vinos de Licor) 149
비뉴 베르드(Vinho Verde) 36, 39, 90, 204, 224
비뉴 베르드 로사도(Vinho Verde Rosado) 95
비레 클레세(Viré-Clessé) 35, 185
비오니에(Viognier) 84, 90, 99, 170, 204
비오니에 와인 214
비우라(Viura) 84
비티스 비니페라(Vitis vinifera) 173, 182
빈 산토(Vin Santo) 139
빈트너 25, 44, 50, 74, 106, 136
빈티지(Vintage) 샴페인 211
빈티지 와인 211
빌라쥬(village) 157
빙점 139
빛깔 20, 78, 119
빛깔의 농도 24

사이드요리(side dish) 120
사카로마이세스(Saccharomyces) 136
산도 19, 64, 72
산성 30
산지오베제(Sangiovese) 86, 108, 128, 170, 204, 216
산화 25, 41, 62, 64
산화방지제 38

살렌토(Salento) 219
상세르(Sancerre) 30, 31, 90, 124, 215
상트네(Santenay) 77, 147, 199
상파뉴(Champagne) 150, 170, 171, 211
생베랑(St-Véran) 35, 185
생산지 52
생소(Cinsaut) 182, 235
생조셉(St-Joseph) 201, 214
생줄리앙(St-Julien) 195, 197
생테밀리옹(St-Emilion) 195, 197
생테스테프(St-Estèphe) 195, 197
생효모 136
샤르도네(Chardonnay) 19, 29, 31, 45, 52, 63, 75, 76, 83, 84, 90, 126, 156, 170, 182, 184
샤르도네 뮈스케(Chardonnay Musqué) 192
샤블리(Chablis) 52, 33, 35, 75, 90, 92, 156, 215
샤샤뉴 몽라셰(Chassagne-Montrachet) 185
샤토(château) 45, 160
샤토네프 뒤 파프(Châteauneuf-du-Pape) 83, 110, 203, 214
샤토 페트뤼스(Château Pétrus) 196
샴페인(Champagne) 36, 53, 83, 90, 92, 123, 185
샴페인 스타일 150
샹볼 뮈지니(Chambolle-Musigny) 210
석기시대 168
세르시알(Sercial) 149

세미용(Semillon) 84, 233
세비체(ceviche) 122
세코(secco) 29
섹(sec) 29, 151
셰리(Sherry) 90, 121
셰리 양조법 148, 149
소노마 107, 228
소노마 카운티 147
소믈리에(sommelier) 54, 122, 124
소비뇽 블랑(Sauvignon Blanc) 25, 31, 45, 76, 84, 90, 105, 122, 170, 182, 186, 234
소스 120
소아베(Soave) 218
소테른(Sauternes) 90, 126, 139, 212, 233
쇼레 레 본(Chorey-lès-Beaune) 199
숙성 64, 80
숙성가치(age-worthy) 25
숙성도 82
슈냉 블랑(Chenin Blanc) 84, 95, 170, 182, 204, 213
슈페트부르군더(Spätburgunder) 103
슈퍼 투스칸(Super-Tuscan) 216
슈페트레제(Spätlese) 53, 222
스월링(swirl) 20, 60
스위트 29
스크류 캡 45
스티키(Stickies) 113, 233
스틴(Steen) 204
스틸(still) 22
스틸 와인 36, 151
스파이시 127

뮈스카 드 미네르부아(Muscat de Minervois) 31, 141
뮈스카 드 봄 드 브니즈(Muscat de Beaumes-de-Venise) 31, 141, 214
뮈스카 드 프롱티냥(Muscat de Frontignan) 141
뮈스카 뱅 두 나튀렐(Muscat Vin Doux Naturel) 31
뮈스카 블랑 아 프티 그랭(Muscat Blanc à Petits Grains) 193
뮈타지(mutage) 149
믈롱(Melon) 213
미디엄 셰리 98
미뢰 26, 128

바뉼(Banyuls) 129, 149
바닐린 145
바디 37
바로사(Barossa) 112, 163
바롤로(Barolo) 38, 103, 126, 154, 217
바르바레스코(Barbaresco) 204, 217
바르베라(Barbera) 86, 111, 204
바르베라 다스티(Barbera d'Asti) 217
바르베라 달바(Barbera d'Alba) 217
바스크 차콜리(Basque Txakoli) 220
바스크 차콜리나(Basque Txakolina) 36
바실리카타(Basilicata) 219
바이스부르군더(Weissburgunder) 223
바이오다이내믹(biodynamic) 161
바케라스(Vacqueyras) 203

바텐더 54
발폴리첼라(Valpolicella) 34, 103, 218
발효 136
방돌(Bandol) 204
방향족(芳香族) 82
배양 효모균주 136
백악질 토양 156
백후추 110
뱅 두 나튀렐(Vin Doux Naturel) 149
뱅 두 나튀렐 뮈스카(Vin Doux Naturel Muscat) 139
뱅 메데셍(vin médecin) 201
버번 144
버번 위스키 34
벌크 와인(bulk wine) 40, 182, 228
베네지에(Venezie) 191, 218
베네딕토 수도회 169
베렌아우스레제(Beerenauslese) 222
베르나챠(Vernaccia) 84
베르나챠 디 산 지미냐노(Vernaccia di San Gimignano) 216
베르데호(Verdejo) 84, 90
베르델료(Verdelho) 149
베르디키오(Verdicchio) 84
베르멘티노(Vermentino) 84
베르무트(Vermouth) 149
베이 에리어(Bay Area) 228
병 모양 45
보나르다(Bonarda) 237
보네조(Bonnezeaux) 213
보드카 30
보르도(Bordeaux) 19, 34, 84, 105, 159, 170, 171, 212

보르도 블랑(Bordeaux Blanc) 31
보르도 블렌딩 106
보이즌베리 19
보졸레(Beaujolais) 38, 63
보졸레 블랑(Beaujolais Blanc) 93
보졸레 빌라쥬(Beaujolais-Villages) 108
본 로마네(Vosne-Romanée) 210
볼네(Volnay) 199
봐하우(Wachau) 204
부르 212
부르게이(Bourgueil) 213
부르고뉴(Bourgogne) 75, 84, 170, 171, 210
부르고뉴 블랑(Bourgogne Blanc) 35, 162, 210
부브레이(Vouvray) 90, 95, 213
부산물 150
부스터 82
불투레(Vulture) 204
브랜드 명칭 50
브랜디 148
부르고뉴 루즈(Bourgogne Rouge) 210
브루넬로 디 몬탈치노(Brunello di Montalcino) 183, 216
브뤼(brut) 94, 151, 211
브뤼 나투르(Brut Nature) 151
브리 치즈 137
블라우프랜키쉬(Blaufränkisch) 223
블라이 212
블랑 드 블랑(Blanc de Blancs) 185, 211
블랙커런트 105
블랙 프루트(black fruit) 86, 105
블랙 플럼 105

람브루스코 103
랑게(Langhe) 204
러시안 리버 163, 228
럭셔리 퀴베(luxury cuvée) 211
레드 보르도 83
레드 와인 20, 25
레드 프루트 105
레세르바(reserva) 35, 128, 220
레이트 보틀드 빈티지 포트(Late-Bottled Vintage Port) 77
레이트 하비스트(late harvest) 51, 139
레이트 하비스트 포도 99
레인워터 마데이라(Rainwater Madeira) 99
로디(Lodi) 228
로스팅 145
로쏘 디 몬탈치노(Rosso di Montalcino) 216
로제 당주(Rosé d'Anjou) 213
로제 와인(rosé wine) 20, 23, 121, 202
로크로프 159
론 밸리 170, 171, 214
루더포드(Rutherford) 154
루아르 밸리 95, 170, 171, 187, 213
륄리(Rully) 93
르 몽라셰(Le Montrachet) 155
리베라 델 두에로(Ribera del Duero) 35, 111, 128, 220
리브프라우밀히(Liebfraumilch) 139
리스트락(Listrac) 107
리슬링(Riesling) 31, 34, 45, 90, 94, 124, 127, 170, 182, 188, 215, 230

리아스 바이샤스(Rías Baixas) 204, 220
리오하(Rioja) 34, 77, 103, 109, 126, 220
리오하 리제르바 77
리오하 크리안자 77
리제르바(riserva) 53, 216

ㅁ

마고(Margaux) 155, 197
마데라이제이션(maderization) 149
마데이라 148
마르살라(Marsala) 148, 149
마브로다프네(Mavrodaphne) 225
마우스필 26, 36, 145, 146
마카베오(Macabeo) 84
마콩 블랑(Mâcon-Blanc) 162
마콩 빌라쥬(Mâcon-Villages) 35, 90, 93, 162, 185
마타로(Mataro) 204
만자니야(Manzanilla) 116, 220
말라가(Malaga) 149
말바시아(Malvasia) 84
말벡(Malbec) 63, 83, 103, 113, 170, 204, 237
맛 26
매리네이드(재우기) 121
머레이 달링 분지 233
머지(Mudgee) 233
메독(Médoc) 155, 159
메르퀴레(Mercurey) 77, 147, 199
메를로(Merlot) 28, 30, 45, 103, 105, 110, 159, 170, 182, 196, 228

메이페어(Mayfair) 155
메인요리 120
멘도사(Mendoza) 113, 237
모나스트렐(Monastrell) 86, 204, 220
모스카텔(Moscatel) 139, 149
모스카토(Moscato) 29, 90, 127, 139, 141, 182, 215
모스카토 다스티(Moscato d'Asti) 76, 90, 94, 217
모스카토 바르베라(Moscato Barbera) 217
모스카토 비앙코(Moscato Bianco) 193, 217
모스코필레로(Moschofilero) 225
모젤 188, 222
몬산트(Montsant) 220
몬터레이 147, 228
몬테풀치아노(Montepulciano) 86, 204, 219
몬테풀치아노 다브루초(Montepulciano d'Abruzzo) 111
몬티야-모릴레스(Montilla-Moriles) 149
몽루이(Montlouis) 213
뫼르소(Meursault) 90, 92, 122, 185, 210
무게감 37, 72, 120, 128
무르베드르(Mourvèdre) 86, 202, 204, 214
무통 까데(Mouton Cadet) 51
물리(Moulis) 107, 197
뮈스카(Muscat) 141
뮈스카데(Muscadet) 89, 90, 119, 213

찾아보기

가르가네가(Garganega) 218
가르나차 33, 113, 182, 202, 220
가메(Gamay) 86, 204, 210
가비(Gavi) 217
가스파초 142
간접적 묘사어 19
갈변(褐變) 20
감각세계 17
감각적 인식 126
감칠맛 27, 28
강화 와인 58, 61
거품 36
게부르츠트라미너(Gewurztraminer) 33, 45, 90, 98, 119, 192, 204, 215
고르곤졸라 치즈 137
고명 120
과일 풍미(fruit) 32, 128
그라브(Graves) 107, 197
그라우부르군더(Grauburgunder) 146, 223
그란 레세르바(gran reserva) 47, 220
그랍파 112, 148
그랑 크뤼(grand cru) 53, 155, 156, 212
그래니 스미스 애플(Granny Smith apple) 80
그루지야 168

그뤼너 펠틀리너(Grüner Veltliner) 84, 90, 97, 204, 223
그뤼에르 159
그르나슈(Grenache) 86, 110, 149, 170, 214
그립(grip) 38
글레라(Glera) 84
글루타민산 28
기름진 맛 27
기화 21

나이아가라 반도 231
나이츠 밸리 107
나헤 222
내퍼 밸리 33, 49, 92, 107, 228
냄새 26
냉각 효과 232
냉동 농축 139
냉장 기법 168
네그로 아마로(Negro Amaro) 219
네로 다볼라(Nero d'avola) 86, 219
네메아 225
네비올로 204, 217
네이키드(naked) 34
논빈티지(Non-Vintage) 샴페인 211
농경철학 160
누보(nouvau) 64
눈물 37

뉘 생 조르쥬(Nuits-St-Georges) 199

다리 37
다이아몬드 라벨(Diamond Label) 51
단맛 27, 28
단백질 밀도 120
당분 28
당분 분해 136
대기후(大氣候) 153
대사 136
데미섹(demi-sec) 139, 151, 211
도멘(domaine) 45, 160
도우루(Douro) 109, 224
돌체토(Dolcetto) 86, 217
뒷맛(aftertaste) 40
드라이 29
드라이 크릭(Dry Creek) 228
디저트 와인(dessert wine) 24, 29, 58, 61, 139
디캔팅 61

라벨 18, 44
라이트 바디 24
라인가우 188, 222
라인헤센 189, 222
락톤(lactone) 145

용어해설 247

테이블 그레이프(table grape) : 신선식품용으로 재배되는 포도로, 대체로 씨가 없고 즙이 많으며 껍질이 얇다.

토스티드, 토스티(toasted, toasty) : 오크 향을 가진 와인을 묘사하는 표현. 특유의 견과류, 캐러멜라이즈 계열의 향과 풍미는 통 제작 중 나무를 '굽는' 과정에서 유래된다.

통(barrel) : 오크로 만든 둥그스름한 모양의 저장용기로 와인의 숙성이나 발효에 사용.

통 발효(barrel fermentation) : 화이트 와인의 양조 중, 포도즙을 오크 통에 담아 와인으로 발효시키는 과정인데 대개 효모 침전물과 함께 최대 1년까지 묵혀둔다.

통 숙성(barrel aging) : 레드 와인의 양조에서 보편적으로 행해지는 과정으로, 어리고 신선한 와인을 발효 후 몇 주에서부터 몇 년까지 오크 통에 담아놓는 일.

페놀 성분(phenolic compounds) : 타닌, 안토시아닌 같이 포도껍질에 함유된 색채 및 풍미 성분으로, 그 대다수가 천연 방부제의 속성을 가진 산화방지제.

평상시 와인(everyday wine) : 적정한 가격대의 부담 없는 와인. 벌크 와인보다 한 단계 높은 등급으로, 우수 와인 가운데 가장 저렴한 가격대.

평점(point score) : 잡지나 평론가들이 부여하는 와인의 수치상의 등급. 대체로 100점 만점을 기준으로 산정된 추상적 품질 평가.

포도 품종(grape variety) : 비티스 비니페라 종 포도의 재배변종으로, 와인 양조의 원료로 쓰이는 여러 종류의 포도를 이른다.

풀 바디(full-bodied) : 질감이 평균적인 정도보다 더 풍부한 와인을 가리키는 용어. '묵직한(heavy)' 항목 참조.

풍미(flavor) : 일반적인 의미에서는 먹고 마실 때 유발되는 미각의 느낌. 와인 분석상으로는, 입에서 비후 통로를 거쳐 내부적으로 후각 신경에 이르는 냄새.

풍부한/진한(rich) : 입안에서 느껴지는 걸쭉함과 점착성이 평균보다 강한 와인을 묘사하는 표현. '묵직한(heavy)' 항목 참조.

프리미에 크뤼(premier cru) : 프랑스의 와인 품질등급. '크뤼(cru)' 항목 참조.

허브 풍미(herbal) : 허브, 잎사귀, 채소 계열의 아로마와 풍미를 지닌 와인을 묘사할 때 쓰는 말.

헤드스페이스(headspace) : 와인 잔의 상단부로서, 스월링을 하며 와인의 아로마를 모으기 위해 와인을 채우지 않고 비워두는 부분.

효모(yeast) : 와인 양조의 필수 과정인 발효의 매개체로서, 당분을 알코올로 변환시켜주는 단세포 미생물체.

휘발성(volatile) : 보통 기온에서 쉽게 증발하는 특성. 와인의 대다수 성분이 이런 휘발성 특성을 띠고 있으며, 에스테르 같은 알코올과 풍미 성분에서 특히 두드러진다.

흙내음(earthy) : 멀칭(작물이 생육하고 있는 동안 짚이나 건초, 비닐 등을 덮어주어 지온상승, 토양수분 증산억제, 잡초방제 등의 효과를 얻는 것—옮긴이), 돌, 낙엽 등 야외나 농장 주변이 연상되는 와인 향을 지칭.